utb 4965

Eine Arbeitsgemeinschaft der Verlage

Böhlau Verlag · Wien · Köln · Weimar
Verlag Barbara Budrich · Opladen · Toronto
facultas · Wien
Wilhelm Fink · Paderborn
A. Francke Verlag · Tübingen
Haupt Verlag · Bern
Verlag Julius Klinkhardt · Bad Heilbrunn
Mohr Siebeck · Tübingen
Ernst Reinhardt Verlag · München
Ferdinand Schöningh · Paderborn
Eugen Ulmer Verlag · Stuttgart
UVK Verlag · München
Vandenhoeck & Ruprecht · Göttingen
Waxmann · Münster · New York
wbv Publikation · Bielefeld

Marion Fleige, Wiltrud Gieseke, Aiga von Hippel,
Bernd Käpplinger, Steffi Robak

# Programm- und Angebotsentwicklung

## in der Erwachsenen- und Weiterbildung

wbv Publikation

**Erwachsenen- und Weiterbildung. Befunde – Diskurse – Transfer**



Eine Lehrbuchreihe des Deutschen Instituts für Erwachsenenbildung – Leibniz-Zentrum für Lebenslanges Lernen e.V. (DIE)

Das DIE wird vom Bund und vom Land Nordrhein-Westfalen gefördert.

DIE Deutsches Institut für Erwachsenenbildung Leibniz-Zentrum für Lebenslanges Lernen

Wissenschaftliches Lektorat: Thomas Jung, Franziska Loreit



Gesamtherstellung:
wbv Media GmbH & Co. KG, Bielefeld
wbv.de

Einbandgestaltung: Atelier Reichert, Stuttgart
Layout und Satz: Christiane Zay, Potsdam

Umschlagfoto:
shutterstock/elenabsi

Band 2, Bestellnummer: utb 4965

ISBN (Print): 978-3-8252-4965-6
Online-Angebote oder elektronische Ausgaben sind erhältlich unter www.utb-shop.de

Printed in Germany



**Bibliografische Information der Deutschen Nationalbibliothek**
Die Deutsche Nationalbibliothek verzeichnet diese Publikation in der Deutschen Nationalbibliografie; detaillierte bibliografische Daten sind im Internet über http://dnb.d-nb.de abrufbar.

# Inhalt

# Einblick in die Kapitel



In diesem Kapitel werden als grundlegende Begriffe „Angebot" und „Programm" eingeführt. Sie stehen in einem besonderen Verhältnis zueinander und liegen auf zwei Handlungsebenen des pädagogischen Gestaltungsprozesses. Als philosophischer Hintergrund werden die Metapher „Rhizom" und als politikwissenschaftliche Einordnung der Begriff „Subsidiarität" als Erklärung herangezogen.



In diesem Kapitel werden die Begriffe „Bedarfe" und „Bedürfnisse" vorgestellt, soweit sie auf die Programmentwicklung in der Erwachsenen- und Weiterbildung Einfluss nehmen. Dabei werden spezifische Perspektiven aufgezeigt: eine betriebs- bzw. wirtschaftswissenschaftliche, eine bildungswissenschaftliche für die Erwachsenenbildung und nachgeordnet eine psychologische. Verschiedene Modelle und Forschungsbefunde zur Bedarfserhebung werden knapp vorgestellt.



In diesem Kapitel geht es um Definitionen zum Begriff „Programmplanung". Die konkreten Bedingungen von Programmplanung werden beschrieben und begründet. Theoretische Modellbildungen und ihre Bezüge zum bisherigen diskursiven Entwicklungsverlauf werden vorgestellt und eingeordnet. Das Modell „Wissensinseln" wird dargestellt.



In diesem Kapitel werden Ansätze aus der Forschung zum Programmplanungshandeln der öffentlich geförderten und der beruflichen Weiterbildung vorgestellt. Insbesondere bei Entscheidungs- und Verlaufsanalysen, die in der Praxis eine eigene Dynamik haben, helfen die Begriffe „Antinomie", „Paradoxie", „Widerspruchskonstellation" und „Angleichungshandeln" dabei, die Herausforderungen für die Praxis zu beschreiben. Letztlich wird der Begriff „beigeordnete Bildung" eingeführt.



In diesem Kapitel werden qualitative und quantitative Ansätze der Programmforschung erläutert. Nach der Klärung von Definitionen wird ein Überblick über Archive und Datenbanken gegeben, in denen Programme zu finden sind. Zudem werden Programmanalysen ausgewählter Studien, Plattformen im Internet sowie die Aktivitäten der „Expertinnen- und Expertengruppe Programmforschung" vorgestellt.

Dieses Kapitel informiert über Befunde der Programmforschung sowie über daraus abgeleitete Erkenntnisse zu Programm- und Themenstrukturen, aber referiert und bündelt damit auch umfassende Darstellungen der Erwachsenen- und Weiterbildungslandschaft. Aus der Spannbreite der Themenbereiche, zu denen Programmanalysen vorgestellt werden, fokussieren wir dabei die individuell-berufliche Weiterbildung und die kulturelle sowie interkulturelle Bildung. In diesem Zusammenhang werden Trends in den Programm- und Themenstrukturen aufgezeigt sowie Perspektiven für Forschung und Theorieentwicklung benannt.



In diesem Kapitel wird das Konzept „Lernkultur“ vorgestellt und in Beziehung zum Programmplanungshandeln gesetzt. Es werden darüber hinaus Beziehungen der Lernkultur zu unterschiedlichen Trägern und den in ihnen handelnden Akteuren erläutert. Hierbei wird der Begriff „Institutionalform“ eingeführt. Der Begriff der „Lernkulturen“, der sonst im Diskurs oft vor allem mikrodidaktisch ausgelegt ist, wird dabei systematisch auf die Ebene der Programmplanung bezogen. Es wird auf Wechselverhältnisse von Programmen und Lernkulturen eingegangen und gezeigt, welche Aufgabe Planende und Leitende in Bezug auf die Gestaltung von Lernkulturen haben. Zusätzlich wird herausgearbeitet, in welchem Wechselverhältnis das Programm, die Lernkultur und die Institutionalform einer Einrichtung bzw. einer Organisation der Erwachsenen- und Weiterbildung stehen.



In diesem Kapitel wird der Begriff „Weiterbildungsmanagement“ eingeführt und im Kontext öffentlicher und betrieblicher Weiterbildung in seinen Spezifika als Leitungshandeln erläutert. Dabei wird insbesondere das Verhältnis zur Programmplanung entfaltet. Im Fokus stehen rahmende Strukturbildungen sowie die Ermöglichung von Handlungsspielräumen für Programmplanungshandeln. Als zentrale Gestaltungsherausforderungen werden die Profilbildung, die Entwicklung eines Bildungsinstitutionalkonzepts sowie der Modus der Gestaltung von Handlungswaben herausgestellt.



Welche Erwartungen haben eigentlich unterschiedliche Zielgruppen an Bildungsangebote? In diesem Kapitel geht es deshalb um die an Zielgruppen orientierte Programm- und Angebotsplanung. Hierzu werden die zentralen Begriffe erläutert und in den Kontext des Programmplanens sowie des Marketings gesetzt. Dabei dienen das Modell der „sozialen Milieus“ als theoretischer Bezugsrahmen und die Methode „Produktklinik“ als Instrument einer zielgruppenorientierten Programmplanung.

**10 Finanzierung von Programmen und Angeboten** ........................................ 134

In diesem Kapitel wird die Bedeutung verschiedener Finanzierungsquellen in der Erwachsenen- und Weiterbildung erläutert. Dabei wird gezeigt, welche Rolle dem Personal in den Organisationen bei der Sicherung der Grundfinanzierung sowie der Akquise weiterer Mittel zukommt. Auch die Frage nach der Höhe der Teilnahmebeiträge und die Möglichkeiten einer Mischfinanzierung auf Organisations- oder Programmebene kommen hierbei in den Blick.

**11 Programmplanung und -forschung international und vergleichend** .................... 146

In diesem Kapitel werden internationale Ansätze und Modelle der Programmplanung und -forschung vorgestellt und mit Blick auf einen Vergleich von Wissens- und Handlungskontexten praxisbezogen diskutiert. Zudem werden konkrete Orientierungen für die Programmplanung zur Verfügung gestellt.

# Einleitung

## Verortung von Programmplanung und Programmforschung in der Erwachsenen- und Weiterbildung

Erwachsenenbildungswissenschaft analysiert theoretisch und empirisch Lern- und Bildungsprozesse im Erwachsenenalter, das biografisch mit mehreren Jahrzehnten die längste Phase des lebenslangen, lebensbegleitenden Lernens ausmacht. Betrachtet werden – national wie international vergleichend – Lern- und Bildungsprozesse, ihre professionell-pädagogische Gestaltung und ihre organisationale Einbettung.

Erwachsenenbildungswissenschaft lässt sich anhand der folgenden Punkte charakterisieren:

- sie lässt sich als eine Teildisziplin innerhalb der Erziehungswissenschaft definieren (Forneck & Wrana, 2005),
- sie teilt mit den anderen pädagogischen Teildisziplinen beispielsweise theoretische Ansätze und Fragen bezüglich der Entwicklung pädagogischer Organisationen, der Entwicklung pädagogisch-professionellen Handelns, der mikrodidaktisch-lehrenden Gestaltung von Bildungsangeboten sowie der Lern- und Bildungsprozesse in formal/non-formal organisierten Bildungsangeboten,
- im Unterschied zu den anderen pädagogischen Bereichen sind neben diesen Fragen insbesondere die makro- bzw. mesodidaktisch-planende Gestaltung von Bildungsprogrammen und -angeboten sowie die Adressatinnen und Adressaten sowie Teilnehmenden im Fokus der Erwachsenenbildungswissenschaft.

Warum? Der Erwachsenen- und Weiterbildungsbereich ist dadurch gekennzeichnet, dass in weiten Teilen keine festen, staatlich vorgegebenen Curricula[1] und keine staatlich für alle reglementierte Teilnahmepflicht bestehen (insbesondere die allgemeine Weiterbildung beruht auf freiwilliger Teilnahme).[2] Stattdessen müssen auf makro- bzw. mesodidaktischer Ebene kontinuierlich Bildungsangebote und -programme in Abstimmung unterschiedlicher Interessen geplant werden. Programmplanung hat damit eine grundlegende Bedeutung für die Erwachsenen- und Weiterbildung. Das Programmplanungshandeln gilt als Herzstück professioneller Tätigkeit in der Erwachsenen- und Weiterbildung (Gieseke, 2000a; Tietgens, 1982). Programm- und

---

1 Es gibt insgesamt in der Erwachsenenbildung weniger administrative Vorgaben für Beteiligung, Ziele und Inhalte (Schrader & Ioannidou, 2011).

2 Nichtsdestotrotz: Es besteht die Aufforderung an alle, „lebenslang zu lernen"; in manchen Bereichen wird eine Nichtteilnahme sanktioniert, Beispiele dazu finden sich in der betrieblichen Weiterbildung und von der Arbeitsagentur finanzierten beruflichen Weiterbildungsangeboten (Ott, 2009); eine Weiterbildungspflicht besteht in manchen Berufen, z.B. Berufskraftfahrer, Fortbildungspflicht für Ärzte; verpflichtende Teilnahme an Integrationskursen.

Angebotsplanung auf der mesodidaktischen Handlungsebene wird – wie empirische Studien aufgezeigt haben – von den hauptberuflich tätigen pädagogischen Mitarbeiterinnen und Mitarbeitern[3] mit disponierenden und planenden Aufgaben gestaltet, wobei sie selbstverständlich mit vielen Beteiligten kommunikativ interagieren.[4]

Lern- und Bildungsprozesse im Erwachsenenalter zeichnen sich gerade dadurch aus, dass sich Erwachsene für Bildungsangebote entscheiden, daher ist die Untersuchung ihrer Motive und Barrieren für die Weiterbildungsteilnahme von zentraler Bedeutung. Die Orientierung an den Teilnehmenden ist ein konstitutives Leitprinzip der Erwachsenen- und Weiterbildung und fließt neben anderen Einflüssen (z.B. neben den Zielen der Finanziers) in die Programm- und Angebotsplanung ein.

Dabei ist die Erwachsenen- und Weiterbildung ein nicht überwiegend öffentlich finanzierter Bildungsbereich (d.h. auch die Finanzierung ist nicht per se gesichert), in dem trägerbezogen und oft unter Marktbedingungen flexibel gesellschaftliche Herausforderungen und individuelle Bildungsbedürfnisse interpretativ ausgelegt werden und sich jeweils spezielle Programmprofile bilden, für die dann Bildungsangebote geplant werden. Die oben genannten Punkte verdeutlichen auch eine große Flexibilität der Erwachsenen- und Weiterbildung, neue Entwicklungen gestaltend in ihren Programmen zu bearbeiten.

Entsprechend lassen sich in der Erwachsenenbildungswissenschaft die folgenden Forschungslinien differenzieren (auch Zeuner & Faulstich, 2009; Gieseke, 2013):

- Lehr-Lernforschung
- Weiterbildungsberatungsforschung
- Adressaten-, Teilnehmer- und Zielgruppenforschung, Biografieforschung
- Programmforschung
- Professionsforschung
- Organisationsforschung

Der vorliegende Band fokussiert die Programmplanung und -forschung und stellt Bezüge insbesondere zur Adressatenforschung und Professionsforschung her.

Für die Konzeptualisierung von Programmplanungshandeln als professionellem Handeln gehen wir aufgrund der vorliegenden Modelle, theoretischen Ansätze und empirischen Befunde von der Herausforderung und Fähigkeit zur Realisierung einer doppelten Professionalität aus. Was meint das?

Programmplanungshandeln ist – neben dem mikrodidaktisch lehrenden Handeln – das Herzstück professionellen erwachsenenpädagogischen Handelns, um Wis-

3 Die Bezeichnungen in den unterschiedlichen Bereichen variieren (insbesondere an den Volkshochschulen werden hauptamtliche Mitarbeitende als „HPM" abgekürzt).

4 Dabei üben Lehrende teilweise auch planende Tätigkeiten aus im Bereich der Angebotsplanung an der Schnittstelle von meso- und mikrodidaktischer Ebene (zum Personal in der Erwachsenenbildung/Weiterbildung Autorengruppe wb-Personalmonitor 2016). Auch Verwaltungsmitarbeitende bzw. organisatorisch-pädagogische Mitarbeitende (OPM) (v. Hippel, 2010) sind an planenden Tätigkeiten organisatorisch-unterstützend mit beteiligt.

sensstrukturen, Bedarfe, Bedürfnisse, Interessen und gesellschaftliche Transformationsthemen aufzugreifen und in Angebote zu übersetzen. Dies ist nicht nur ein Prozess, der professionelle Praktiken erfordert, die nicht Wenn-dann-Mechanismen folgen; es ist ein Prozess, der sehr viele Spannungen in Form von Widerspruchskonstellationen, Antinomien (v. Hippel, 2011a) aushalten muss. Hinzu kommen unterschiedliche Funktionslogiken, die besonders für die Bildungsplanung und das Bildungsmanagement in Unternehmen zu beobachten sind (Robak, 2004), aber auch für andere Institutionalkontexte zeichnen sich gesellschaftlich erzeugte Deutungen bis hin zu Verdrängungen ab, für die die für Programmplanung Verantwortlichen ein Bewusstsein einer doppelten Professionalität benötigen.

Unter „doppelter Professionalität“ soll die Fähigkeit verstanden werden, Wissen über die Strukturen und Mechanismen verschiedener Funktionslogiken, Widerspruchskonstellationen und Antinomien zu analysieren und für Bildungs- und Planungsentscheidungen unter Anwendung erwachsenenpädagogischer Prämissen und Wissensstrukturen zu bündeln, zu begründen und zu prüfen.

Während es für den öffentlichen und den privaten Sektor der Erwachsenen- und Weiterbildung bereits jetzt schon eine große Herausforderung darstellt, die formulierten Bedarfe mit den antizipierten Bedürfnissen, Nutzungserwartungen, Interessen und gesellschaftlichen Relevanzeinschätzungen und auch den Finanzierungsquellen abzustimmen und diese entsprechend des Profils der Einrichtung in passende Angebote zu transformieren und zu einem Programm zusammenzuführen, kommen auch hier immer neue Relevanzen hinzu: So ist es eine Herausforderung, die gesellschaftlichen Funktionslogiken der z.B. medialen Inszenierungen von Themen zu durchdringen, Ausgelassenes, Sedimentiertes, Unangenehmes zu hinterfragen und Grundsätzliches herauszuarbeiten. Dabei kann die Erwachsenen- und Weiterbildung eine Aufklärungsrolle übernehmen, d.h. es ist auszuhalten, dass die damit verbundenen Spiegelungsprozesse Kritik erzeugen werden. Eine besondere Herausforderung stellt dabei in der privat-gemeinnützigen Erwachsenen- und Weiterbildung, etwa in der konfessionellen Erwachsenenbildung, das Interesse des Trägers an den Bildungsangeboten bzw. -programmen bzw. pädagogischen Leistungen der Einrichtungen dar: sei es, um gemäß des eigenen Normenkontexts selbst bei der Schwerpunktsetzung mitzuwirken, sei es, um die Fortbildung des eigenen (ehren- und hauptamtlichen) Personals des Trägers durch die Einrichtungen realisieren zu lassen.

Professionelles Handeln in der Erwachsenen- und Weiterbildung erfordert verantwortliches, ethisch rückgebundenes Entscheiden und Gestalten. Erwachsenenpädagoginnen und Erwachsenenpädagogen haben in ihrer beruflichen Tätigkeit auch einen Dienstleistungsauftrag, aber nicht nur und nicht primär. Ihr Bildungsauftrag erfordert eine stetige Reflexion des Kontexts und der Praxen, inwiefern lernförderliche Gelegenheitsstrukturen vorhanden sind. Dabei kann oft nicht dichotom in „richtiges“ und „falsches“ planerisches Handeln und damit verbundene Entscheidungen unterschieden werden, sondern es bestehen Antinomien und Widerspruchskonstellationen, die balanciert, aber doch auch entschieden werden müssen. Erwachsenenpädagogik sieht sich hier auch in einer Anwaltschaft für die und den Lernenden und ist nicht durch eine Kundenbeziehung bestimmt. Das heißt: In den Bereichen, wo sie durch einen Auftraggeber bestimmt ist, sollte nicht dieser allein darüber entscheiden, wie Lehr-Lernsituationen gerahmt sind, sondern die pädagogisch in den Einrichtungen Planenden ziehen weitere Relevanzen bei ihrer Entscheidung für Themen und Lehr-Lernarrangements hinzu und lassen eigene pädagogische, inhaltlich-fachliche und ethische Überzeugungen dabei einfließen. Programmplanungshandeln ist das Aushandeln von Möglichkeiten. Gerade die Programmforschung und die Forschung zum Programmplanungshandeln sind sehr sensibel für Faktoren wie Macht, Interessen und gesellschaftliche, politische und wirtschaftliche Faktoren als Einflüsse auf Makroebene. Dazu liegt viel Forschungsliteratur mit Modellen und Konzepten vor.

Im Unternehmen ist die doppelte Professionalität systemisch angelegt und begründet sich im Horizont der beigeordneten Bildung am Lernort Unternehmen/Betrieb (Gieseke, 2008). Sie ist verbunden mit der Verankerung in einer betrieblichen Funktionslogik. Die Planenden sind herausgefordert, die betrieblichen Prozesse und Logiken (Harney, 1998) zu verstehen, aber konsequent eigene Begründungslogiken zu entwickeln und so einzulassen, dass sie akzeptiert werden. Die Aushandlung von Begründungen kann sich strategisch im Rahmen der von Käpplinger (2016) beschriebenen Konfigurationen bewegen, sie müssen eigene Strukturen, Logiken und Wissensdimensionen aufweisen, die die Aspekte Bildung, Qualifizierung, Kompetenzentwicklung, Wissensstrukturen, Nutzungen, Interessen und Transfermöglichkeiten professionell auslegen und vertreten können. Ein Missverständnis besteht dabei oft darin, dass die strategischen Argumente der betrieblichen Logik verdoppelt und verstärkt werden, um vermeintliche Akzeptanz zu finden. Damit verlieren die Programmplanung und der Bildungsaspekt ihre Argumente und lösen sich auf. Es ist wichtig zu wissen, dass es dominante Logiken gibt, die das Setting bestimmen – doch innerhalb dessen sind die eigenen Handlungsspielräume zu erarbeiten und zu begründen. Dies erfordert viele Übersetzungsleistungen, Heuer (2010) spricht von „Sinnfähren" zwischen betrieblicher und pädagogischer Auslegung, die sich an den Herausforderungen der Transformation von Wissensstrukturen und den Kenntnissen der Bedingungen für die Bereitschaft und Motivation des angestellten Personals orientieren sollten. Diese wird nicht allein durch Zwang determiniert, sondern folgt Wünschen, die aus der Sozialisation, den beruflichen Wünschen und der Freude am Lernen und Arbeiten resultieren.

Das vorliegende Lehrbuch führt grundlegend in die Programm- und Angebotsplanung sowie in die Forschung zu Programmen und Programmplanungshandeln ein. Jedes Kapitel enthält Lernziele, einen Bezug zu den Fallbeispielen (s.u.) sowie Arbeitsaufträge, die zur Reflexion der Wissensbestände anregen sollen. Für die Arbeitsaufträge gibt es keine vorgefertigten Lösungsvorschläge, sondern ihre Lösung hat individuellen, reflektierenden Charakter.

Die ersten beiden Kapitel → 1 „Programm und Angebot“ (Wiltrud Gieseke) und → 2 „Bedarf und Bedürfnisse“ (Wiltrud Gieseke) klären grundlegend diese zentralen Begriffe und Konzepte. Darauf aufbauend beleuchten die Kapitel → 3 „Programmplanung als Konzept und Forschungsgegenstand“ (Wiltrud Gieseke & Aiga von Hippel) und → 4 „Forschung zum Programmplanungshandeln“ (Wiltrud Gieseke) Programmplanungshandeln und die Theorien und Forschungen dazu. Der Programmforschung, also der Untersuchung von Programmen mit der Methode der Programmanalyse, widmen sich die Kapitel → 5 „Forschen mit Programmen – Orientierungen für studentische Arbeiten“ (Bernd Käpplinger & Steffi Robak) und Kapitel → 6 „Befunde der Programmforschung“ (Marion Fleige, Aiga von Hippel, Maria Stimm, Wiltrud Gieseke & Steffi Robak). Kapitel → 7 „Lernkulturen“ (Marion Fleige & Steffi Robak) betrachtet „Lernkulturen“ als Rahmung von Planungshandeln und Programmen sowie komplementär auch den Beitrag von Bildungsmanagement und Teilnehmenden zur Entfaltung von Lernkulturen in Organisationen der Erwachsenen- und Weiterbildung. Der Begriff der „Lernkulturen“, der sonst im Diskurs oft vor allem mikrodidaktisch ausgelegt ist, wird dabei systematisch für die Ebene der Programmplanung ausgelegt. In Kapitel → 8 „Weiterbildungsmanagement“ (Steffi Robak) wird Bildungsmanagement als Leitungsaufgabe in Organisationen der Erwachsenen- und Weiterbildung entwickelt und im Hinblick auf den Zusammenhang mit Programmplanung spezifiziert und vertieft. Das Kapitel → 9 „Zielgruppenorientierung in der Programmplanung“ (Aiga von Hippel) verortet Zielgruppenorientierung in der Planung in unterschiedlichen Modellen und zeigt Unterschiede auf. Im Kapitel → 10 „Finanzierung von Programmen und Angeboten“ (Bernd Käpplinger) werden Ressourcen für die Erwachsenen- und Weiterbildungsarbeit differenziert diskutiert. Kapitel → 11 „Programmplanung und -forschung international und vergleichend“ (Bernd Käpplinger) blickt vor allem nach Nordamerika.

*Die zwei folgenden Fallbeispiele dienen der handlungsbezogenen Verortung von Programmplanung. Auf sie wird in den Kapiteln jeweils Bezug genommen. Anna Müller und Max Schmidt treffen in ihren organisatorischen Handlungskontexten auf weitere Kolleginnen und (angehende) Erwachsenenbildnerinnen. Diese Personen werden in den Beispielen zu den folgenden Kapiteln nochmals einzeln eingeführt.*

*Max Schmidt ist Leiter des Programmbereichs Kultur an einer Volkshochschule in einer Stadt mit 150.000 Einwohnern. In der Volkshochschule arbeiten neben der Leiterin und Max Schmidt drei weitere Programmbereichsleitungen (für Sprachen/Integration, Gesundheit, Beruf/IT sowie Gesellschaft/Politik). Es gibt noch vier, z.T. teilzeitbeschäftigte Verwaltungskräfte sowie je nach Semester rund 230 bis 250 auf Honorarbasis beschäftigte Dozentinnen und Dozenten. Eine Programmbereichsleitungsstelle sowie eine halbe Verwaltungsstelle sind aktuell unbesetzt, so dass die Leiterin einen Programmbereich kommissarisch leitet. Es ist unklar, wann die Neubesetzung erfolgt, was auch von den nächsten Kommunalwahlen ab-*

*hängt. Sporadische Praktikantinnen und Praktikanten von der lokalen Universität sind im Alltag eine Hilfe und Anregung, wenn sie sich engagiert einbringen.*

*Das rund 150-seitige halbjährliche Programm der Volkshochschule wird gedruckt als Broschüre, über das Internet als PDF sowie über Datenbanken simultan verbreitet; u.a. um verschiedene Marketingkanäle und Zielgruppen zu erreichen. Das Programm besteht aus wiederholt stattfindenden Kursen, rückläufigen Kursangeboten sowie innovativen neuen Kursen. Außerdem gibt es Auftragsmaßnahmen für die Kommune (u.a. IT-Schulungen), für örtliche, privatwirtschaftliche Firmen (u.a. Sprachkurse) oder gelegentlich auch für die Arbeitsagentur. Ideen für Kurse entstehen in vielfältigster Form. So bieten z.B. Dozentinnen und Dozenten Ideen an oder aktuelle wissenschaftliche Studien, z.B. zur politischen Radikalisierung oder zum demografischen Wandel, werden aufgegriffen.*

*Max Schmidt selbst macht sich neben seiner umfangreichen administrativen Arbeit und den Routineaufgaben (Personalakquise, Raumorganisation, Budgetkontrolle, Evaluation etc.) immer wieder viele konzeptionelle Gedanken im losen Austausch mit regionalen Kooperationspartnern. Max Schmidt ist des Weiteren mit einem Drittmittelprojekt betraut, durch das eine unabhängige, kommunale Beratungsstelle mit einer befristet beschäftigten Bildungsberaterin für zwei Jahre finanziert ist. Im von ihm nicht verantworteten Programmbereich Sprachen/Integration gibt es Einstufungsberatungen, damit die Lernenden Sprachkurse entsprechend ihrem Leistungsniveau finden. Insgesamt finanziert sich die Volkshochschule zu einem Drittel über Landes- und kommunale Mittel, zu einem Drittel über Teilnahmegebühren und zu einem Drittel über Projektzuschüsse.*

*Anna Müller ist Abteilungsleiterin für Überfachliche Fortbildungen innerhalb der Personalentwicklung eines international agierenden Pharmazieunternehmens (Sitz in Deutschland) mit weltweit über 1.000 Mitarbeitenden. Die drei bildungsbezogenen Abteilungen der Personalentwicklung gliedern sich in Fachliche Fortbildung, Überfachliche Fortbildung und Sprachfortbildung. Die Abteilung von Frau Müller ist für die Überfachlichen Fortbildungen zuständig, zu der im Unternehmen u.a. themenbezogen auf Kommunikation, Coaching, Teamarbeit oder auch Stress- und Gesundheitsmanagement gehören. Derzeit ist das Stress- und Gesundheitsmanagement besonders gefragt.*

*Die Personalentwicklung wurde gerade umstrukturiert und befindet sich noch im Umbruch, aber mit Anna Müller arbeiten neben ihrem Chef noch fünf weitere Personalverantwortliche und drei Verwaltungskräfte, die in der Regel sowohl für Ausbildungs- als auch Fortbildungsfragen zuständig sind. Rund 150 Trainerinnen und Trainer sind auf Honorarbasis beschäftigt. Daneben arbeiten rund 80 Personen im Unternehmen zwar eigentlich als Fachkräfte, aber haben auch lehrende Aufgaben in der Ausbildung, Anleitung oder Fortbildung. Werkstudentinnen und Werkstudenten werden gelegentlich und projektbezogen beschäftigt. Die Unternehmensleitung möchte nicht, dass Unternehmensinterna in Abschlussarbeiten publiziert werden, bzw. sie verlangt Sperrvermerke.*

*Es gibt keinen Gesamtkatalog aller Fortbildungen im Unternehmen. Einige Angebote stehen im Intranet des Unternehmens. Es gibt Pflichtangebote zu Compliance oder Corporate Identity des Unternehmens, die alle Mitarbeitenden einmal besuchen müssen bzw. für die Lernsoftware am PC im Intranet bearbeitet werden muss. Je nach Gruppe der Mitarbeitenden gibt es eine Vielzahl an zugangsbeschränkten Sonderprogrammen, die von Führungskräftetrainings über Gesundheitsmanagement für ältere Beschäftigte bis hin zu speziellen Sprachkursen für im Ausland tätige Mitarbeitende oder aus dem Ausland kommende Mitarbeitende reichen. Viele Angebote finden gar nicht im Unternehmen statt, sondern Mitarbeitende werden zu externen Erwachsenen- und Weiterbildungsanbietern oder in Filialen des Unternehmens entsandt. Lernen am Arbeitsplatz und der Ausbau von E-Learning oder Blended Learning sind wichtige Themen der letzten Jahre.*

*Anna Müller arbeitet in einigen Projekten, in denen es u.a. um die Optimierung der unternehmensweiten Lernplattformen für das Wissensmanagement sowie um ein Programm zur Stressprophylaxe geht. Der Druck, möglichst kostensparend zu arbeiten, ist enorm und in Krisenzeiten sind Fortbildungen des Öfteren die ersten Streichposten.*

*Die Fortbildungen entstehen insgesamt über viele Wege, und oftmals ist die Zustimmung des Betriebsrats einzuholen. Im jährlichen Mitarbeitergespräch sind die Vorgesetzten u.a. aufgefordert, Qualifizierungsbedarfe zu prüfen und ggf. festzuhalten. Zumeist erfolgt eine Kursteilnahme auf Vorschlag und nur mit Zustimmung der direkten Führungskraft. Die Weiterbildungen werden in der Regel allein vom Unternehmen finanziert, aber Mitarbeitende müssen sich z.T. auch in ihrer Freizeit fortbilden (z.B. gelten Fahrtzeiten zu Fortbildungen nicht als Arbeitszeit) oder Kursgebühren gestaffelt zurückzahlen, wenn sie das Unternehmen kurz nach Kursende verlassen.*

# 1 Programm und Angebot

Wiltrud Gieseke

In diesem Kapitel werden als grundlegende Begriffe „Angebot" und „Programm" eingeführt. Sie stehen in einem besonderen Verhältnis zueinander und liegen auf zwei Handlungsebenen des pädagogischen Gestaltungsprozesses. Als philosophischer Hintergrund werden die Metapher „Rhizom" und als politikwissenschaftliche Einordnung der Begriff „Subsidiarität" als Erklärung herangezogen.

## Lernziele

- die Begriffe „Programm" und „Angebot" unterscheiden und begründen sowie dafür die didaktischen Handlungsebenen in der Erwachsenen- und Weiterbildung nutzen können
- die Bedeutung und Einordnung der Begriffe „Programm" und „Angebot" aus verschiedenen bildungswissenschaftlichen Perspektiven begreifen und ihr Zusammenspiel als Strukturprinzip in der Erwachsenen- und Weiterbildung einordnen können
- das „Rhizom" als eine philosophische Metapher für das Entstehen von Angeboten aufzeigen können
- das „Subsidiaritätsprinzip" als eine gesellschaftspolitische Kategorie für die Verortung der Erwachsenen- und Weiterbildung erläutern können

*Herr Schmidt und Frau Müller sind in ihren jeweiligen Organisationen damit beschäftigt, verschiedene Vorstellungen und Vorschläge und angetragene Anforderungen so zu verarbeiten, dass daraus Angebote mit Bildungs-, Qualifikations- oder Kompetenzausrichtungen werden. Diese müssen in das einrichtungsspezifische Profil mit seinen entsprechenden inhaltlichen Schwerpunkten, auch „Programmbereiche" genannt, passen. Gleichzeitig sollen sie aber innovative Entwicklungen aufnehmen. Die Mitarbeitenden, die auf der Mesoebene der Organisationen arbeiten, sind komplex operierende Seismographen und als Gestalterinnen gefordert. An diesen Arbeitsplätzen entscheidet sich gegen Ende, was überhaupt angeboten wird.*

## 1.1 Die offene Struktur der Erwachsenen- und Weiterbildung

Erwachsenen- und Weiterbildung zeichnet sich durch eine komplexe, vielfältige und ausdifferenzierte Entwicklungsstruktur aus, die keine eindeutigen, gesetzlichen Regelungen – wie sie in den anderen Bildungsbereichen existieren – aufweist. Sie hat, gesellschaftlich gesehen, unterschiedlichste Anforderungen zu erfüllen; entsprechend entwickeln sich Programme mit unterschiedlichen Profilen in den Organisationen und Institutionen: Diese sollen auf die rasch wachsenden und wechselnden Anforderungen reagieren.

Die im Lebenslauf anfallenden Kompetenz-, Wissens- und Reflexionsanforderungen, auch die Balancierung von Emotionen und Kognitionen unter den sich verändernden Bedingungen in Beruf, Familie und Gesellschaft verlangen reflexive Modellierungen der Persönlichkeit bei gleichzeitiger Stabilisierung ihres Selbstwerts, ihrer Offenheit und Erfahrungsbearbeitung. Schlüsselqualifikationen sind dafür erforderlich; dazu gehört gegenwärtig z.B. auch, den Veränderungen durch die Digitalisierung folgen zu können. Immer häufiger werden zusätzliche ergänzende Zertifizierungen bzw. Erweiterungen einer vormaligen Ausbildung nachgefragt. Unabhängig davon bieten die Erwachsenenbildungsinstitutionen nachholende Bildung und Qualifizierung, was die Schulbildung betrifft, an.

Die Erwachsenenbildung hat also auf eine Vielzahl von Anforderungen zu reagieren, die jeweils mit Angeboten, zeitnah und passgenau zu beantworten sind. Man bereitet sich nicht auf eine Zukunft vor, sondern auf die Gegenwart und nahe Zukunft.

das Programm als gelungenes Ergebnis seismographischen Handelns

Der Planende, der für das Programm und oder einen Programmbereich zuständig ist, sucht nach neuen Themen sowie nach Dozentinnen und Dozenten, die diese Themen anbieten können. Dafür bedarf es seismographischer Fähigkeiten, die einen entsprechenden Handlungsspielraum der Akteure in einer Institution voraussetzen.

Ob dies geleistet wird, dafür sind die Programme mit ihren jeweiligen Angeboten ein Ausweis. Ein Angebot benennt und beschreibt mit entsprechenden Ankündigungen einen Inhalt und eine Kompetenz und spricht gegebenenfalls Zielgruppen an. Eine Partizipation steht den angesprochenen Adressatinnen und Adressaten in der Regel frei. Das Programm gliedert und bündelt die Angebote in Programmbereiche, die auch Programmsegmente und anders genannt und je nach Institution und Organisation unterschiedlich gegliedert werden.

Die in der Institution gesetzten Programmbereiche oder Programmsegmente zeigen das Profil einer Institution oder einer Organisation. Diese Programmbereiche bzw. Programmsegmente sind praktisch der Ausdruck dafür, wie Bildung, Qualifizierung und Kompetenzerwerb in der jeweiligen Institution bzw. Organisation oder als beigeordnete Bildung in den verschiedenen anderen Kontexten ausgelegt werden.

Mit dem Programm gibt die Organisation Auskunft nicht nur über das Bildungs- und Qualifizierungsspektrum, sondern ebenso über ihr Interessenprofil und ihre Zielgruppen.

steuernde Einflussnahmen und kreative Offenheit mit Anschlussfähigkeit

Eine große Vielfalt von Angeboten bei den verschiedenen Trägern und Vereinen zeigt häufig noch keine organisierte Struktur auf, die kontinuierlich arbeitet, sondern eher punktuell auf Bedarfe reagiert. Jedes Programm entsteht aber erst durch die Bündelung von Angeboten. Dieses differenziert sich nach den jeweils gewünschten Schwerpunkten aus und erhält im Weiteren stabile organisatorische oder institutionelle Strukturen. Wenn sich allerdings bildungspolitische Entscheidungen zur Gestaltung der Erwachsenen- und Weiterbildung durchsetzen oder eine Steuerung z.B. über bildungspolitisch angeschobene Projektfinanzierung stattfindet, bilden sich u.a. Organisationen, die als Agentur arbeiten. Einzelne Angebote verbleiben in einer punktuellen Form – wie häufig in der beigeordneten Bildung – und bündeln sich erst bei einem kontinuierlichen Strukturierungsinteresse für einen aufzubauenden Bildungsbereich nach Programmbereichen, Programmsegmenten oder Programmarten. „Programmbereiche" und „Programmsegmente" verweisen auf thematisch strukturbildende Ausrichtungen, „Programmarten" unterscheiden sich nach konzeptionell-didaktischen Vorgaben mit differenter Federführung, die auch an andere Bildungsorganisationen und interne innerbetriebliche Abteilungen u.a. vergeben werden können (→ Kap. 4).

Da es unendlich viele organisationale bzw. institutionelle sowie beigeordnete Formen von Erwachsenen- und Weiterbildung gibt, haben wir es in der Gesellschaft mit einem Maximum an Vielfalt zu tun, auch was die organisierte Form betrifft. So steht insbesondere die beigeordnete Bildung in einem deutlichen Zweck-Mittel-Verhältnis zur Unterstützung des Anliegens z.B. eines Vereins oder eines größeren Projektvorhabens.

Bisher besteht aber organisatorisch kein eigenständiger Bildungsanspruch (→ Kap. 7). Nichts wird damit aber in jedem speziellen Fall über die weiteren Entwicklungen gesagt.

Deshalb kann der sich unübersichtlich entwickelnde und entfaltende „Weiterbildungsmarkt" in seiner ungerichteten Offenheit, was besonders den Beginn und den Verlauf betrifft, mit der Metapher eines *rhizomartigen* Wachstums nach Deleuze und Guattari (1977) beschrieben werden. Diese Metapher schafft einen Ausgangspunkt, um die Mechanismen innerhalb der Erwachsenen- und Weiterbildung zu begreifen, die noch ein offenes Erklärungspotenzial haben. Dabei handelt es sich um eine Entwicklungsbeschreibung als chaotischen Prozess mit unspezifischem Wachstum, was die bildungspolitisch gegenwärtig offene Situation beschreibbar macht.

Für Deleuze umschreibt das „Rhizom" ein Geflecht, das sich unspezifisch ausdehnt, dabei verzweigt und vernetzt, aber auch an einem anderen Ende neu entsteht, wenn es abgekappt wird. Weiterbildung ist also überall, d.h. auch überall nötig, aber nicht dauernd. Die damit beschriebene Entwicklung agiert hetero-hierarchisch, wie ein nicht endendes Wurzelgeflecht mit zahlreichen Nebenwurzeln, so dass nebeneinander verlaufende Linien, Kreise und Zyklen entstehen. Der soziologische Begriff „Vernetzung" und die Diskussion um „Gouvermentalität" sind als soziologische Diskurse dazu anschlussfähig. Sie unterstellen feste Strukturen, die sich aber öffnen.

**Definition**

### Rhizom

Mit Rhizom wird ein nicht-hierarchisches Wurzel- und Nebenwurzelsystem charakterisiert, das keiner systematischen Logik folgt. Es ist ausgewiesen durch Spontaneität, Ungerichtetheit, aber Passgenauigkeit sowie Heterarchie. Es unterliegt permanenten Veränderungen.

Rhizom und Subsidiarität im Zusammenspiel

Das Rhizom steht als Metapher für Heterogenität und Konnexion. Auch ein Denken in Linien ist in diesem System möglich, das sich jedoch verändern kann, wenn neue Verbindungen eingegangen werden. Ein antigenealogisches Konzept entwickelt sich offen mit vielen Eingängen. Mithilfe von Kartografie lassen sich solche Entwicklungen und Veränderungen erfassen. Deleuze und Guattari sehen den Wildwuchs über die antreibenden Wünsche und Überlebensvorstellungen als treibenden Motor von Gesellschaftlichkeit. Und damit sind wir bei der besonderen Rolle von Bildung über die Lebensspanne.

Die beschriebene Verkettung und Verzweigung von unterschiedlichen Strängen kann auch mit und in hierarchischen Gebilden erfolgen. Das klassische duale und hierarchische Denken kann jedoch nicht selbst die Prozesse in der Erwachsenen- und Weiterbildung ausreichend erfassen, da durch die geforderte Flexibilität im lebensbegleitenden Lernen immer neue Vernetzungen und Kooperationen erwartet, ebenso immer neue Programme entwickelt werden oder neue Angebote zu einer neuen Ausrichtung eines Programmsegments, Programmbereichs bzw. Programmschwerpunkts beitragen (Enoch & Gieseke, 2011). Deshalb weisen die Programmschwerpunkte aus, zu welchen Themen und Zielen die einzelnen Organisationen bzw. Institutionen Programme auflegen und welche Angebote, d.h. im engeren Sinne Kurse etc., jeweils angeboten werden. Mit anderen Worten: Erst die Programmstruktur macht die (Weiter-)Bildungsfunktion einer Organisation sichtbar.

So gibt es sowohl vielfältige gesellschaftliche Trägergruppen mit einem öffentlichen Auftrag als auch private Organisationen (z.B. Kirchen, Verbände, fach- und professionsbezogene Träger, politische, unternehmensbezogene und gewerkschaftliche Träger, private Vereine). Forneck und Wrana (2005) beschreiben Erwachsenen- und Weiterbildung theoretisch als „parzelliertes Feld".

Dabei befinden sich die Programmsegmente, Programmschwerpunkte bzw. Programmbereiche und ihre jeweiligen Angebote im ökonomischen, politischen und gesellschaftlichen Strom der Zeit mit ihren jeweiligen professionellen Auslegungen.

Bildungspolitisch wird, was die Strukturbildung für lebensbegleitendes Lernen betrifft, auf den Begriff „Subsidiarität" Bezug genommen. Dieses Prinzip ist politisch-gesellschaftlich in vielen Bereichen durchgesetzt und Ausdruck einer plural agierenden Gesellschaft. Es gilt auch für wesentliche Teile der Erwachsenen- und Weiterbildung.

### Definition

**Subsidiarität**

Alles, was zivilgesellschaftlich oder interessenpolitisch regelbar ist, wird auf der niedrigsten Handlungsebene gelöst. Erst danach sind höhere, d.h. staatliche Organe zuständig.

Man überlässt somit das Programm und die Definition der Notwendigkeit bestimmter Angebote quasi dem sogenannten „Bildungsmarkt" und den öffentlich teilfinanzierten Organisationen. Dabei erhofft man sich über eine Mischung aus Angebot und Nachfrage eine Befriedigung der Bildungsbedarfe und -bedürfnisse in der jeweiligen Zeit.

Das Subsidiaritätsprinzip öffnet quasi die Tür für rhizomartige Entwicklungen der Angebote in der Erwachsenen- und Weiterbildung.

## 1.2 Das Programm

Programme werden in der Regel im Verbund mit Institutionen und Organisationen diskutiert. Schrader (2011) hat ein Modell vorgelegt, um die wichtigsten Träger und Organisationen unter Leitbegriffen wie „Gemeinschaft", „Staat", „Markt" und „Unternehmen" zu ordnen. In den Leitbegriffen werden implizit die jeweiligen Interessen im weitesten Sinne mitgeführt.

Haupt, Frei- und Nebenberuflichkeit der Erwachsenenbildnerinnen und -bildner und ihre Aufgaben

Was die Handlungsstrukturen in den Institutionen betrifft, wird unterschieden zwischen einer Makro-, einer Meso- und einer Mikroebene. Mit *Makroebene* ist die Leitungsebene gemeint. Die *Mesoebene* verweist auf die Planungsebene. Auf dieser Ebene entsteht das Programm. Je nach Größe der Organisationen sind einzelne planende Personen für einen Programmbereich zuständig, d.h. sie erarbeiten Angebote, nehmen Angebotsvorschläge auf, wählen Dozentinnen und Dozenten aus und begleiten Ihre Arbeit. Die *Mikroebene* betrifft das unmittelbare Angebot, hier agieren die Dozentinnen und Dozenten und planen ihre Kurse; dies geschieht auch in Abstimmung mit der in der Regel hauptberuflich planenden Person.

Was sind Programme?

Was geben nun die bisherigen Definitionen von „Programm" her, um den spezifischen Gegenstand im weiteren und engeren Sinne zu platzieren und einzugrenzen?

Auf der *Makroebene* erwachsenenpädagogischen Handelns wird der Begriff „Programm“ eher als programmatische Konzeption, als bildungspolitische Orientierung eingeordnet. Auf der *Mesoebene*, d.h. der Ebene der Organisationen bei verschiedenen Trägern, meint das „Programm“ bildungswissenschaftlich betrachtet die umgesetzten thematischen Schwerpunkte unter den spezifischen Lernkulturen der Organisation. Im Rahmen der Programme lässt sich aus den einzelnen Ankündigungen für die jeweiligen Angebote, die sich unter den jeweiligen Programmbereichen finden, die gewählte didaktische Struktur der Angebote erkennen und nachvollziehen, welche Schwerpunkte inhaltlich, vom Arbeitsniveau und den Arbeitsformen gewählt werden und wer dazu Zugang haben soll oder kann.

Die uns im Rahmen des Lehrbuchs interessierende Mesoebene ist diejenige Ebene, die konzeptionelle Arbeit in komplexer Form bis zu den organisatorischen Detailebenen umzusetzen hat (Feld & Seitter, 2017). Dazu gehören die Zeitablaufplanung und anderes mehr.

Der Begriff „Angebot“ verweist auf die *mikrodidaktische Ebene* erwachsenenpädagogischen Handelns und ist den meisten Menschen deutlicher präsent; sie kennen Mikrodidaktik aus der Schulzeit und verbinden sie im eigentlichen Sinne mit „Lernen“. Das heißt, sie beschäftigt sich mit der konkreten Lehr-Lernsituation und ihrer Gestaltung in der Erwachsenen- und Weiterbildung.

Die unter dem jeweiligen Programm konzipierten Angebote variieren jeweils erheblich, da sie ein breites Spektrum aus diversen Lernarrangements bereithalten: vom Erfahrungsaustausch bis zu durchstrukturierten Curricula mit Zertifizierungsabschlüssen. Weitere didaktische Formen, die adressaten- und zielgruppenspezifisch ausgewählt werden, sind Projekte, Kurse, Gesprächskreise, Vorträge und Zielgruppenkonzeptionen.

Die Bildungspolitik legte um die Jahrtausendwende vom 20. zum 21. Jahrhundert Lebenslanges Lernen auf eine neoliberale Weise als programmatisches Gesamtkonzept aus. Bei diesem Konzept ging es darum, auf die Zunahme der Kompetenzbedarfe mit einer Forderung nach mehr Eigenverantwortung zu reagieren. Tragende Begriffe waren nun „informelles Lernen“, das „Lernen am Arbeitsplatz“ und „Selbststeuerung“. Es entwickelte sich ein Bildungs*markt*, um Dynamisierungsprozesse zu stützen und um die staatliche Finanzierung von Erwachsenen- und Weiterbildung einzusparen (Gieseke, 2001; Friebel, 2012; Arnold & Gieseke, 1999), gleichzeitig aber zur Aktivierung einer „lernenden Gesellschaft“ beizutragen. Dabei sollte die Weiterbildungsberatung ein unterstützendes Moment bei der Suche nach Bildungspartizipation übernehmen (Arnold, Gieseke & Zeuner, 2009; Gieseke & Stimm, 2016; Gieseke & Nittel, 2016; Enoch, 2011; Müller, 2005; Schreyögg, 2015; Schiersmann, 2014). Wer dieser Selbstverantwortung nicht folgen kann oder keinen Zugang findet, wird abgehängt. Chancengleichheit solle es nur gekoppelt mit Selbstverantwortung geben, höchstens für besonders Bedürftige gibt es spezifische Angebote (so im Fall der Alphabetisierung Ludwig, 2012; Grotlüschen et al., 2011).

Erst durch diese Entwicklung erlangen die Programmforschung und die Programmplanungsforschung eine größere Bedeutung, da es ansonsten keine Einblicke in die Realisierung Lebenslangen Lernens gibt.

Im Folgenden werden vier wissenschaftliche Perspektiven auf den Begriff „Programm" vorgestellt:

1. *Bildungswissenschaftlich* betrachtet sind die Programme konzeptionelle, inhaltliche, didaktische Aushängeschilder, sozusagen das Gesicht einer Erwachsenen- und Weiterbildungsorganisation.
2. *Historisch-bildungstheoretisch* betrachtet stellt das Programm ein Ergebnis historischer, sozialer, ökonomischer und bildungspolitischer Entwicklungen in einer bestimmten Zeit dar. Es ist in dieser Perspektive Ausdruck von bestimmten gesellschaftlichen Prozessen, die über die Programmschwerpunkte interessenbezogen, das heißt trägerabhängig ihren Platz erhalten oder durch bildungspolitische Regelungen direktiv über Projektförderungen – bei gleichzeitiger relativer Autonomie – in den Organisationen ausgestaltet werden (Gieseke & Opelt, 2003). Damit bilden die Programme den Kern des jeweiligen Profils einer Erwachsenen- und Weiterbildungsorganisation.
3. *Pädagogisch* betrachtet, also auf den Planungsvollzug fokussiert, ist das Programm Ausdruck eines bestimmten Lehr-Lernkonzepts. Es kann von Inhalten, Fachstrukturen, von Alltags- und Verwendungssituationen, von Verwertungsinteressen sowie Qualifikationsansprüchen Dritter im beruflichen Kontext bestimmt sein – und es kann für polyvalente Zusammenhänge maßgeblich sein (Gieseke, 2008; Gieseke & Opelt, 2005a, S. 43). Programme halten somit den erwachsenenpädagogischen Bildungsorganisationen einen Spiegel vor und verlangen ein immer neues Ausbalancieren von Angebot, Nachfrage, Finanzierung und organisatorischem Selbstverständnis, gerade auch was die Daseinsvorsorge in den Regionen für die Bevölkerung betrifft.
4. *Erziehungswissenschaftlich* betrachtet weist Pohlmann (2018) auf eine Diskursabhängigkeit der Programme hin und sieht im Anschluss an Benner die erziehungswissenschaftliche Perspektive oder Eigenlogik der Programme darin, dass sie in komplexen Wechselwirkungen zu anderen Handlungsformen, wie Ökonomie, Kultur und Politik stehen.

Gerade bei radikalen gesellschaftlichen Umbrüchen – so wie bei der Vereinigung der beiden deutschen Teilstaaten im Jahr 1990 (Gieseke & Opelt, 2003, S. 45–46) oder wenn es um Ereignisse wie die Aufnahme von Geflüchteten in Deutschland im Jahre 2015 geht – lässt sich nachvollziehen, wie schnell offene und öffentlich geförderte Systeme wie die Volkshochschulen und andere öffentliche Erwachsenen- und Weiterbildungsorganisationen reagieren können.

Eine marktförmige Weiterbildung kann dann nicht durchgängig für flexibles planerisches erwachsenenpädagogisches Handeln herangezogen werden. Nur eine

Bildungsorganisation mit offenen Gestaltungsstrukturen, die dem Gemeinwohl verpflichtet ist, professionelle Strukturen sichert und mit einer Grundfinanzierung arbeitet, kann jenseits des Marktes auch bei komplexen gesellschaftlichen Anforderungen von Interesse sein.

## 1.3 Das Angebot

Das Angebot stellt eine Unterkategorie zum Programm dar. Ohne Angebote, die sich in Kursen, aber auch in Projekten und Workshops manifestieren, gäbe es kein Programm. Wenn viele Angebote in ein Programm unter einer Aufgabe, einer Funktion oder zu einem Tätigkeitsfeld gebündelt werden, spricht man vom „Programmsegment“ oder „Programmbereich“. Das Angebot basiert auf den durch die planende Person ausgemachten Bildungsinteressen und ist gerichtet an potenzielle Adressaten und Adressatinnen bzw. Zielgruppen. Es soll spezielle Bedarfe und Bedürfnisse bedienen, die aber auch durch andere Angebote in einem Programmschwerpunkt bedient werden können.

ein Angebot ist kein Programm

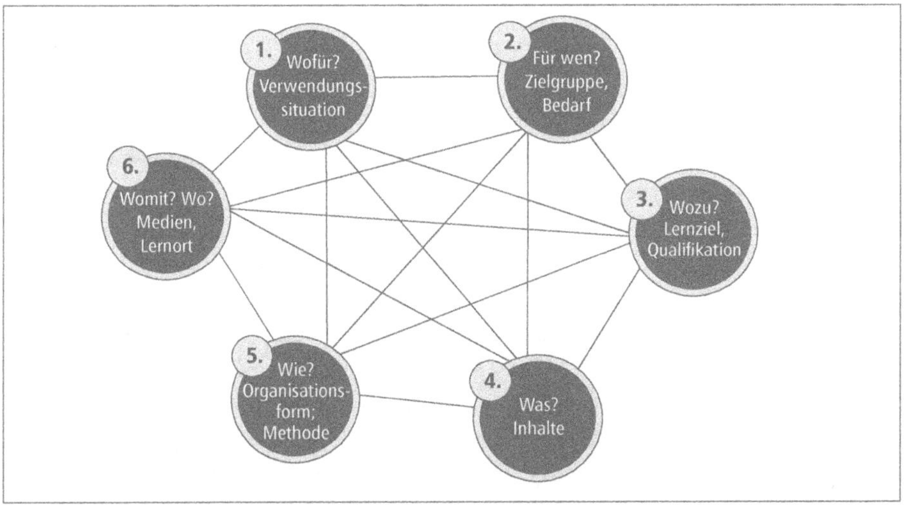


*Abbildung 1.* Modell der Angebotsentwicklung (Schlutz, 2006, S. 78)

Schlutz (2006) spricht bei der Angebotsentwicklung von einer speziellen Dienstleistung. Die in der Regel frei- und nebenberuflich tätigen Dozentinnen und Dozenten sind eng in diesen Prozess der Angebotsentwicklung einbezogen, an einigen Punkten nehmen sie ein Vorschlagsrecht war. Schlutz’ Modell zur Angebotsentwicklung entspricht in seiner Anlage den allgemeinen didaktischen Modellen; er erweitert es aber um curriculare Überlegungen nach Robinsohn (1971), besonders was die Frage der Verwendungssituationen betrifft. Erwachsenenpädagogisch kommen Aspekte hinzu, die noch nicht im Modell mit angelegt sind:

- Teilnehmerorientierung,
- Erfahrungsorientierung,
- Handlungsorientierung (Reich-Classen & v. Hippel, 2011) und
- Nachreflexion des Dozenten bzw. der Dozentin (diese ist nicht mit Evaluation zu verwechseln).

Wird der Begriff „Angebot“ mit dem des „Programms“ gleichgesetzt, was eher zufällig oder umgangssprachlich geschieht, so gerät die Gestaltungsaufgabe der Organisationen bei der Entwicklung von Programmen und Programmbereichen aus dem Blick. Letzteres ist aber gerade die analytische und konzeptionelle Kernaufgabe der Organisation. Und aus einer Forschungsperspektive betrachtet, würde dies auch die Interessenzusammenhänge, in denen sich die Organisationen bewegen, vernachlässigen.

## 1.4 Reglementierte inhaltliche Zugänge zu Programmen und Angeboten

Nicht alle Programme sind bzw. müssen mit ihren Angeboten für alle Interessierten zugänglich (sein), wenn sie sehr eng mit Träger- und Unternehmensinteressen verbunden sind. Sie gelten dann nur für die eigenen Mitarbeitenden oder die jeweilige Zielgruppe und enden mit der Betriebszugehörigkeit. Das gilt sowohl für Vertreter verschiedenster Interessenvertretungen als auch für Unternehmen. Wenn die Programme in unternehmerische Entwicklungsprozesse eingebunden sind, gelten sie quasi als „geheim“. Denn betriebliche Weiterbildung stellt auch einen wichtigen Faktor für neue Entwicklungen in Unternehmen dar. Hieran lässt sich sehr gut die Eingebundenheit des Lernens in ökonomische und interessenbezogene Prozesse zeigen. Diese werden von Käpplinger (2016a) in seinem Konfigurationsmodell betrieblicher Weiterbildung analysiert, systematisiert und theoretisch verortet.

Nur die öffentliche bzw. öffentlich geförderte Erwachsenen- und Weiterbildung, wozu insbesondere die Volkshochschulen, konfessionelle Träger und allgemeine Akademien zählen, ist für jede und jeden immer offen. Diese Institutionen arbeiten in der Regel mit Kurzzeitangeboten (Dauer 1–3 Tage kompakt, aber auch semesterweise Kurse ca. 30 Std.), die zum einen eine allgemeine thematische Kontinuität, zum anderen aber auch eine hohe Flexibilität, was die Weiterführung betrifft, aufweisen. Aktuelle Themen, Fragen und Schlüsselqualifikationen finden sich u.a. in neuen Technologien, Sprachen, psychosozialem Lernen, Zeitgeistfragen, beruflicher und kultureller Bildung.

Dabei zeichnet sich die Tendenz ab, Zertifikatsabschlüsse anzustreben. Diese Angebote sind in der Regel semesterübergreifend strukturiert. So finden sich in den Programmen einige Angebote mit curricularen Strukturen und längerer Zeitdauer.

## 1.5 Zusammenfassung

Die Begriffe „Programm“ und „Angebot“ sind zu unterscheiden und als übergreifende Strukturprinzipien in der Erwachsenen- und Weiterbildung nachzuvollziehen. Die Programme mit ihren Angeboten in den verschiedenen Kontexten sind Gegenstand der Forschung (Nolda, 2018). Dabei geht es darum, die Erwachsenen- und Weiterbildung in ihrer vielfältigen Ausrichtung sichtbar zu machen und die inhaltlichen Schwerpunkte lebensbegleitenden Lernens zu erfassen.

Vorliegende Forschungen (→ Kap. 6) zeigen auf, welche Forschungsperspektiven bisher aufgenommen und welche begrifflichen Ausdifferenzierungen vorgenommen wurden und weiterhin anstehen. Diese kommen für die Weiterentwicklung des Fachs nicht aus anderen Disziplinen. Methodische Herausforderungen und begrifflich gefasste Strukturentwicklungen werden in anderen Kapiteln dieses Buches vorgestellt.

Diese Vielfalt der Erwachsenen- und Weiterbildungswirklichkeit ist für die Forschung eine Herausforderung, da allgemeine Generalisierungen sich entsprechend des Gegenstands verbieten. Kartografisierungen einer sich verändernden dynamischen Entwicklung in diesem Feld könnten aber in der Zukunft neue forschungsmethodische Zugänge bieten.

### Fragen & Aufgaben

1. Unterscheiden Sie die Begriffe „Programm" und „Angebot". Welchen Handlungsebenen sind sie zugeordnet? Was umfasst der Ausdruck programmatisch für die Makroebene?
2. Welche unterschiedlichen Perspektiven nehmen die angeführten Programmdefinitionen auf?

### Tipps zum Weiterlesen

Gieseke, W. & Opelt, K. (2003). *Erwachsenenbildung in politischen Umbrüchen. Programmforschung Volkshochschule Dresden 1945–1997.* Opladen: Leske und Budrich.
*Stellt die Angebotsstruktur in bestimmten Feldern vor und zeigt auf, dass die Untersuchungsperspektive „Programm" eigenständige bildungswissenschaftliche Fragen stellt.*

Gieseke, W., v. Hippel, A., Stimm, M., Georgieva, I. & Freide, S. (2018). Programmarchive und -sammlungen der Erwachsenenbildung/Weiterbildung: Grundlage für die Forschung zum Lebenslangen Lernen. In R. Tippelt & A. v. Hippel (Hrsg.), *Handbuch Erwachsenenbildung/Weiterbildung* (6., überarb. u. erw. Aufl., S. 451–474). Wiesbaden: Springer.
*Grundlagen für die Forschung zum Thema „Programm in einer Region" werden aufgezeigt.*

Käpplinger, B. (2008). Programmanalysen und ihre Bedeutung für pädagogische Forschung. *Forum Qualitative Sozialforschung, 9* (1). DOI: http://dx.doi.org/10.17169/fqs-9.1.333
*Forschungsausrichtungen in der Programmforschung werden vorgestellt und das Forschungsspektrum wird dargelegt.*

Nolda, S. (2018). Programmanalyse in der Erwachsenenbildung/Weiterbildung. In R. Tippelt & A. v. Hippel (Hrsg.), Handbuch Erwachsenenbildung/Weiterbildung. (6., überarb. u. erw. Aufl., S. 433–450). Wiesbaden: Springer.
*Der Artikel führt gründlich und differenziert mit einem analytischen Blick ein.*

# 2 Bedarf und Bedürfnisse

Wiltrud Gieseke

In diesem Kapitel werden die Begriffe „Bedarfe" und „Bedürfnisse" vorgestellt, soweit sie auf die Programmentwicklung in der Erwachsenen- und Weiterbildung Einfluss nehmen. Dabei werden spezifische Perspektiven aufgezeigt: eine betriebs- bzw. wirtschaftswissenschaftliche, eine bildungswissenschaftliche für die Erwachsenenbildung und nachgeordnet eine psychologische. Verschiedene Modelle und Forschungsbefunde zur Bedarfserhebung werden knapp vorgestellt.

## Lernziele

- die Begriffe „Bedarfe" und „Bedürfnisse" in ihren disziplinbezogenen Verankerungen erkennen, in ihrer erwachsenenpädagogischen Bedeutung verstehen und diese im Kontext der Programmplanung beschreiben können
- Bezüge zum Begriff „Bedarfe" herstellen und die Differenz einer psychologischen sowie wirtschaftswissenschaftlichen Perspektive zur bildungswissenschaftlichen Perspektive erkennen, aber auch Schnittmengen identifizieren können
- den Begriff „Interesse" erwachsenenpädagogisch als Entwicklungsprozess verstehen
- Insrumente zur Bedarfserhebung kennen und deren Funktion verstehen

*Gerade wenn Frau Müller und Herr Schmidt innovative Bildungsangebote für die Organisation entwickeln wollen, benötigen sie gute Argumente. Noch besser ist es, wenn auf eine Nachfrage Bezug genommen oder auf Neuanforderungen in einer Region oder einem Unternehmen verwiesen werden kann.*

## 2.1 Begriffliche, disziplinbezogene Einordnung

Verschiedene Disziplinen beschäftigen sich mit Bedürfnissen und Bedarfen. Eine spezifische Rolle spielen sie in den Wirtschaftswissenschaften und nachgeordnet in der Psychologie. Die begrifflichen Auslegungen sind dabei immer vom Forschungsansatz der jeweiligen Fächer abhängig. In den Bildungswissenschaften trifft man sie nur in der Erwachsenen- und Weiterbildung. Letzteres hat damit zu tun, dass dieser Bereich auf Bildungsanforderungen flexibel, kurzfristig und nicht strukturiert durch staatliche Lehrpläne reagiert. Bedarfe und Bedürfnisse kommen aus dem gesellschaftlichen Raum und sind verknüpft mit wissenschaftlichen, politischen, ökonomischen, ökologischen, individuellen und anderen Interessenhintergründen.

So unterscheidet man in der Erwachsenen- und Weiterbildung zwischen „Bedarfen", die gesellschaftlich identifiziert und über Angebote für Bildung, Qualifizierung und Kompetenzerwerb beantwortet werden können, und „Bedürfnissen", die sich über individuelle Nachfrage artikulieren oder in einer bestimmten Zeit für das Individuum eine Rolle spielen.

In der nachschulischen Phase verändern und differenzieren sich die Anforderungen an Bildung, Qualifizierung und Kompetenzerwerb für das Individuum kontinuierlich weiter. Grundsätzlich bleibt zunächst einmal das, was Bedarfe und Bedürfnisse genau umfassen, von Interpretationen abhängig.

> Bei genauerem Hinsehen erweisen sich aber solche scheinbar erzwungenen „Bedarfe" keineswegs als interessenneutral in Konsequenz technischer Sachzwänge, sondern als Resultat dahinter stehender Modernisierungsimpulse der Kapitalakkumulation und entsprechender Innovationsstrategien. Anforderungen an die Weiterentwicklung von Weiterbildung hängen ab von den unterschiedlichen Perspektiven der beteiligten Akteure. Diese konkretisieren sich als für unterschiedliche Interessen durchaus divergierende Weiterbildungsbedarfe (Faulstich, 2003, S. 25).

Die Programmplanung reagiert mit ihren Bildungsangeboten auf gesellschaftliche wie individuelle Veränderungen im Verlauf eines Menschenlebens. Dabei entwickeln sich individuelle Bedürfnisse, die aus dem „Abgleich", der Anpassung und aus dem Widerstand mit der Umwelt entstehen und auch eine universelle Gestalt annehmen können. Man kann sie dann auch als „sekundäre Bedürfnisse" und als „kollektiven Bedarf" interpretieren. Milieugebundenheit, sich verändernde gesellschaftliche, politische Strömungen sind dabei in Wechselwirkung wirksam.

Wie können Bedarfe und Bedürfnisse zusammenhängen?

„Bedürfnisse" werden dabei näher beim Individuum in seiner Subjekthaftigkeit gesehen, während der Begriff „Bedarfe" eher eine generelle Anforderung in der Breite für bestimmte Gruppen meint und als Folge von gesellschaftlichen und technologischen Herausforderungen interpretiert wird. Bedarfe werden in der Regel durch Erhebungen erfasst, aber erst durch die anschließenden Interpretationen zu „Bedarfen". Wenn wir die Komplexität und die Wechselwirkungen zwischen Bedarfen und Bedürfnissen wirklich erfassen wollten, müssten wir mindestens drei Ebenen unterschieden:

1. Das Individuum betrachtet Bedarfe des Betriebs, bezogen auf eigene Handlungsanforderungen.
2. Das Individuum betrachtet Kompetenzanforderungen, die es an sich selbst richtet, für sich selbst, aber bezogen auf den Betrieb.
3. Das Individuum betrachtet generell Bildung, Qualifikationen und Kompetenzerwerb aus der Perspektive subjektiver Entfaltung.

Nach Sork ist das Wissen, um Bedarfe (hier *needs*) als ein Herausfinden von Lücken *(gaps)* und den gewünschten, den gefühlten und den angestrebten präsenten Fähigkeiten *(capabilities)* zu verstehen.

> A need is generally considered to be a discrepancy or gap between what is, or the present state of affairs in regard to the group an situation of interest, and what should be or a desirable state of affairs (Sork, 2001, S. 10).
>
> An educational need is a gap or discrepancy between a present capability (PC) and desired capability (DC). A capability is any human present quality that can be altered through learning (ebd., S. 101).

In der betriebswirtschaftlichen Perspektive wird „Bildung" bei der Bestimmung von Gütern im Sinne von „Ware" als eigenständiger Produktionsfaktor neben Arbeitsleistungen und Rohstoffen verstanden (ebd., S. 202ff.).

Bedarf und Bedürfnisse werden in diesem Verständnis in ein bestimmtes Verhältnis gesetzt. Bedarf ist, wirtschaftswissenschaftlich betrachtet, auf dem Markt die Nachfrage nach einem Wirtschaftsgut. Es geht darum, Bedarf als das zu betrachten, was gekauft wird, und ob und wie es bezahlt werden kann. Anders formuliert sind Bedarfe mit Kaufkraft ausgestattete Bedürfnisse. Die Attraktivität eines Produkts und der Preis sind dementsprechend die Scharnierstellen für Bedarfserhebungen und Bedürfnisinterpretationen und ihre Weckung.

die Kaufkraft als Ausgangspunkt betriebswirtschaftlichen Denkens

> Sind Bedürfnisse mit Kaufkraft ausgestattet, werden sie als Bedarf oder als Nachfrage bezeichnet. In wirtschaftswissenschaftlichen Lehrtexten werden Bedürfnisse mit Nutzenfunktionen dargestellt, und aus ihnen werden Nachfragefunktionen abgeleitet (Bardmann, 2011, S. 198).

Dazu ist notwendig zu wissen, dass Bedarfe und Bedürfnisse nicht einfach als Nachfrage vorhanden, sondern – betriebswirtschaftlich betrachtet – als solche zu wecken sind. Das Marketing übernimmt diese Aufgabe. Bedarfe und Bedürfnisse sind also nicht nur zu interpretieren, sondern sie werden auch geweckt bzw. erzeugt.

Offen ist dabei die Frage, um welche Art Nutzen es sich handelt, wenn das Marketing dazu beiträgt, dass menschliche Grundbedürfnisse sich in einen Bedarf im oben definierten Sinne verwandeln.

Bedürfnisse entwickeln und verändern sich

Marktabgrenzungsanalysen aus wirtschaftswissenschaftlicher Perspektive zeigen, wie Kaufkraft und Bildungsbedürfnisse beispielsweise im Tourismus positioniert sind (→ Abb. 2).

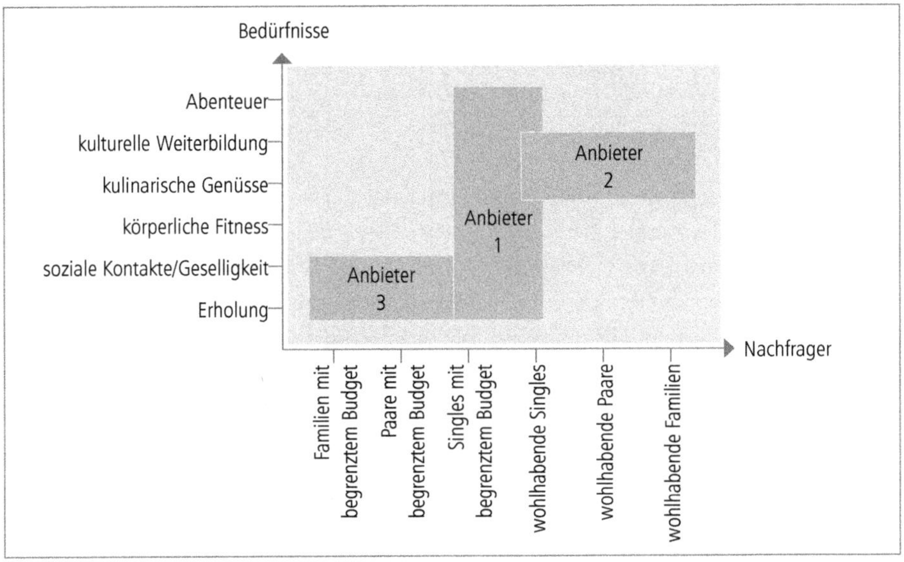


*Abbildung 2.* Marktabgrenzung am Beispiel von drei Anbietern im Tourismusbereich (Homburg, 2017, S. 5)

Bildung ist in dieser wirtschaftswissenschaftlichen Betrachtung nur ein Bedürfnis neben anderen und in der Regel wiederum nicht in allen Milieus. Das heißt, sie ist vielfach nur dann ein Bedürfnis, wenn in sie finanziert wird. Betriebswirtschaftlich wird Bildung erst zum Bedarf, wenn über Kaufkraft eine Nachfrage entsteht.

Hier wird der Unterschied zu einer bildungswissenschaftlichen Perspektive sichtbar. Denn Bildung wird ebenso wie Gesundheit in einer bildungswissenschaftlichen Perspektive als gesellschaftlich wichtiges und für alle Individuen zu sicherndes Gut angesehen, das unter einem Anspruch von professioneller Sicherung zur Verfügung zu stellen ist. Deshalb kann die wirtschaftliche Perspektive ohne bildungswissenschaftliche theoretische Überlegungen für die Erwachsenen- und Weiterbildung und lebensbegleitendes Lernen nicht übernommen werden.

Da Kaufkraft in betriebs- und wirtschaftswissenschaftlicher Perspektive der Zugang zu Bildung ist, reicht in einer Demokratie und nach den Forschungsbefunden zur Lernfähigkeit von Erwachsenen diese Perspektive nicht aus, weil besonders weniger verdienende Bevölkerungsgruppen auf diese subtile Weise von Bildungszugängen abgeschnitten sind. Hinzu kommen bestimmte Milieus, die negative Bildungserfahrungen im Schulsystem gemacht haben.

## 2.2 Eine bildungswissenschaftliche Perspektive

Bildungsprozesse als Ausdruck individueller Entwicklungspotenziale schaffen Voraussetzungen für eine kritische Prüfung ideologischer, autoritär-religiöser, esoterischer, mystischer, rassistischer oder anderer den Menschen reduzierende Heilvorstellungen. Der Mensch ist nicht definierbar in dem, was er ist. Wir wissen um seine hohe Lernfähigkeit über die gesamte Lebensspanne. Begrenzt in seiner Lernfähigkeit ist der Mensch nur durch die gesellschaftlichen Bedingungen seiner milieubedingten Kultur, die für Bildung über die Lebensspanne geschaffen werden und die er nachfragt. Begrenzt ist er durch die Notwendigkeit, überleben zu müssen, und durch gelebte Gewohnheiten, Erfahrungen und Deutungen früheren Lernens, die herbeigeführt wurden.

Wenn die Begriffe „Bedarf“ und „Bedürfnis“ für die Erwachsenen- und Weiterbildung nutzbar sein sollen, bedarf es einer auf die Disziplin bezogenen Auslegung. Für die Teildisziplin Erwachsenen- und Weiterbildung ist es selbstverständlich, dass Bedarfe und Bedürfnisse zum menschlichen Organismus gehören. Alle Aktivitäten und Perspektiven des Individuums sind an dieses Verständnis zurückgebunden. Bedürfnisse werden durch große Offenheit charakterisiert und bleiben dabei unspezifisch, so dass häufig auch von „latenten“ Bedürfnissen gesprochen wird.

Bedürfnisse sind in jedem Lebenslauf eingesponnen. Bedarfe dagegen verweisen auf gesellschaftlich, politisch, ökonomisch ausgelegte „Notwendigkeiten“. Diese messen sich an der Prosperität einer Gesellschaft sowie am demokratischen, ökonomischen und technologischen Wissensstand. Bedarfe sind, so gesehen, mittelbar verfügbar und zukunftsbezogen. Sie verweisen auf die antizipierten gegenwärtigen und zukünftigen Anforderungen an Bildung, Qualifizierung und Kompetenzerwerb. Auch diese Anforderungen werden aus unterschiedlichen Perspektiven, aber mit jeweils großen Schnittmengen interpretiert. Bedürfnisse können davon unabhängig partikulärer, also subjektiver sein. Beide, sowohl Bedarfe als auch Bedürfnisse (über verschiedene Emotionen), sind der Motor, um Lernprozesse voranzutreiben. Das gilt intrasubjektiv in Konflikten und wechselnden Selbstauslegungen sowie intersubjektiv in ausgetragenen divergierenden Interessen sowie auf der Basis von gesellschaftlich sich ausdifferenzierendem Wissen und Kompetenzen.

Grotlüschen (2010) formuliert für das Konzept des Lebenslangen Lernens den Begriff „Interesse“ und sichert damit einen bildungswissenschaftlichen Ansatz, der die komplexe subjektive Bedürfnisentwicklung aufzuschlüsseln vermag. Auch dieses Begriffsverständnis ist zwar psychologisch rückversichert, aber dezidiert bildungstheoretisch begründet.

Die Handlungsmöglichkeiten eines Menschen sind durch seine Umwelt quasi in Form eines Korridors strukturiert. Der Korridor ist jedoch nicht für alle Menschen gleich, sondern ungleich verteilt. Er ist durch die sozioökonomische Lage strukturiert. So muss also das Subjekt innerhalb des Korridors auf sein Thema stoßen, darüber stolpern und in einem Umfeld leben, in dem solche Zusammentreffen möglich sind. Kurz: Interesse entsteht selbstbestimmt – jedoch nicht von selbst (ebd., 2010, S. 288–289).

Tabelle 1

*Phasen der Interessengenese und ihre Charakteristika (Grotlüschen, 2010, S. 290)*

| **Dimension** | **Latenz** | **Expansion** | **Kompetenz** |
|---|---|---|---|
| Einflüsse der sozioökonomischen Lage und ihre Umsetzung als subjektive Prämissen | Erste **Berührungen** mit dem Gegenstand finden statt, werden jedoch noch wieder vergessen. **Einflüsse** Dritter werden als Zufall deklariert | **Einflüsse** der sozioökonomischen Lage und ihre Umsetzung als subjektive Prämissen | **Einflüsse** werden reflektiert berichtet oder aktiv mitgestaltet (Prävalenz). |
| Subjektiv wahrgenommener Freiheitsgrad der Handlung | Die **Ausstiegsoption** wird abgewogen. | Die **Ausstiegsoption** wird nicht in Erwägung gezogen. | Die **Ausstiegsoption** ist praktisch nur mit großen Einschränkungen realisierbar. |
| Art der interessenrelevanten Handlung | Die Hinwendung zum Gegenstand des Interesses ist instabil, kann wieder versanden: Es finden Umwege und Pausen in der Interessengenese statt. | Einflüsse der sozioökonomischen Lage und ihre Umsetzung als subjektive Prämissen | Einflüsse der sozioökonomischen Lage und ihre Umsetzung als subjektive Prämissen |
| Einflüsse der sozioökonomischen Lage und ihre Umsetzung als subjektive Prämissen | Der Gegenstand wird wird mit **Attraktion** oder **Aversion** konnotiert (Faszination des Neuen, Herausforderung, bei negativem Verlauf entsteht Entäuschung). | Einflüsse der sozioökonomischen Lage und ihre Umsetzung als subjektive Prämissen | Die emotionale und kognitive Beteiligung kumuliert im **Involvement.** Soziale Beteiligung wird als **Netzwerk** berichtet. **Spielräume** werden ausgeweitet, Grenzen überwunden. |

Grotlüschen beschreibt Entwicklungsphasen der Interessengenese und damit Interesse nicht als Zustand, sondern als Prozess. Die Autorin unterscheidet dabei eine Latenzphase, eine Expansionsphase und eine Kompetenzphase (→ Tab. 1).

Bildungsinteressen unterliegen Veränderungen, die durch Zeit, Raum, Lebens- und Arbeitsbedingungen beeinflusst, d.h. vor allem auch angeregt werden. In diesem Modell wird die Entwicklung von Bildungsinteressen als ein unabgeschlossener, sich ständig weiterentwickelnder Prozess mit Zäsuren, Ausdifferenzierungen und Umsetzungen beschreibbar. Bedürfnisse und Bedarfe erfahren so eine spezifisch bildungswissenschaftliche Einbettung. Und eben hieraus wird verständlich, wie wichtig es für das Individuum ist, dass Anregungen sowie Aufforderungen zu lebensbegleitenden Bildungsaktivitäten durch die Gesellschaft formuliert werden. Dazu gehören auch Angebote und institutionell organisierte Programme. Denn erst so erlangt die individuelle Entscheidungsfähigkeit neue Spielräume.

### Wegweiser Theorie

Zum Thema Bedürfnisse und Bedarfe gibt es ebenfalls eine sehr ausdifferenzierte psychologische Perspektive. Um die Bedürfnislage aufzuschlüsseln, kann man auch auf eine psychologische Auslegung von Weinstein, Deci und Ryan (2011) verweisen. Sie unterscheiden zwischen einem Bedürfnis nach Kompetenz, nach sozialer Eingebundenheit und nach Autonomie. Ansonsten arbeitet man in der Psychologie mit dem Konstrukt „Motivation". Die Emotionen sind eine bisher zu sehr unterschätzte Dimension des Lernens über die Lebensspanne, die selbst mit diesen Hinweisen noch nicht berührt sind.

## 2.3 Bedarfsanalysen in Betrieben

Bedarfe und Bedürfnisse werden in Organisationen der Erwachsenen- und Weiterbildungsorganisationen vor allem in Zeiten tiefgreifender Veränderungsphasen erhoben.

Forschungen im Programmplanungshandeln in der betrieblichen Weiterbildung zeigen, dass in der Regel nicht die Bedarfe und Bedürfnisse erhoben werden, sondern vielmehr die Ergebnisse von Aushandlungs- und Entscheidungsprozessen analysiert werden. So betont Röbel (2017), dass die Erkundung der Bedarfe und der Bedürfnisse ein entscheidender Vorgang für die betriebliche Weiterbildung sei. Sie berichtet allerdings, dass 73 Prozent der befragten Unternehmen Weiterbildung anböten, aber nur 21 Prozent der Unternehmen Bedarfsermittlungen durchführten. In ihrer qualitativen Befragung zur Bedarfserhebung bei drei Unternehmen verweist sie darauf, dass das aktuelle Nutzungsverhalten analysiert wird und Überlegungen stattfinden, welche neuen Angebote notwendig sind. Dabei handelt es sich um flexibel kontextbezogene Abgleichungen. Bestätigt wird darüber hinaus, dass sich die Bedarfsentscheidungen zwischen den Unternehmen (auch Heuer, 2010) unterscheiden. Röbel (2017) fordert ein stärkeres Forschungsinteresse, das sich besonders mit dem Verhältnis der Weiterbildungsabteilungen und den Führungskräften in den Abteilungen und deren Interpretation der Bedarfe und den daraus folgenden Entscheidungen beschäftigt.

Interpretationsabhängigkeit von Bedarfen und Bedürfnissen

Aus erwachsenenpädagogischer Sicht sieht es gegenwärtig so aus, dass die Angebotsentwicklung in der betrieblichen Weiterbildung zu einem festen Bestandteil der betrieblichen Entwicklung wird.

Interessant ist der Ansatz von Müller und Stürzl (1992), der bewusst vorhandene empirische Unsicherheiten aufgreift, die sich bei der Auswertung der Ergebnisse von Bedarfsanalysen ergeben. Der Ansatz postuliert, dass jede Erhebung der Interpretation bedarf und sich die Bedarfe nicht ohne Weiteres aus den quantitativen oder aus den qualitativen Erhebungen ableiten lassen. Inzwischen ist dazu festzustellen, dass es gegenwärtig weniger um Bedarfe im Allgemeinen, sondern um speziell zu identifizierende Kompetenzen geht. Das Spannungsverhältnis zwischen Bedarfen und Kompetenzen aufrechtzuerhalten gelingt dem situativen Ansatz von Müller und Stürzl (ebd.), indem er die Kritik im Analyseprozess direkt mit einbezieht (Gieseke, 2008, S. 35ff.). Die Weiterbildner und Weiterbildnerinnen moderieren den Bedarfserhebungsprozess und ziehen quantitative Daten mit heran. Sie binden dieses Vorgehen deutlicher in die Konzept- und Programmerarbeitung ein.

> Es muss dann jeweils entschieden werden, ob es darum geht, Kompetenzen zu identifizieren oder Kompetenzen herauszubilden. Weiterhin muss neu in den Weiterbildungsorganisationen diskutiert werden, ob anthropologische, neoliberale, demokratisch-liberale, sozialkonservative, sozial-liberale oder ökologische christlich-soziale usw. Vorstellungen von Bildung, Kompetenzerwerb und Qualifizierung vorliegen. Auch dieses bleibt selbstredend nicht ohne Auswirkungen ... Die Positionen können sehr weit auseinandergehen, da es keine staatlich festgelegten Mindeststandards für die Sicherung von Lebenslangem Lernen gibt, wohl aber Lebenslanges Lernen als ideologische Formel des permanenten selbstverantwortlichen Lernens als Wert eingeführt ist (ebd., S. 36).

**Beispiel**

### Partielle Beliebigkeit

Der eingeschränkte Nutzwert von Befragungen sollte aber ebenso gesehen werden: So macht man sich in einigen Regionen die Mühe, von der Bildungsberatung her Bedarfe zu erheben, um eine Planungsmöglichkeit der Weiterbildungsdienstleister zu gewährleisten und Angebot und Nachfrage abzusichern. Die Transferierung von artikulierten Bedarfen und konkreter Nachfrage gelingt keineswegs durchgängig. Deshalb fragt man sich dann, ob die bekundete Wertschätzung ernst zu nehmen ist oder lediglich das Wissen der Befragten darum widerspiegelt, was sozial erwünscht und „politisch korrekt" ist (ebd., S. 31) (s. auch Anhang).

Bei Bildungsbedarfserhebungen im Unternehmen hängt es davon ab, welche Ergebnisse nach vorne drängen und ob man Leitungspersonal, die Weiterbildungsabteilung, Vertrauensleute im Unternehmen oder verschiedene Gruppen von Mitarbeitenden befragt. Allerdings hängt im Weiteren dann alles von komplexen Entscheidungsprozessen im Unternehmen ab.

Bei Bedarfs- und Kompetenzanalysen in Organisationen der öffentlich geförderten Erwachsenen- und Weiterbildung gibt es Unterschiede zu den in Unternehmen geführten Analysen. Dazu gehört unter anderem, dass die Teilnahme freiwillig ist und es immer die Möglichkeit gibt, bei konkurrierenden Anbietern passendere Angebote zu finden. Allein aus diesem Grund spielt die Umfeldanalyse für die offene, öffentlich verantwortete Erwachsenen- und Weiterbildung eine besonders große Rolle.

Hinzu kommt, dass u.a. das Interesse an einer differenzierten Nutzenauslegung in offenen Institutionen breiter erscheint und die Institution sich darauf erst im Kurs selbst genauer einstellen kann. Die gegenwärtige und zukünftige Planungstätigkeit von Organisationen der öffentlich verantworteten Erwachsenen- und Weiterbildung setzt Bedarfserhebungen voraus, die stärker subjektive und gesellschaftliche Perspektiven aufnehmen. Die Erhebungen lassen sich durch nachfolgendes Schema, das zwar betrieblich orientiert, aber doch allgemein gehalten ist, anregen (→ Abb. 3).

Sie lassen sich als „Umfeldanalysen" verstehen.

## Definition

### Umfeldanalyse

Die Umfeldanalyse ist ein systematisches Erfassen und Analysieren von Faktoren, die sich i.d.R. nur langfristig ändern. Deshalb ist es sinnvoll, diese Analyse als Fortschrittsbericht anzulegen, der periodisch fortgeschrieben wird (Hinz et al., 2014, S. 95).

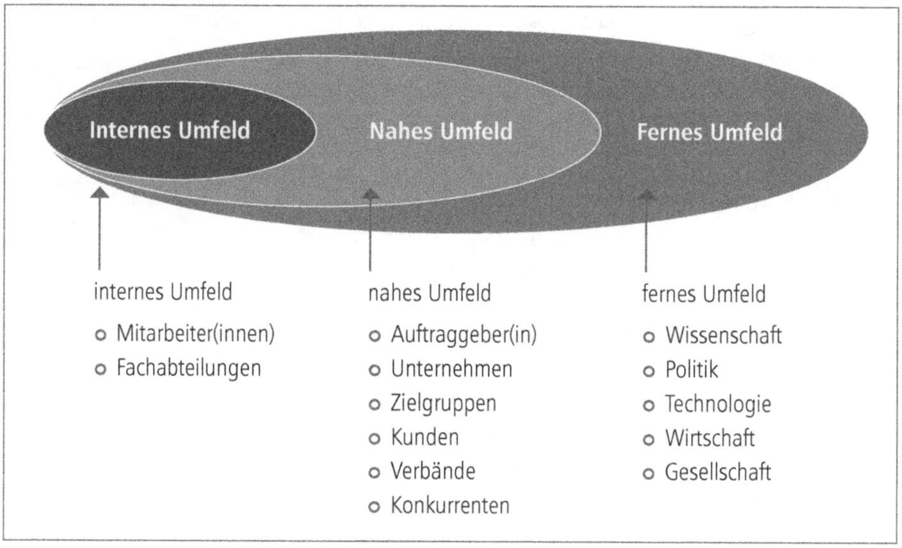


*Abbildung 3.* Bestimmung der Umweltfaktoren (Hinz et al., 2014, S. 95)

Zum *fernen* Umfeld gehören Weltwirtschaft, politische Veränderungen, Wertewandel, demografischer Wandel und Wandel in den Technologien. Zum *nahen* Umfeld zählen räumliche und sektorale Strukturen, Bevölkerungsstrukturen sowie regionale, sektorale Akteure und deren Kooperationsmöglichkeiten, Lernkulturen (→ Kap. 7), Interaktionen von Lerndienstleistern, handelnde Personen und deren Orientierungen sowie deren Entscheidungsverhalten. Zum *internen* Umfeld gehören die Kompetenzen der Mitarbeitenden, Organisationspotenziale und bisherige Angebote.

Mit dem SWOT-Analyse-Instrument – engl. Akronym für *strengths* (Stärken), *weaknesses* (Schwächen), *opportunities* (Möglichkeiten) und *threats* (Bedrohungen) – wird danach gefragt, welche Faktoren die Organisation beeinflussen.

In ihren begrifflichen Ergänzungen zum Schema zeigen Hinz et al. wichtige Bezüge der drei Umfelder zur Erwachsenen- und Weiterbildung auf.

## 2.4 Zusammenfassung

Bedarfe und Bedürfnisse werden in den einzelnen Disziplinen unterschiedlich ausgelegt, da die jeweilige Disziplin einen spezifischen Forschungsfokus zu setzen hat. Darüber hinaus sind Bedarfe und Bedürfnisse, empirisch gesehen, interessen- und interpretationsabhängig. Entscheidungsprozesse sind in diese Voraussetzungen eingebunden. Verschiedene Modelle reagieren auf diese komplexen Anforderungen mit ihren Planungsmodellen. Der Begriff „Interesse" spielt dabei bildungswissenschaftlich eine Rolle.

Bildungswissenschaftlich gesehen ist das Verständnis von „Bedarf" begrifflich neu zu positionieren und unter den Bedingungen allgemeiner technischer und gesellschaftlicher Veränderungen auf der Ebene von Grund- und Existenzbedürfnissen jedes Menschen einzuordnen. Eine solche umfangreiche Definition und Theorieentwicklung steht aus.

### Fragen & Aufgaben

1. Definieren Sie Bedarfe und Bedürfnisse aus erwachsenenpädagogischer Sicht und legen Sie Unterschiede zu psychologischen und wirtschaftswissenschaftlichen Perspektiven dar.
2. Welcher Interessenbegriff empfiehlt sich in der Erwachsenen- und Weiterbildung und warum?
3. Wie werden Bedarfe in Unternehmen erhoben und worauf ist aus erwachsenenpädagogischer Sicht dabei zu achten?

### Tipps zum Weiterlesen

Hinz, J., Hopen, A., Käpplinger, B., Koitz, K. & Rau, T. (2014). *Praxisleitfaden Weiterbildungscontrolling.* Berlin: RKW Berlin GmBH/Thomas Rau.
http://b2.berlin-transfer.net/QuBiC_Praxisleitfaden_Weiterbildungscontrolling-1.pdf
*Dieser Praxisleitfaden kann bei der Entwicklung von Instrumenten für die konkrete Bedarfserhebung unterstützen.*

# 3 Programmplanung als Konzept und Forschungsgegenstand

Wiltrud Gieseke und Aiga von Hippel

In diesem Kapitel geht es um Definitionen zum Begriff „Programmplanung". Die konkreten Bedingungen von Programmplanung werden beschrieben und begründet. Theoretische Modellbildungen und ihre Bezüge zum bisherigen diskursiven Entwicklungsverlauf werden vorgestellt und eingeordnet. Das Modell „Wissensinseln" wird dargestellt.

## Lernziele

- Anforderungen und Aufgaben von Programmplanungshandeln benennen können
- den Widerspruch zwischen pädagogischer Zielerreichung und ökonomischen Kriterien verstehen
- das Konzept „Wissensinseln" verstehen
- Programmplanungshandeln als „Angleichungshandeln" beschreiben können
- unterschiedliche Programmplanungsmodelle kennenlernen

*Herr Schmidt hat es in seiner Organisation mit sehr unterschiedlichen Angebotstypen zu tun. So gibt es Kurse, die mit kleinen Veränderungen weiterlaufen, Kurse, die ad hoc aus dem bildungspolitischen Raum angefordert werden, und Teilnehmendenbewegungen, die ein generelles Wegbleiben, ein Desinteresse an bestimmten Angeboten, eine größere Nachfrage aus der Bevölkerung unspezifisch oder bezogen auf ganze Programmbereiche anzeigen. Der Bereichsleiter hat dies zur Kenntnis zu nehmen, Erklärungen zu finden und Antworten zu suchen. Darüber hinaus liegen sogenannte Themen in der Luft, die von einer öffentlichen Institution wie der VHS, aufgegriffen werden sollten, aber an denen sich nur sehr selten potenzielle Zielgruppen sofort interessiert zeigen.*

*Frau Müller hat sich in den betrieblichen Kontexten ähnliche Fragen zu stellen, nur kommt hier als entscheidender Bezugsrahmen nicht die Öffentlichkeit ins Spiel, sondern die Betriebsleitung und die gewerkschaftliche Vertretung, und die Anforderungen aus den einzelnen Abteilungen sind entscheidend. Ebenso spielt eine Rolle, welche Beobachtungen man selber im Betrieb macht und welche Vorschläge daraus erwachsen.*

Diese Beispiele zeigen die vielen Anforderungen in Abhängigkeit von einem komplexen kontextabhängigen Gewebe auf. Alle Tätigkeiten vereinen sich aber im Ziel, ein Programm in einer wie auch immer gestalteten Vielfalt unter den vorhandenen Kontexten entstehen zu lassen. Den Überblick und die Begründungsfähigkeit inner- und außerhalb der Organisation auf professioneller Basis zu sichern, verhilft dazu, dem Komplex von Bildung, Qualifizierung und Kompetenzerwerb ein zu gestaltendes, also auch auf Kontinuität und Veränderung zielendes Gewicht zu geben und professionell, d.h. mit eigener erwachsenenpädagogischer Perspektive auf die Situation und einer eigenen Sprache auskunftsfähig zu sein.

## 3.1 Begriffliche Einordnungen

Programme von Bildungsorganisationen werden in der Regel von hauptberuflichen Mitarbeitenden geplant. Frei- oder nebenberuflich tätige Dozentinnen und Dozenten werden ebenfalls in unterbesetzten Organisationen herangezogen.

Programmplanungshandeln wird häufig mit Angebotsentwicklung verwechselt oder vermischt, genau wie bei „Programm“ und „Angebot“ die begrifflich notwendige Unterscheidung von Unkundigen häufig umgangen wird. Dadurch werden die differenzierten Anforderungen, die der jeweilige Gegenstand verlangt, übersehen. Eine bildungswissenschaftliche Perspektive verlangt aber, die empirisch zu erschließenden Handlungsabläufe zu benennen, die als Ergebnis das Programm der jeweiligen Organisation ausmachen. Das verlangt in der Erwachsenen- und Weiterbildung die professionelle Leitung nach innen und nach außen.

Gerade die hochkomplexe Weiterbildungslandschaft macht es notwendig, die Meso- von der Mikroebene professionellen pädagogischen Handelns abzugrenzen und diese wiederum miteinander in Beziehung zu setzen. Die Komplexität planerischen Handelns wird so nach und nach in ihrer Handlungsspezifik sichtbar und vor allem auch benennbar.

Diese liegt darin, dass die Planungen in der Erwachsen- und Weiterbildung kurzfristig interpretierte Bedürfnisse und Bedarfe verlangen. Die Erwachsenen- und Weiterbildung reagiert auf solche Anforderungen, die von Adressatinnen und Adressaten als potenziell Teilnehmende oder von nachfragenden Verbänden oder Unternehmen kommen. Es geht um die Suche nach passgenauem Wissen und Können. Empirische Detailanalysen (→ Kap. 6) haben dazu beigetragen, dieses Handlungsfeld begrifflich auszudifferenzieren. Als Einstieg kann Programmplanung wie folgt definiert werden:

## Definition

### Programmplanungshandeln

Programmplanungshandeln meint die Erarbeitung eines Programms, entlang des Auftrags einer Organisation aus zielgruppenspezifischer und/oder adressatenoffener, inhaltlich-didaktischer Perspektive.

Die in ein Programmsegment, in eine Programmart bzw. in einen Programmbereich – die Begriffe meinen Ähnliches, sie stellen trägerspezifische Auslegugen dar – aufgenommenen Angebote sind das Ergebnis der Programmplanung. Es ist ein Missverständnis, anzunehmen, es ginge in der Programmplanung vor allem um Organisieren. Dieses steht am Abschluss eines konzeptionell zu gestaltenden inhaltlichen Prozesses (Feld & Seitter, 2017). Organisieren bedeutet, die Abläufe zu strukturieren, die zum angekündigten Angebot und der Platzierung in einem Programmbereich führen.

Was ist das Ankerwissen für Planungshandeln?

Zu den zentralen Aufgaben des Programmplanens gehören folgende Aspekte:

- eine begründete Auswahl treffen,
- Entscheidungen begründen können,
- für die jeweiligen Angebote und/oder Schwerpunkte Teilnehmende finden,
- für bestimmte Gruppen von Adressatinnen und Adressaten Angebote gestalten.

Da die Erwachsenen- und Weiterbildung offene Strukturen hat, d.h. nicht gesellschaftlich festgelegt wird, was in der Erwachsenen- und Weiterbildung zu lehren und zu lernen ist, muss sie flexible, schnelle und situationsspezifische Antworten geben. Das setzt ein spezifisches professionelles erwachsenenpädagogisches Wissen, bestimmte gesellschaftliche Rahmenbedingungen, eine bildungspolitische Einordnungsfähigkeit sowie Identifikation mit der Erwachsenen- und Weiterbildung voraus.

Unabhängig davon gibt es Leitungsanforderungen und in der Regel nebenberuflich angestellte Dozentinnen und Dozenten, Kursleiterinnen und Kursleiter, Teamerinnen und Teamer oder Coachs mit begrenzter Bindung zur Organisation, die mit den Anforderungen an eine erwachsenenpädagogische Ausrichtung ihrer Kursleitertätigkeit vertraut zu machen sind.

Die Leitung hat als Aufgabe die Vertretung nach außen und die Moderierung des inneren Prozesses zu übernehmen. Dabei ist die Motivierung der Planenden für eine Tätigkeit, die ein hohes Maß an Selbstständigkeit verlangt, eine wichtige Aufgabe. Diese kann erreicht werden, indem Hierarchien möglichst flach gehalten werden und ein Konsens herbeigeführt wird, der die verschiedenen Aufgaben in einem gemeinsam gestalteten Management zusammenführt (Gieseke, 2000b, S. 335; Kap. 8).

## 3.2 Planungsmodelle

Im Folgenden werden Programmplanungsmodelle beschrieben, mit deren Hilfe das Planungshandeln in der Praxis systematisiert und visualisiert werden kann. Dabei fokussieren wir auf Modelle aus dem deutschsprachigen sowie dem englischsprachigen Raum.

### Wegweiser Theorie

Während in Großbritannien ursprünglich eher auf implizite Curriculumtheorien Bezug genommen wurde, war die Diskussion in Nordamerika stärker fokussiert auf das sogenannte *program planning.*

Mittlerweile trifft dies auch auf Großbritannien zu (Jarvis, 2006, S. 244ff.). Die nordamerikanische Perspektive ist inzwischen auch in den deutschsprachigen Ländern rezipiert (zum internationalen Modellvergleich: v. Hippel, 2012; v. Hippel & Käpplinger, 2017).

In → Kapitel 11 wird dies ausführlicher diskutiert.

Für den deutschsprachigen Raum sind Programmarchive und Programmanalysen charakteristisch und stellen ein Alleinstellungsmerkmal dar, d.h. so etwas gibt es in anderen Ländern derzeit nicht (Herre, 2015).

Es werden verschiedene theoretische Modelle für die Beschreibung von Programmplanungshandeln verwendet. Sie sind für Forschung *und* Praxis mit je unterschiedlichen Schwerpunkten wichtig und bilden eine Schnittstelle zwischen den beiden Bereichen. Wird das Programmplanungshandeln beispielsweise als „Angleichungshandeln" (Gieseke, 2003) oder als „Ausgestaltung professioneller Antinomien" (v. Hippel 2011b) beschrieben, so können diese Ansätze als „Theorien mittlerer Reichweite" bezeichnet werden. Ihre grafischen Abbildungen (z.B. Abbildung 4 Modell „Wissensinseln" von Gieseke oder Abbildung 1 Modell „Angebotsplanung" von Schlutz) sind veranschaulichende und gleichzeitig abstrahierende Modelle.

Die Modelle sind bereichsunabhängig. Sie lassen sich auf Planungsprozesse in unterschiedlichen Bereichen beziehen, d.h. sie können in Einrichtungen angewandt werden, deren Hauptzweck Erwachsenen- und Weiterbildung ist, aber auch in solchen, in denen Bildung beigeordnet geplant wird. Ebenso können sie in der allgemeinen, beruflichen wie betrieblichen Programmplanung angewendet werden. Sie werden aber auf die jeweiligen Bereiche adaptiert.

Die Modelle stellen jeweils einzelne Perspektiven auf Programmplanungsprozesse dar. Zum Teil beinhalten sie unterschiedliche Auslegungen des Begriffs „Bildung".

Zur Unterscheidung der Modelle werden verschiedene Kategorien herangezogen, die anschlussfähig für Forschung und Praxis sind:

- *Aussagekraft zu unterschiedlichen Ebenen:* Programmplanung bezieht sich immer auf die Ebene „Organisation" (in der Regel das mesodidaktische Handeln), jedoch weisen die unterschiedlichen Programmplanungsmodelle auch Bezüge zu den Ebenen „System" und „Interaktion" auf. Das heißt, die Modelle lassen sich zusammenfassen nach den Ebenen, zu denen die Programmplanungsmodelle (auch) Aussagen machen.
- *theoretische Bezugspunkte:* Als theoretische Bezugspunkte lassen sich pädagogisch-didaktische Theorien, Organisations- und Professionstheorien ausmachen.
- *Prozess der Programmplanung:* „Linear-zyklische" Modelle beschreiben Programmplanung als einen Prozess mit aufeinanderfolgenden idealtypischen Schritten, „interaktive" Modelle betonen eher den Aushandlungscharakter und die Kontextbezogenheit. Typischerweise beziehen sich die interaktiven Modelle stärker auf die Planenden und auf die unterschiedlichen Kontexte. Linear-zyklische fokussieren eher auf die Tätigkeitselemente bzw. Aufgaben.
- *Ziele* (beschreiben und/oder erklären): Die Modelle enthalten immer beschreibende und erklärende Elemente, jedoch mit unterschiedlichen Schwerpunktsetzungen.
- *Teil-/Gesamtmodell:* Teilmodelle fokussieren bestimmte Aspekte der Programmplanung, z.B. Aushandlungsstrategien oder die Bedarfserhebung. Gesamtmodelle bilden mehr oder weniger den gesamten Prozess der Programmplanung ab.

In Tabelle 2 sind ausgewählte Modelle[5] in den ersten drei Kategorien verortet. Die Auswahl der hier versammelten deutschsprachigen Modelle ist vollständig, was unterschiedliche Perspektiven betrifft. Die Auswahl der drei englischsprachigen Modelle beruht auf dem Kriterium, dass es sich exemplarisch um unterschiedliche Perspektiven und um drei besonders relevante Modelle handelt.[6]

5 Weitere Modelle sind von Arnold und Wiegerling (1983) (zirkulär), Robak, Rippien et al. (2015) (Begründungsmuster, interaktiv). Für eine Übersicht über weitere Modelle siehe Gieseke (2000); im englischsprachigen Raum McLean (2000), Boone (1992), Cookson (1998). Nicht Modelle, aber Analyseperspektiven auf Programmplanung, z.B. unter neo-institutionalistischen Perspektiven, bietet von Hippel et al. (2008).

6 Nicht aufgeführt wurden die linear-zyklischen Modelle, die im Prinzip den deutschsprachigen ähnlich sind.

Tabelle 2

*Programmplanungsmodelle (v. Hippel, 2017)*

| Kategorie<br>Modell | Verständnis von Programmplanung | Bezugspunkte der Modelle | Prozess der Programmplanung |
|---|---|---|---|
| | *Fokus 1: übergreifend, Programmplanung als Ebene/Teilbereich der Erwachsenenbildung/Weiterbildung („System")* | | |
| Mehrebenenmodell der Weiterbildung (Schrader, 2011) | Makro-/mesodidaktische Ebene in einem Mehrebenenmodell | institutionalistische Konzepte sozialen Wandels, System | interaktiv |
| Didaktische Handlungsebenen der Erwachsenenbildung (Flechsig & Haller, 1975; Tietgens, 1992; Siebert, 1982, 2000) | Teil des didaktischen Handelns in der Erwachsenenbildung/Weiterbildung – eine Handlungsebene | Didaktik | nicht festgelegt |
| Lernkulturen (Gieseke et al., 2009; Fleige, 2011; Fleige & Robak, 2016) | Teil von Lernkulturen | Kultur | interaktiv |
| | *Fokus 2: Mesodidaktische Ebene („Organisation")* | | |
| Suchbewegung (Tietgens, 1982) | Antizipation von Teilnehmendenbedürfnissen/Suchbewegung | Anthropologie | interaktiv |
| Angleichungshandeln/Wissensinseln (Gieseke, 2000a, 2008) | Angleichungshandeln und sukzessives Planungshandeln | Profession, Handlungsbegriff von Joas | interaktiv |
| Gestaltung professioneller Antinomien (v. Hippel, 2011b) | Gestaltung professioneller Antinomien | Profession | interaktiv |
| Subjektiv zugewiesene Funktionen betrieblicher Weiterbildung (v. Hippel & Röbel, 2016) | Zuweisen von subjektiven Funktionen in der beigeordneten Weiterbildung durch Akteure | Funktion | interaktiv |
| Negotiating Power/Interests (Cervero & Wilson 1994) | Aushandeln von Macht und Interessen | Demokratie, Ethik | interaktiv |
| Planungskulturen (Dollhausen, 2008) | eingebettet in organisationale Kulturen, zwischen pädagogischen und ökonomischen Ansprüchen | Organisation, System | interaktiv |

| Kategorie<br>Modell | Verständnis von Programmplanung | Bezugspunkte der Modelle | Prozess der Programmplanung |
|---|---|---|---|
| *Fokus 3: Schnittstelle mikrodidaktische Ebene („Interaktion")* | | | |
| Interactive Model of Program Planning (Caffarella & Daffron, 2013) | interaktiver Prozess mit elf Komponenten | Didaktik, Demokratie | interaktiv |
| Professioneller Handlungszyklus (Weinberg, 2000) | Abfolge von (didaktischen) Entscheidungen | Didaktik | linear-zyklisch |
| Zielgruppenorientierte Programmplanung mit Marketingablaufmodell (Tippelt et al., 2008) | zielgruppenorientierte Planung | soziale Milieus als Zielgruppen, Marketing | linear-zyklisch |
| Didaktisches Handeln in der EB (Siebert, 2000) | Meso- und Mikrodidaktik (Fokus Mikro), didaktische Entscheidungen | Konstruktivismus, Didaktik, Curriculum | interaktiv |
| Betriebswirtschaftliche Weiterbildungsmanagementmodelle | Gesamt-/Teilmodelle | BWL | linear-zyklisch |
| Angebotsentwicklung (Schlutz, 2006) | als eher mikrodidaktisches Planen von Bildungsdienstleistungen mit Dienstleistungsmanagement und -marketing; Planung einzelner Angebote | Didaktik, Curriculum (nach Robinsohn, 1967), Marketing | einzelne Strukturelemente, eher linear-zyklisch |
| Question-based approach to educational design (Sork, 2000) | Stellen von Fragen zu Gestaltungselementen | Ethik | interaktiv |

Die verschiedenen Programmplanungsmodelle erlauben unterschiedliche Fragestellungen. Ziel ist es aber nicht, ein neues Modell zu entwickeln, sondern die Modelle im Folgenden zu integrieren.

Mit der folgenden Beschreibung der Modelle soll gezeigt werden, welche Modelle für bestimmte Fragestellungen handlungsleitend sein können und den Analysegegenstand entsprechend konstruieren.

Wie hängen die verschiedenen Modelle zusammen?

Im Folgenden werden die Modelle mit potenziellen, typischen Zielen ihres Einsatzes verknüpft.

*Programmplanung als Ebene bzw. Teilbereich der Erwachsenen- und Weiterbildung („System")*
Hier sind Modelle zu nennen, die verschiedene Ebenen des pädagogischen Handelns in der Erwachsenen- und Weiterbildung einschließen (Tabelle 2: Fokus 1). Es handelt sich hier im engeren Sinne nicht um Programmplanungsmodelle. Sie erlauben jedoch eine Analyse von Programmplanung im Kontext von anderen Bereichen, wie z.B. der mikrodidaktischen Ebene. Zu nennen sind das Mehrebenenmodell der Weiterbildung (Schrader, 2011), das Modell der didaktischen Handlungsebenen (Siebert, 1982, 2000) und das Modell der Lernkulturen, die als Bildungs- und pädagogische Handlungsrealität in Erwachsenen- und Weiterbildungsorganisationen verstanden werden (Gieseke et al., 2009; Fleige, 2011; Fleige & Robak, 2016). Das Mehrebenenmodell und die Modellvorstellung von Lernkulturen beruhen jeweils auf umfangreichen empirischen Studien, sind deduktiv und induktiv erschlossen.

Werden solche Modelle verwendet, so können Einflüsse auf Programmplanung analysiert, Veränderungen des Weiterbildungssystems abgebildet (Schrader, 2011) oder die Gestaltung und Wirkung bildungspolitischer Konzepte auf unterschiedlichen Ebenen betrachtet werden (Gieseke, 2008).

*Mesodidaktische Ebene („Organisation")*
Hier sind Modelle zu nennen, die Programmplanungshandeln als professionelles erwachsenenpädagogisches Handeln analysieren: Angleichungshandeln (Gieseke, 2000a), professionelle Antinomien (v. Hippel, 2011b), Suchbewegung (Tietgens, 1982). Sie setzen bei der Tatsache an, dass in der Erwachsenen- und Weiterbildung Inhalte, Sozial- und Zeitformen etc. immer erst gefunden und festgelegt sowie Angebote erstellt werden müssen. Diese Modelle beschreiben die Art und Weise, wie dies durch die Planenden im Spannungsfeld der eigenen fachlichen und professionellen Überzeugungen, des verfügbaren Lehrpersonals, der vielfältigen Erwartungen von außen sowie der bereits bestehenden Nachfrage geschieht.

Des Weiteren sind hier Modelle zu nennen, die Deutungszuschreibungen und Interpretationen fokussieren: Planungskulturen (Dollhausen, 2008), subjektive Funktionen (v. Hippel & Röbel, 2016), Negotiating Power/Interests (Cervero & Wilson, 1994). Mit Planungskulturen und Negotiating Power/Interests ist dabei das Zusammenwirken der meso- mit der makrodidaktischen Ebene des Handelns in Planungszusammenhängen angesprochen; hierzu gehören Rahmungen durch regionale Bedarfsstrukturen, Finanzierungsanforderungen, Trägeransprüche etc.

Erläuterungen zum Mehrebenenmodell und zum Modell der „Lernkulturen" finden Sie in → Kapitel 7.

Mit diesen Modellen lassen sich Einflüsse auf die Programmplanung nachzeichnen, gesellschaftliche Auslegungen von Bildung rekonstruieren und das pädagogisch-professionelle Handeln untersuchen.

*Schnittstelle mikrodidaktische Ebene („Interaktion")*
Die hier zu nennenden Modelle, Modellausschnitte bzw. Perspektiven weisen alle mehr oder weniger eine Schnittstelle zur Angebotsplanung und zur mikrodidaktischen Planung auf: Gieseke (2000, 2008); Caffarella & Daffron (2013); Siebert (2000); Sork (2000) und alle linear-zyklischen Modelle (→ Tab. 2).

Die Modelle bilden die (Tätigkeits-)Elemente der Programmplanung ab. Das Modell von Gieseke (2000a, 2008) beruht dabei auf umfassenden deduktiven und induktiven Erschließungen der Handlungspraxen im Rahmen von empirischen Studien unter Einschluss von Arbeitsplatzanalysen.

Die zielgruppenorientierte Planung nach einem Marketingablaufmodell stellt auch eine Schnittstelle zur Adressatenforschung dar (→ Kap. 9). Bei diesem Modell wird durch die Planungsmethode der „Produktklinik" (v. Hippel, 2008) die Planungspartizipation sichtbar (Robak et al., 2013).

## 3.3 Exemplarische Vertiefung: Das Modell der Wissensinseln

Welche analytischen Instrumente und welche differenzierten Wissensbereiche benötigt man für das Programmplanungshandeln? Übliche hierarchische Modelle geben ein Denkraster vor, um Vorgänge und Abläufe einzuordnen und sie als Planungshilfe zu benutzen. In der Erwachsenen- und Weiterbildung werden jedoch immer wieder Engpässe bezogen auf den Planungsvorlauf und die Personalkapazitäten für die Planung deutlich. Gleichwohl hat die Planung flexibel und offen zu sein, vor allem aber eine innovative Perspektive zu erhalten.

die Wissensinseln und ihr Handlungsnutzen im professionellen Handeln

Programmplanungshandeln umfasst Kerntätigkeiten, die wissenschaftliche und theoretische Arbeiten zu relevanten Schwerpunkten miteinander in Beziehung setzen. Relevant für Planungshandeln sind Forschungen zu:

- Zielgruppen,
- allgemeinen Adressatinnen und Adressaten,
- Teilnehmerinnen und Teilnehmern,
- didaktischen Konzepten für bestimmte Angebote im Programm,
- Bedarfen,
- Bedürfnissen,
- Nachfrage in der Region,
- Nachfrage in der Gesellschaft etc.

Diese Aspekte nennen wir „Wissensinseln".

Die Anforderung liegt darin, „Wissen zu transformieren und es der Bevölkerung zugänglich zu machen" (Gieseke, 2015, S. 167). Das relevante interdisziplinäre Wissen für Planungshandeln ist inzwischen so breit, dass nicht alle Wissensinseln für jede Planung neu ausführlich durchlaufen werden können bzw. müssen. Gleichwohl sollte das vorhandene Wissen bei jedem professionellen Handeln und auch argumentativ zu jedem Programmbereich oder Programmsegment und zu jedem Angebot in den Programmbereichen zur Verfügung stehen.

Diese als „Wissensinseln" bezeichneten gestaltungsrelevanten Faktoren in der Programmplanung – im Sinne abrufbereiten jeweiligen theoretischen und empirischen Wissens – lassen sich wie folgt unterscheiden und in Beziehung setzen (→ Abb. 5).

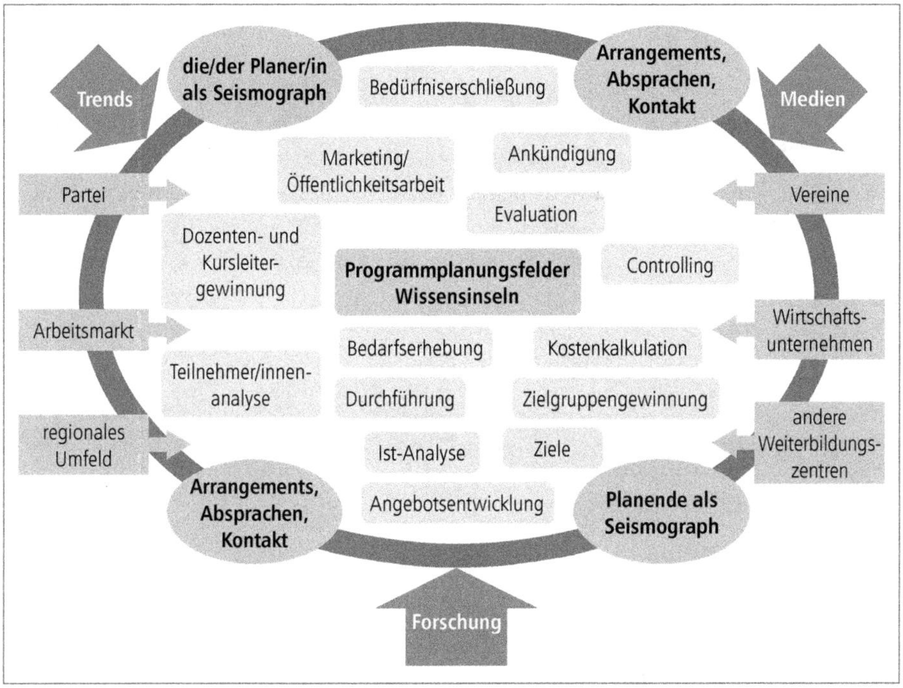


*Abbildung 4.* Verknüpfung von Wissensinseln im Programmplanungsfeld (Gieseke, 2000a, S. 330, überarb. 2006)

In den Wissensinseln finden sich neben erwachsenenpädagogischem Wissen auch Wissensbereiche aus anderen Disziplinen, die aus Teilbereichen mit ihren Wissensbeständen integriert werden. So finden sich Controlling als eine betriebswirtschaftlich entlehnte Kategorie, wie auch Marketing. Es gibt Kategorien wie Evaluation, die fächerübergreifend genutzt und in die jeweiligen Fachkontexte eingebunden werden. Maßgeblich ist ihre fachbereichsspezifische Auslegung und Betrachtung.

In diesem Prozess der Angebotsauswahl für den jeweiligen Programmbereich, das jeweilige Fach- bzw. Zielgruppensegment sind neue Forschungsbefunde, veränderte gesellschaftliche Strömungen, öffentlich artikulierte Anforderungen, das regionale Umfeld, andere Erwachsenen- und Weiterbildungsorganisationen zu beachten. Die Programmplanungsprozesse befinden sich danach immer in Bewegung, aber es entsteht natürlich nicht für jede Planungsphase ein gänzlich neues Programm. Es gibt bei jedem Programm einen Wiedererkennungsbedarf, dadurch werden u.a. Profile markiert.

In der praktischen Arbeit können Programmplanungsabläufe, die alle Wissensinseln zur gleichen Zeit in einer logischen Reihenfolge bedienen wollen, allein aus zeitlichen Gründen nicht eingesetzt werden. Um die Programme reflexiv und kommunikativ in der Praxis vertreten zu können, ist es deshalb eher empfehlenswert, sich immer nur auf bestimmte Wissensinseln mit einer bestimmten professionellen Frage zu konzentrieren.

Die immer neuen Bündelungen von Kursen in bestimmten Programmbereichen entlang der spezifischen organisatorischen und inhaltlichen Vorstellungen machen überlegte Rationalisierungsanforderungen notwendig. Programmplanung stellt Fragen an das bisherige Programm im Segment und wertet Außeneinflüsse aus. Von der planenden Person zusammengestellte Wissensinseln zielen auf Beantwortung speziell zu stellender Fragen und unterbrechen eine hierarchische Abfolge. Sie folgen den besagten speziellen professionellen Fragen.

Kursankündigung Wiederholung → neue Forschungsergebnisse/Medienereignisse → Bedarfserhebung → Dozentensuche → Marketing/Öffentlichkeitsarbeit → Ankündigung

Neue Forschungsergebnisse → Bedarfserhebung → Dozentensuche → Öffentlichkeitsarbeit → Ankündigung → Medienereignisse

Regionales Umfeld → Bedürfniserschließung → Kostenkalkulation → Dozentenwahl → Zielgruppengewinnung → Evaluation

Ist-Analyse → Teilnehmer/innenanalyse → Zielgruppengewinnung → Angebotsentwicklung → Dozentensuche → Ankündigung → Öffentlichkeitsarbeit → Controlling

*Abbildung 5.* Mögliche verschiedene Kombinationen von Wissensinseln im Prozess der Programmplanung (Gieseke, 2003, S. 197)

Bei jedem neuen Planungsvorgang empfiehlt es sich dabei, Verknüpfungen von einzelnen ausgewählten Wissensinseln vorzunehmen, um sich unter wechselnden Betrachtungsperspektiven ein daten- und faktenbasiertes Bild von Bedarfen, Bedürfnissen, gesellschaftlicher Lage, Weiterbildungsmarkt, Anbietersituation, Teilnehmendenstruktur und von Einflussgrößen verschiedener Art zu machen, um vergleichende Zielperspektiven für das Programm aufzurufen und um Kontinuität und Veränderungen im Angebot zu ermöglichen.

Der Vorschlag, mit dem Wissensinselnmodell selektive Verknüpfungen für neue und bereits vollzogene Planungsvorhaben zu suchen, eröffnet ein flexibles Vorgehen, das es ermöglicht, neue Sichten aufzunehmen, Perspektiven zu wechseln und sich mit den Abläufen im Programm vertraut zu machen.

### Merksatz

Gestaltung lebt davon, dass man Zweifel am bisherigen pflegt, um weiterführende Entscheidungen auf der Höhe der jeweiligen Zeit zu treffen.

Auf den ersten Blick scheint es vielleicht einfacher zu sein, vorgegebenen Arbeitsschritten in einem hierarchischen Modell zu folgen und diese abzuarbeiten. Dabei wissen alle Kundigen, dass ein offenes, flexibles Planen unter den Anforderungen der Zeit und aus einer erwachsenenpädagogischen Interpretation, nicht nach einem verordneten Lehrplan, die Kernanforderung in der Erwachsenen- und Weiterbildung ist. Diese erfordert Fähigkeiten, die nicht auf Kursarbeit zentriert sind und eine umfassende Betrachtung benötigen, da Programmplanung immer neue Angebote in den Programmbereichen mit entsprechenden Kursen verlangt.

Wissensinseln und ihre Verknüpfung

Die situative Verknüpfung von Wissensinseln ist ein Konzept, das verlangt, sich permanent mit den Angeboten und ihren Bezügen untereinander aus verschiedenen Perspektiven zu beschäftigen, und entsprechend komplexe, umfangreiche Denk- und (Aus-)Handlungsanforderungen mit sich bringt. In diesem vorgeschlagenen professionellen Handlungsmodus bleibt man inhaltlich und konzeptionell begründungsfähig und auf der Suche nach den Veränderungen, die notwendig sind, um Angebote mit verschiedenen didaktischen Ansätzen zu entwickeln, die auf wechselnde Anforderungen reagieren, ohne allein mechanisch, das heißt organisatorisch im engeren Sinne zu reagieren.

Woher nimmt nun aber die planende Person die Themen, um dem jeweiligen Programmbereich Gewicht zu geben? Sicher hat sie eigene Ideen, verfolgt die Forschung, die öffentliche Meinungsbildung, reagiert auf angemeldete Bedarfe und Bedürfnisse und auf sich verändernde Alltagsprobleme. Aber reicht das? Die programmplanende Person ist gleichzeitig vernetzt mit vielen regionalen Akteurinnen und Akteuren außerhalb der eigenen Organisation: neben den potenziellen Dozentinnen und Dozenten mit der Bildungspolitik, der regionalen Öffentlichkeit, mit dem Träger, den potenziellen Adressatinnen und Adressaten, den Teilnehmenden etc.

Auf der Basis dieser regionalen und feldspezifischen Bedingungen sowie der inhaltlichen, fachspezifischen Kenntnisse unterstützen die planende Person gesellschaftliche Transformationsprozesse, die Bildung, Qualifizierung und Kompetenzerwerb verlangen, welche an die Bildsamkeit des Menschen, an die gesellschaftlichen Anforderungen und die vorhandenen Potenziale zum lebensbegleitenden Lernen anknüpfen. Diese Ausbalancierung führt dann zu den Angeboten innerhalb der jeweiligen Programme.

## 3.4 Zusammenfassung

Programmplanung ist, auch wenn es ohne Organisation und Koordination nicht geht, ein interpretatives, diagnostisches Vorgehen, dass die differenzierte Nutzung wissenschaftlichen Wissens („Wissensinseln"), die Reichweite der Bildungsinteressen und sich entwickelnder und sich verändernder Bildungsbedarfe sowie die verschiedenen Lernkulturen (Gieseke, Robak & Wu, 2009; Fleige, 2011) für die jeweiligen Gruppen der Lernenden in allen Lebensphasen zum Gegenstand hat (Gieseke, 2002). Es ist ein gemeinsames Vorhaben der beteiligten Personen, ein Wissenserschließungsprozess, der zu Verbindlichkeiten führt und als Angleichung bezeichnet werden kann. Dies lässt Spielräume des bildungsplanerischen Handelns zu, was wiederum aber bildungswissenschaftlich strukturiertes, professionelles Wissen voraussetzt und die Antinomien und Widerspruchskonstellationen dabei beachtet, bedenkt und darauf reagiert (s. v. Hippel, 2011b).

Die Qualität des Programmplanungshandelns liegt, bildungswissenschaftlich betrachtet, deshalb nicht allgemein in der Kommunikation, sondern sie ist das unspezifische Mittel, um das relevante Wissen und andere Einflussfaktoren abwägend auszuwerten, abzustimmen und zur Entscheidung zu führen. Vernetzung und Kommunikation sind dann, interdisziplinär betrachtet, Verbindungsfäden zu diesem Prozess, erklären ihn aber nicht bildungswissenschaftlich und auch nicht soziologisch oder psychologisch.

Interesse und Macht können nur über Abstimmungsprozesse, die letztlich Angleichungen darstellen, ihren Weg über ein Angebot in das Programm finden (Käpplinger, 2016a, S. 122ff.). Die ausgehandelten Inhalte und Konzeptionen führen diese implizit mit.

Wir haben es mit komplexen Entwicklungen zu tun, die, wie empirische Untersuchungen aufzeigen, nicht linear verlaufen. Deshalb empfehlen sich veränderte Modelle des Planungshandelns. Modelle erklären diese Zusammenhänge im Rückgriff auf Theorien und Konzepte für konkretes Handeln. Phänomene im pädagogisch-planerischen Handeln werden durch entsprechende Forschung begrifflich benennbar. Dazu verhelfen Detailanalysen, um Einflussgrößen und die Anforderungen im Prozess zu erkennen.

### Fragen & Aufgaben

?

1. Wo liegen die Schnittstellen zwischen Meso- und Mikroebene? Nutzen Sie dafür die Übersicht zu Planungsmodellen von von Hippel (2017).
2. Was sind Wissensinseln und zu welchem Zweck werden selektive Verknüpfungen empfohlen?

## Tipps zum Weiterlesen

Gieseke, W. (Hrsg.). (2000). *Programmplanung als Bildungsmanagement? Qualitative Studie in Perspektivverschränkung. Begleituntersuchung des Modellversuchs „Entwicklung und Erprobung eines Berufseinführungskonzepts für hauptberufliche Erwachsenenbilder/innen".* Recklinghausen: Bitter.
*Die Studie zeigt in methodisch angelegter Perspektivverschränkung verschiedene Erhebungsstrategien für Planungshandeln auf und arbeitet an einer entsprechend zu nutzenden Begrifflichkeit.*

Gieseke, W. (2003). Programmplanungshandeln als Angleichungshandeln. In W. Gieseke (Hrsg), *Institutionelle Innensichten* (S. 189–211). Bielefeld: W. Bertelsmann.
*Erklärt den Befund des Planungshandelns und schlägt vor, das Ergebnis für eine veränderte professionelle Arbeitsstrategie zu nutzen.*

Hippel, A. v. & Käpplinger, B. (2017). Models of Program Planning in Germany and in North America. A Comparison. In B. Käpplinger, S. Robak, M. Fleige, A. v. Hippel & W. Gieseke, W. (Eds.), *Cultures of Program Planning in Adult Education: Concepts, Research Results and Archives* (pp. 97–112). Frankfurt a.M.: Lang.
*Der Text führt in die vorliegenden Modelle vergleichend ein und fundiert so eine professionelle Kommunikation zum Programmplanungshandeln.*

Hippel, A. v. (2011). Programmplanungshandeln im Spannungsfeld heterogener Erwartungen: ein Ansatz zur Differenzierung von Widerspruchskonstellationen und professionellen Antinomien. *Zeitschrift für Weiterbildungsforschung – Report, 34* (1), 45–57.
*Der Text analysiert die komplexen Handlungsbedingungen von pädagogisch Planenden und führt in eine relevante Begrifflichkeit ein.*

# 4 Forschungen zum Programmplanungshandeln

Wiltrud Gieseke

In diesem Kapitel werden Ansätze aus der Forschung zum Programmplanungshandeln der öffentlich geförderten und der beruflichen Weiterbildung vorgestellt. Insbesondere bei Entscheidungs- und Verlaufsanalysen, die in der Praxis eine eigene Dynamik haben, helfen die Begriffe „Antinomie“, „Paradoxie“, „Widerspruchskonstellation“ und „Angleichungshandeln“ dabei, die Herausforderungen für die Praxis zu beschreiben. Letztlich wird der Begriff „beigeordnete Bildung“ eingeführt.

## Lernziele

- Anlage und Ergebnisse von drei ausgewählten Studien zum Programmplanungshandeln kennen und für eine Reflexion der eigenen Praxis nutzen
- die Begriffe der Studien zur Stabilisierung einer Begründungsfähigkeit in der Praxis nutzen
- die Befunde der dargestellten Studien in einer Verbindung für organisationsübergreifende Argumentationen zur weiteren Entwicklung der Erwachsenen- und Weiterbildung nutzen
- die Rolle von Entscheidungen im Programmplanungshandeln vor dem Hintergrund widersprüchlicher Erwartungen und Interessen einordnen können
- Programmplanung als Herzstück professioneller Tätigkeit in der Erwachsenen- und Weiterbildung verstehen und begründen können

*Frau Müller und Herr Schmidt können jeweils für ihre Organisation initiativ und durch ihre Erfahrungen bedingt nachvollziehen, auf welcher Basis die Entscheidungen in ihren Kontexten fallen. Aber was wissen sie über die Einflussfaktoren und den Prozessverlauf im Programmplanungshandeln? Mit welcher begründeten Begrifflichkeit können sie sich in den Planungsprozess ihrer Organisation einbringen?*

## 4.1 Verständnis von Programmplanungshandeln

Das Wissen um die Komplexität und die begriffliche Ausdifferenzierung der Planungsbedingungen in der Erwachsenen- und Weiterbildung macht das pädagogische Handlungsfeld erst sichtbar. Viele Disziplinen interessieren sich aus ihren Perspektiven für die Erwachsenen- und Weiterbildung. Die Interdisziplinarität stellt dabei Anforderungen an die Bildungswissenschaft, hier an die Erwachsenen- und Weiterbildung. Letztere hat die Frage zu beantworten, wo der zentrale Untersuchungsgegenstand der Erwachsenen- und Weiterbildung liegt.

die Planungsforschung und ihr Interesse am „Dazwischen" und die Relationalität der Einflussgrößen

Erwachsenenpädagogische Forschung interessiert sich für das „Dazwischen", für die Wechselwirkungen, die Bildung, Qualifikationen und Kompetenzerwerb (BQK) auf der individuellen und gesellschaftlichen Ebene bestimmen. Diese Anforderungen betreffen alle drei Handlungsebenen in der Erwachsenen- und Weiterbildung, die Makro-, die Meso- und die Mikroebene. Die Programmplanungsforschung beschäftigt sich mit der Mesoebene und interessiert sich dafür, wie das Planungshandeln vollzogen wird und welche Faktoren Einfluss nehmen.

Als „professionell" gilt ein Handeln dann, wenn die im Feld Tätigen auf wissenschaftliches Wissen zurückgreifen können, das ihre Arbeitsprozesse benennbar und beschreibbar macht. An einer solchen Begrifflichkeit wird gearbeitet. Als weiteres entscheidendes Kriterium für professionelles Handeln gilt eine ethische Grundhaltung, die sich leiten lässt vom Anspruch, für die potenziellen Adressatinnen und Adressaten der transformativen Vermittlungsprozesse nutzenbringende BQK zu sichern.

Die Entwicklung von empirisch fundierten Modellen ist ein Weg, um das pädagogische Handeln begrifflich besser fassen und vermitteln zu können. Dadurch wird die professionelle Kommunikationsfähigkeit, die immer dabei auch situativen Auslegungen verpflichtet bleibt unter den Handelnden, den Wissenschaftlern und Theoretikern, eingeleitet (Hof, 2011). Was die einzulösende Interdisziplinarität betrifft, kann dann ergänzend soziologisches, psychologisches Wissen und das Wissen aus anderen Disziplinen erweiternd herangezogen werden. Dieses beschreibt und erklärt aber nicht die zu untersuchenden pädagogischen Prozesse.

### Definition

**Programmplanungsforschung**

Programmplanungsforschung untersucht Programmplanungshandeln, Programmforschung hingegen das Ergebnis des Programmplanungshandelns, das jeweilige Programm. Die Programmplanungsforschung untersucht die Prozesse des professionellen Handelns und nutzt dafür Interviews, Beobachtungen und Dokumentenanalysen sowie Videoanalysen.

Es liegen nur wenige größere Studien zum Programmplanungshandeln vor. Als eine umfangreiche empirische Studie, die das Programmplanungshandeln fokussiert, ist Gieseke (2000a) zu nennen. Es gibt wenige Studien, die Programmanalysen mit Analysen des Programmplanungshandelns verknüpfen (Gieseke & Gorecki, 2000; v. Hippel & Röbel, 2016). Die Studien von Robak, Rippien et al. (2015) zum Bildungsurlaub sowie zum Projekt ImZiel (Tippelt, Barz, v. Hippel, Baum & Reich, 2008, auch Schrader & Ioannidou, 2011) zeichnen sich dadurch aus, dass sie zusätzlich die Teilnehmendenseite analysieren und im Falle der umfangreichen Bildungsurlaubsstudie auch die Seite der Betriebe. Als weitere Studie, die das Planungshandeln fokussiert auf den betriebswirtschaftlichen Teil untersuchte, ist Dollhausen (2008) zu nennen und bezogen auf die Qualitätsdebatte Gnahs (1995).

## 4.2 Widerspruchskonstellationen und Antinomien im Spannungsfeld des Planungshandelns

Die hohe Komplexität des pädagogischen Handelns liegt darin begründet, dass es von Widersprüchen, Antinomien und Paradoxien bestimmt ist.

„Antinomien“ sind logisch widersprüchliche Antworten, wobei diese verschiedenen Perspektiven und Handlungsanforderungen nicht aufzuheben sind, Entscheidungen aber bezogen auf gegensätzliche Anforderungen zu fällen sind. Diese Entscheidungen können zur Polarisierung, zur unterordnenden Gewichtung, zur Abgleichung und anderem mehr führen.

„Paradoxien“ werden auch als Denkfallen betrachtet, die einer Erwartung widersprechen. In Organisationen, so auch in der Weiterbildung, kann man nach Wimmer (2009) gängige Paradoxien unterscheiden:

1. Paradoxie der *Zukunft*
   Man soll planen, die Zukunft ist aber prinzipiell nicht vorhersagbar.
2. Paradoxie der *Steuerung*
   Man gibt vor, etwas linear durchzusetzen, aber die Komplexität der Informationen schafft andere Dynamiken.
3. Paradoxie der *Umwelt*
   Man macht Bedarfserhebungen, sie stehen aber im Gegensatz zur Komplexität der Wirkung von Einflussgrößen und Nachhaltigkeit.

4. Paradoxie des *Ressourcen-Einsatzes*
   Der Mitteleinsatz soll optimal sein, aber auch nachhaltig wirken, so dass Pläne oft zum Irrtum werden.
5. Paradoxie der *Organisationsentwicklung*
   Man will Veränderungen einleiten, benötigt oder erzeugt aber dabei einen Bedarf an Stabilität.
6. Paradoxie des *Personalmanagements*
   Man benötigt neue Mitarbeitende, möchte aber eine Kontinuität in der Mitarbeiterstruktur.

Von Hippel (2011b) hat darauf aufmerksam gemacht, dass das, was bei Tietgens (1992) noch allgemein als „kommunikative Praxis des Planungshandelns" beschrieben wird, genauer betrachtet werden muss, um die professionellen inhaltlichen Anforderungen im Planungshandeln (z.B. Kombination von Wissensinseln) als Stabilisierung in der Flexibilisierung des Alltagshandelns in den Organisationen zu begreifen (v. Hippel, 2011b, S. 53). Sie unterscheidet dafür ebenfalls zwischen „Widerspruchskonstellationen" und „Antinomien" und benennt damit das Spannungsfeld, in dem Planungsprozesse stattfinden.

> Unter „Antinomien" und „Paradoxien" können Widersprüche in Werten, Zielen und konkreten Handlungsanforderungen verstanden werden. „Antinomien" beziehen sich enger nur auf logische Widersprüche, bei denen sich zwei Erwartungen gleich gut begründen lassen; „Paradoxie" ist der weitere, allgemeinere Begriff (Vollmer, 1990). Insgesamt herrscht keine einheitliche Verwendung der Begriffe „Paradoxien" und „Antinomien" vor. „Spannungsfeld" ist der weiteste Begriff, da mit ihm professionelle Antinomien und gesellschaftliche Widerspruchskonstellationen bezeichnet werden können (ebd., S. 45).

Widerspruchskonstellationen sind prinzipiell auflösbar und transformierbar. Als zurzeit zentral sieht von Hippel die Widerspruchskonstellation zwischen pädagogischen Zielen und ökonomischen Kriterien (ebd., S. 52), eine weitere zwischen der Zielgruppenförderung als öffentlichem Auftrag und der zurückgehenden öffentlichen Finanzierung der öffentlichen Erwachsenen- und Weiterbildung (ebd., S. 52–53).

Im amerikanischen Diskurs werden diese Widerspruchkonstellationen aus einer soziologischen Perspektive bearbeitet und im gesellschaftlichen Sinne mit den Konzepten „Interesse" und „Macht" beschrieben (Caffarella & Daffron, 2013). Damit wird eine Perspektive eingenommen, die auf alle Fragen der Macht und der Interessen im lebensbegleitenden Lernen einwirkt und als solche benannt werden muss.

Die bildungswissenschaftliche Perspektive auf die menschlichen Entwicklungspotenziale im Sinne von Lernen als Beziehungsfähigkeit zur Welt und der Erarbeitung von Wissen und von Kreativität wird bei Grotlüschen (→ Kap. 3) angesprochen.

Aufgegeben wird damit die Position, die Pädagogik als Praxis einer soziologischen Theorie zu betrachten.

Von Hippel hat in ihrem Modell für den Erwachsenen- und Weiterbildungsbereich Antinomien auf verschiedenen Ebenen in ihren Widerspruchskonstellationen unterschieden.

> Auf der ersten Ebene sind folgende Antinomien zu unterscheiden:
> - Begründungsantinomie (erhöhter Entscheidungsdruck und gesteigerte Begründungspflicht),
> - Praxisantinomie (Vermittlung von Theorie und Praxis),
> - Subsumtionsantinomie (Subsumtion des Falls unter allgemeine wissenschaftliche Kategorien),
> - Ungewissheitsantinomie (Vermittlungsversprechen bei struktureller Ungewissheit, Riskanz professioneller Interventionen),
> - Symmetrie- bzw. Machtantinomie (strukturell gegebene Asymmetrie und strukturell erforderliche Symmetrie),
> - Vertrauensantinomie (Unterstellung von Vertrauen, das erst hergestellt und erhalten werden muss) (vgl. Helsper, 2002).
>
> Auf der zweiten Ebene sind diese Antinomien als Ausdruck der diffus-spezifischen Lagerung zu nennen:
> - Näheantinomie (Nähe und Distanz),
> - Sachantinomie (Sachorientierung und Orientierung an den lebensweltlichen Rahmungen der Adressatinnen und Adressaten in Bezug auf ein Thema),
> - Organisationsantinomie (Orientierung an institutionalisierten Regeln, auch Routine, Offenheit, interaktiven und kommunikativen Prozessen),
> - Differenzierungs- und Selektionsantinomie (Homogenisieren bzw. Gleichbehandeln und Differenzieren),
> - Autonomieantinomie (Aufforderung zur Autonomie im Rahmen heteronomer organisatorischer Struktur) (ebd., S. 48).

Antinomien als Herausforderungen verweisen auf die professionellen Handlungsspielräume

Von Hippel spricht von Ausgestaltung dieser Antinomien unter den Widerspruchskonstellationen. Antinomien entstehen immer neu, immer wieder, sie machen gesellschaftliche Wirklichkeit aus, sie liegen im professionellen Handlungskern des Planungshandelns begründet.

Die professionelle Leistung ist es nun, diese über Widerspruchskonstellationen nicht aufzulösen, sondern jeweils entscheidungsrelevante „Angleichung“ zu erwirken. In eine Skizze transformiert (→ Abb. 6), finden wir dies in einem Planungsprozess, der je nach Persönlichkeit der planenden Person, ethischen Vorstellungen und professionellem Handeln und den dazugehörigen Kompetenzen unterschiedlich gehandhabt wird. Die analytische Betrachtung von Planungshandeln als Ausgestaltung von Antinomien wurde am empirischen Material aus drei Forschungsprojekten entwickelt und konkretisiert (Schwerpunkt: problemzentrierte Interviews mit Programmplanenden, v. Hippel & Tippelt, 2009; v. Hippel et al., 2014; Tippelt et al., 2008).

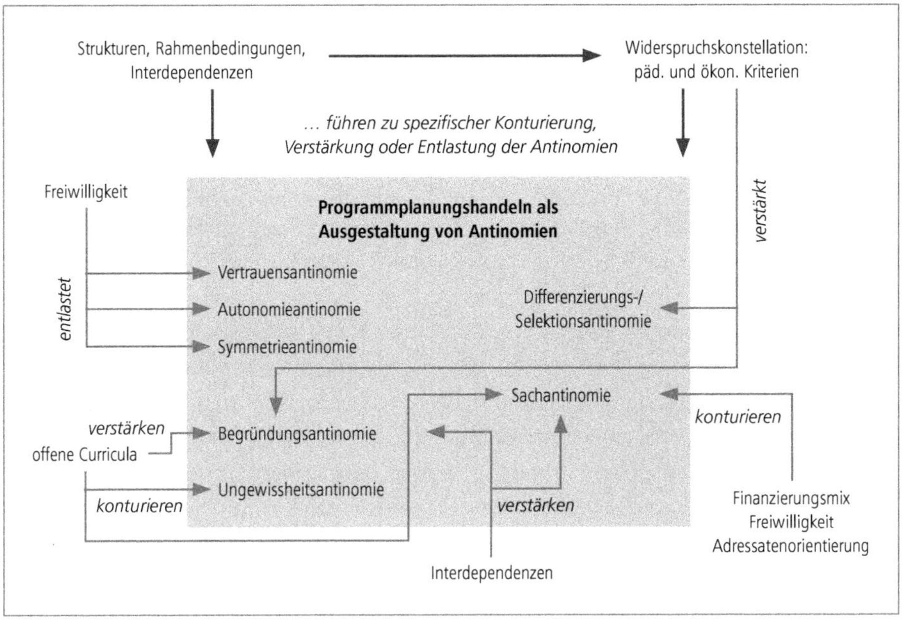


*Abbildung 6.* Programmplanung als Ausgestaltung von Antinomien (v. Hippel, 2011b, S. 54)

Programmplanung hat auf diese von von Hippel beschriebenen Bedingungen, die sich kommunikativ bemerkbar machen, zu reagieren. Darüber wissen wir jedoch nur das, was sich durch Erfahrungswerte ausdrückt.

Die These von von Hippel lautet,

> dass in der Erwachsenenbildung gerade die Widerspruchskonstellation pädagogischer Zielerreichung und ökonomischer Kriterien die planenden Erwachsenenbildnerinnen und Erwachsenenbildner davon abhalten, über die professionellen Antinomien balancierend reflektieren zu können. Diese Widerspruchskonstellation wird von den Erwachsenenbildnerinnen und Erwachsenenbildnern als so zentral erlebt, dass die professionellen Antinomien u.U. zu wenig Aufmerksamkeit erhalten (v. Hippel, 2011b, S. 55).

Ziel des professionellen Handelns ist es, die Antinomien und Paradoxien jeweils balancierend abwägend zu benennen und für Entscheidungen, was Angebote und Profile von Programmbereichen betrifft, durchzusprechen.

## 4.3 Angleichungshandeln als Dimension der Programmentwicklung

Programmschwerpunkte mit ihren Angeboten können nicht deduktiv abgeleitet werden, da Planung in der Praxis nicht durchgehend in vermeintlich logischer Reihenfolge verläuft. Ein empirisches Interesse am Planungshandeln beim Gewinnen von Angeboten in der Praxis ist für die Erwachsenenbildnerin und den Erwachsenenbildner von Relevanz, da die Befunde letztlich zu einer ausformulierten und nachhaltigen Begründung für das Weiterbildungsprogramm einer Organisation führen.

Modelle und Planungskonzepte haben keine oder nur eine begrenzte Funktion, wenn sie keine empirisch begründete Basis haben. Die vorliegenden Ansätze haben diesen Weg der Entwicklung gewählt.

Insgesamt zeigt sich danach, dass das Programm unverwechselbar zu einer Organisation gehört, aber ebenso gesellschaftliche, regionale Bezüge erkennen lässt. Wir können trotz aller Einflussfaktoren dabei immer noch von einer relativen Autonomie der Planenden sowie der Organisation (Robak, Rippien, Heidemann & Pohlmann, 2015; Gieseke, 2016) bei der Gestaltung ihrer Angebote durch Kurs, Projekt, Workshops etc. ausgehen. Auch Organisationen lassen Spielräume, wenn sie die Fähigkeiten der Mitarbeitenden nutzen wollen. Schon die geforderte Offenheit der Organisationen gegenüber neuen Entwicklungen und Anforderungen zwingt dazu.

Eine Metapher für das Programmplanungshandeln aus der Ergebnisperspektive ist das empirisch erhobene und handlungstheoretisch eingeordnete Angleichungshandeln (Gieseke & Gorecki, 2000; Wittpoth, 2007; Pohlmann, 2018; v. Hippel & Röbel, 2016, Robak, Rippien et al., 2015). Für die qualitativen Studien zu deren Untersuchung wurde aus bildungswissenschaftlicher Sicht der Begriff der „Handlung“ von Joas (1992) zugrunde gelegt. Dieser zielt nicht nur auf das Erreichen eines bestimmten Ziels als Ausdruck des subjektiven Willens, sondern bezieht das Bewältigen der Situation durch Wahrnehmung, Wissen und Kommunizieren, Sensibilität und Rezeptivität mit ein. Hinzu kommt darüber hinaus Gelassenheit als grundsätzliche Handlungsdimension, ebenso eine Beziehungsfähigkeit, eine einheitliche Erdung.

Wirksam sind dafür Fähigkeiten, wie

- etwas beobachten zu können,
- Verbindungen herzustellen,
- sich Zeit zu nehmen und
- Wissen segmenthaft zu verarbeiten.

Erst mit diesen Fähigkeiten kann man pädagogisch gestalten und strukturbildend tätig sein. Genau dies scheint mehr oder weniger zu gelingen, wenn Erwachsenenpädagoginnen und -pädagogen an ihrem Programm arbeiten (Gieseke, 2000b).

Die empirische Erschließung von Programmplanungsvorgängen verlangt eine mehrperspektivische Herangehensweise und eine Perspektivverschränkung (Gieseke,

2007). Es wurde deshalb bei der Erforschung des Planungshandelns (Gieseke, 2000a) auf Beobachtungen am Arbeitsplatz, Interpretationen und kategoriale Zuordnungen der Handlungsabfolgen in der Praxis und Selbstevaluation der Erwachsenenpädagoginnen und -pädagogen zur Einordnung ihrer jeweiligen täglichen Arbeit zurückgegriffen. Ergänzend wurden Interviews zur Begründung und Beschreibung ihrer Arbeiten durchgeführt.

Wenn man die verschiedenen Handlungsprozesse verfolgt, wird deutlich, dass das Programm weder nur im Kopf einer einzelnen Person entsteht, noch von einer Person per Macht durchgesetzt werden kann und auch nicht aufgrund einzelner organisationaler Vorgaben oder einer Sachgesetzlichkeit allein entsteht. Vielmehr ist es das Ergebnis einer komplexen Abstimmung (zumindest in Demokratien) zwischen vielen Personen und ihren Bedarfen und Bedürfnissen im primären und sekundären Sinne (also im Auftrag). Dieses aushandelnde Entscheiden im Programmplanungshandeln wird als „Angleichungshandeln" bezeichnet. Damit wird der Charakter wechselseitig einflussnehmender Steuerungsprozesse zur Erarbeitung nachfragerelevanter Angebote charakterisiert. Dabei bezeichnet „Angleichung" nicht kurzfristige, kleinschrittige inhaltliche Absprachen – diese folgen später –, sondern verweist auf gemeinsame Lösungsversuche, um für das jeweilige Umfeld passgenaue Erwachsenen- und Weiterbildungsangebote im jeweiligen Programmsegment zu realisieren. Die zur Verfügung stehenden Dozentinnen und Dozenten, die Nachfragen der Zielgruppen in einer Region, das Profil und das Image einer Organisation bieten dem aktiven, recherchierenden Handeln der Erwachsenenpädagoginnen und -pädagogen den Resonanzboden, um die Angebote auszufeilen.

Ergebnisse, Lösungen durch Angleichungshandeln finden

## Definition

### Angleichungshandeln

Angleichungshandeln bezeichnet das vernetzte Handeln auf der Basis von Abstimmungsprozessen. Es verweist auf inhaltliche und konzeptionelle Abstimmungsprozesse, die in der Region mit verschiedenen Gruppen und Organisationen während der Programmplanung stattfinden, ebenso wie auf die Aushandlungen mit den Dozentinnen und Dozenten oder Kursleitenden während der Angebotsentwicklung. Diese kommunikativen Vernetzungen erfolgen dabei nicht punktgenau, sondern sind eher als sukzessives Handeln mit längerer Zeitperspektive angelegt.

Wo die besonderen Herausforderungen des Angleichungshandelns liegen, ließe sich aus bildungswissenschaftlicher Sicht nachvollziehen. Hierzu wissen wir bereits, dass sukzessives Planungsverhalten darauf verweist, dass Planungsprozesse häufig im Modus des Angleichungshandelns beginnen, dann aber aus unterschiedlichen Gründen (z.B. interne Konflikte, Kurskorrekturen durch gesellschaftliche Einflüsse, keine Teilnehmenden, finanzielle Probleme) liegengelassen werden müssen (Gieseke, 2000a). Diese Gründe verweisen auf Widerspruchskonstellationen und Antinomien

sukzessives Planungshandeln

(v. Hippel, 2011b). Man nimmt dann später unter veränderten Konstellationen den Faden wieder auf oder beginnt auf neuer Wissensbasis. Das heißt, dass für Bildungsprozesse in der Erwachsenen- und Weiterbildung – nicht nur in unterversorgten Gebieten oder Milieus – ein langer Atem benötigt wird (Börjesson & Zimmermann, 2008).

## 4.4 Betriebliche Weiterbildung als Programmplanung

Untersuchungen zur betrieblichen Bildung zeigten (Käpplinger, 2010), dass die Entscheidungswege für die Programmfelder der betrieblichen Weiterbildung ebenso wie bei öffentlichen Trägern oder privaten Organisationen in ähnlicher Weise verlaufen (Heuer, 2010). Sowohl in Betrieben als auch z.B. in kulturellen Einrichtungen übernehmen Bildung und Qualifizierung in vielerlei Richtungen Funktionen, um die Aufgaben einer Organisation besser erfüllen zu können. Ebenso zielt ein Kompetenzerwerb auf eine Verbesserung betriebsinternen Handelns. Man kann deshalb von „beigeordneter Bildung“ sprechen (Gieseke & Opelt, 2005a). Auch diese hat schnell und flexibel auf die Anforderungen der jeweiligen Organisationen zu reagieren, ohne festgeschriebene curriculare Strukturen zu entwickeln.

### Definition

**Beigeordnete Bildung**

Eine beigeordnete Bildung liegt vor, wenn der Hauptzweck einer Organisation nicht Bildung ist, sondern andere gesellschaftliche und/oder fachliche Aufgaben, aber Bildungsangebote unterstützend, ergänzend oder als Marketing angeboten werden, um die zentrale Aufgabe der Organisation zu fundieren und sichtbarer zu machen.

Die Studie von von Hippel und Röbel (2016) konzentriert sich folgerichtig auf die Frage nach den Funktionen[7] von betrieblicher Weiterbildung in Unternehmen. Der Einfluss der unterschiedlichen Akteure und Akteurinnen und deren inhaltliche Präferenzen für das jeweilige Programm wurden untersucht.

Funktionen der Weiterbildung in Betrieben

Die Funktionen der Weiterbildung werden dabei als „als subjektive Bedeutungszuschreibung“ an betrieblicher Weiterbildung (bWB) interpretiert.

> Es wird angenommen, dass bWB nicht bestimmte Funktionen hat, sondern dass ihr vielmehr von den verschiedenen Akteuren unterschiedliche (auch mehrere) Funktionen zugeschrieben werden. Funktionen sind akteursabhängige Zuschreibungen in der Programmplanung bWB. Diese Zuschreibungen werden als eine Auslegung von Weiterbildung verstanden (ebd., S. 64).

7 Tietgens (1982) sieht Funktionsziele der Veranstaltungen als „Dispositionsziele“, die dem Teilnehmenden entsprechen. Sie erscheinen als Fragen der Programmstruktur (S. 139). Er spricht hier die öffentliche Erwachsenen- und Weiterbildung an.

Im Ergebnis konnte festgestellt werden, dass sich die Programmstruktur nicht themenspezifisch entwickelt, sondern eher aufgaben- und verwertungsbezogen, das heißt ganz im Sinne der beigeordneten Bildung nach in den Organisationen gestalteten Programmarten. Empirisch ließen sich für die betriebliche Weiterbildung fünf unterschiedliche Programmarten differenzieren, die sich in den zugeschriebenen Funktionen und Programmplanungsprozessen in Bezug auf planende Akteurinnen und Akteure, Zielgruppen, Themen, Finanzierung, Planungshorizont unterscheiden (v. Hippel, 2016):

aufgaben- und verwertungsbezogene Programmarten

- Programmkatalog,
- Einzelangebot,
- externes Angebot,
- maßgeschneidertes Angebot und
- bereichsinternes Angebot.

Betrachtet man die Programmarten nach dem Aspekt der Offenheit (für alle Zielgruppen) und dem Aspekt der zumindest möglichen Offenheit für erwachsenenpädagogisches Planungshandeln, lassen sich die Programmarten folgendermaßen zu Typen clustern (→ Abb. 7). Damit handelt es sich beim Programmkatalog um die Programmart, die prinzipiell den höchsten Grad an Offenheit für Zielgruppen und erwachsenenpädagogische Planung ermöglicht. Die bereichsinternen Angebote verweisen wiederum auf den jeweils geringsten Grad von Offenheit. Eine Zunahme von kurzfristigen bedarfsorientierten Angeboten, wie sie in der Literatur beschrieben wird, kann damit auch ein geringeres Gewicht von erwachsenenpädagogischem Planungseinfluss bedeuten.

| Zielgruppe \ planende Akteurinnen und Akteure | | Führungskräfte |
|---|---|---|
| alle | Programmkatalog | |
| | Einzelangebote | |
| spezifisch | externe Angebote | |
| | maßgeschneiderte Angebote | bereichsinterne Angebote |

*Abbildung 7.* Typen von Programmen (v. Hippel, 2016)

Die in der Studie von von Hippel und Röbel herausgearbeiteten Funktionen der betrieblichen Weiterbildung zeigen sich bei der induktiven Erschließung firmenübergreifend: Folgende zugeschriebene Funktionen konnten insgesamt unterschieden werden (Beispiel Fall 1 des Kapitels), um ein jeweiliges Angebotsspektrum zu erklären:

die Frage nach der Funktion, z.B. im betrieblichen Kontext

Tabelle 3

*Zugeschriebene Funktionen (v. Hippel & Röbel, 2016, S. 72)*

| **Funktionen mit hoher Relevanz der Lernergebnisse** | **Funktionen mit geringer Relevanz der Lernergebnisse** |
|---|---|
| Qualifizierungs- und Versorgungsfunktion | Akquisefunktion |
| Bewältigungs- und Flexibilitätsfunktion | Compliance-Funktion |
| Integrations- und Steuerungsfunktion | Gratifikations-, Motivations-, Mitarbeitendenbindungsfunktion |
| Gesunderhaltungsfunktion | Selektions- und Legitimationsfunktion, soziale Reproduktionsfunktion |
| Entwicklungsfunktion | Ablenkungsfunktion |
| | Profilierungsfunktion: Selbstinszenierungs- und Einflussfunktion |
| | Networking-Funktion |

## 4.5 Zusammenfassung

Die Forschungsbefunde zum Programmplanungshandeln bei verschiedenen Trägern zeigen, dass Erwachsenenbildnerinnen und -bildner bei verschiedenen Trägern ähnliche, wenn nicht gleiche Anforderungen zu bewältigen haben. Sie arbeiten im Bereich von Bildung, Qualifizierung und Kompetenzerwerb. Hier gibt es keine Einbahnstraßen und keine eindeutig vorgegebenen Abläufe, um zu Angeboten und letztlich zu einem Programm zu kommen. Dafür gibt es aber mehr oder weniger Entscheidungsspielräume, die aus einem professionellen Verständnis zu prüfen haben, ob auf die Anschlüsse für potenziell Teilnehmende und auf die allgemeinen Herausforderungen an die Bevölkerung im Lebenslangen Lernen geachtet wird.

Die Programmplanungsforschung zeigt auf, zwischen welchen Widersprüchlichkeiten die Planenden sich bewegen und um was es schließlich geht – nämlich ein Angebot zu entwickeln und sich dafür aufeinander zuzubewegen, sich anzugleichen. Die verschiedenen Träger können voneinander lernen und sich über Bildung, Qualifizierung und Kompetenzerwerb austauschen. Dazu bedarf es aber einer begründet entwickelten Begrifflichkeit, die sich sowohl mit den Einflüssen und den Prozessen als auch mit dem Ziel von Programmverläufen beschäftigt.

### Fragen & Aufgaben

1. Wenn Sie bereits arbeiten, beschreiben Sie ihre Spielräume und Begrenzungen, denen Sie sich zu fügen haben. Welche Angebote setzen sich letztlich durch? Was müsste sich warum ändern?
2. Was wird unter den Begriffen „Antinomie" und „Paradoxie" verstanden? Was sagen diese Begriffe über die Reichweite von Planung aus?
3. Welche Handlungsstrategie drückt sich in der Praxis des Angleichungshandelns aus?

## Tipps zum Weiterlesen

Gieseke, W. (Hrsg.). (2000). *Programmplanung als Bildungsmanagement? Qualitative Studie in Perspektivverschränkung. Begleituntersuchung des Modellversuchs „Entwicklung und Erprobung eines Berufseinführungskonzepts für hauptberufliche Erwachsenenbilder/innen“.* Recklinghausen: Bitter.
*Die Studie führt ein in bildungswissenschaftliche Fragen zu diesem Thema, zeigt sie in ihrer Perspektivverschränkung und charakterisiert den Aushandlungsprozess.*

Hippel, A. v. (2011). Programmplanungshandeln im Spannungsfeld heterogener Erwartungen: ein Ansatz zur Differenzierung von Widerspruchskonstellationen und professionellen Antinomien. *Report – Zeitschrift für Weiterbildungsforschung,* (1), 45–57.
*Die Studie zeigt die divergenten inhaltlich-kommunikativen Einflussgrößen auf, die universell beim Planungshandeln im erwachsenenpädagogischen Feld auftreten.*

Hippel, A. v. & Röbel, T. (2016). Funktionen als akteursabhängige Zuschreibungen in der Programmplanung betrieblicher Weiterbildung. *Zeitschrift für Weiterbildungsforschung – Report, 39* (1), 61–81.
*Die Untersuchung arbeitet die besonderen betrieblichen Konstellationen heraus und verweist auf Folgen von möglichen Veränderungen.*

# 5

# Forschen mit Programmen: Orientierungen für studentische Arbeiten

Bernd Käpplinger und Steffi Robak

In diesem Kapitel werden qualitative und quantitative Ansätze der Programmforschung erläutert. Nach der Klärung von Definitionen wird ein Überblick über Archive und Datenbanken gegeben, in denen Programme zu finden sind. Zudem werden Programmanalysen ausgewählter Studien, Plattformen im Internet sowie die Aktivitäten der „Expertinnen- und Expertengruppe Programmforschung" vorgestellt.

## Lernziele

- verschiedene Ansätze der Programmforschung erläutern können
- einschlägige Arbeiten der Programmforschung einordnen können
- eine eigene Programmanalyse für Haus- und Abschlussarbeiten vorbereiten und durchführen können

*Die Studentin Aysel interessiert sich in ihrem Betriebspraktikum im Unternehmen von Anna Müller (siehe S. 15ff.) dafür, wie in den Führungskräfteprogrammen des Unternehmens mit Diversität umgegangen wird. Taucht das Thema in den Beschreibungen von Trainings im Intranet auf und wenn ja, wie wird es eingeführt oder mit Bildern repräsentiert?*

*Der Student Torben möchte in seiner Bachelorarbeit wissen, wie sich seit 1990 in Programmen der Volkshochschule Leipzig die Beschäftigung mit der DDR entwickelt hat. Befasst man sich mit dem damaligen Alltag? Wird das SED-Regime thematisiert? Gibt es so etwas wie eine DDR-Nostalgie? Werden neuere oder ältere literarische Arbeiten zur DDR diskutiert?*

*Wie könnten die beiden jeweils vorgehen?*

## 5.1 Zur Programmforschung

Programmforschung untersucht das Ergebnis des Programmplanungshandelns, das Programm. Die Entwicklung und Analyse von Programmen stellt für Praktikerinnen und für Hochschulabsolventinnen eine Schlüsselanforderung ihrer Professionalität dar. Mit einer Analyse kann man untersuchen, wie diese Anforderung in der Praxis realisiert wird.

Programme sind als professioneller und kreativer Kern der Tätigkeiten in der Erwachsenen- und Weiterbildung wertzuschätzen. Sie sind organisationsspezifisch und transformieren Bedarfe, Bedürfnisse und Interessen in Bildungsoptionen (→ Kap. 1.2).

Programme können wie die Programmarchive, in denen sie gesammelt und dokumentiert werden, als zeitgeschichtlich relevanter, professionell ausgearbeiteter „Schatz" (Pehl, 2004) bezeichnet werden. Leider tun dies Organisationen der Erwachsenen- und Weiterbildung des Öfteren nicht oder nur partiell. Auch im Internet werden solche Gebrauchstexte in der Regel nicht von selbst langzeitarchiviert.

Es ist von Interesse für Praxis und Forschung, die Struktur, die Inhalte und die Bildungsauslegungen von Programmen zu archivieren, zu verstehen und zu analysieren. „Bildungsauslegungen" meint dabei, dass in Programmen das sichtbar und dokumentiert wird, was zu einem bestimmten Zeitpunkt – oft regional – von Institutionen und ihrem vielfältigen Personal unter „Bildung" verstanden und angeboten wurde. Forschende können per Programmanalyse diese Auslegungen analytisch zu rekonstruieren versuchen.

Wir knüpfen noch einmal an die Definitionen aus → Kapitel 1 an: In einer pädagogischen Definition, die den Planungsvollzug fokussiert, ist das „Programm" Ausdruck eines bestimmten Lehr-Lernkonzepts. Es kann von Inhalten, Fachstrukturen, von Alltags- und Verwendungssituationen, von Verwertungsinteressen, Qualifikationsansprüchen Dritter im beruflichen Kontext bestimmt sein – und es kann für polyvalente Zusammenhänge maßgeblich sein (Gieseke, 2008). Bildungswissenschaftlich betrachtet sind die Programme konzeptionell inhaltliche, didaktische Aushängeschilder, das Gesicht einer Organisation. Sie spiegeln ihr Profil wider. Programme sind ein Scharnier zwischen Organisation, Profession, Themen und Nachfrage.

## 5.2 Datenmaterial und Zugänglichkeit

Für die Programmforschung können verschiedene Daten genutzt werden. Dies können gedruckte Dokumente und/oder im Internet verfügbare Informationen sein. Sie reichen von Programmheften, Flyern und Handzetteln bis hin zu Informationen auf Webseiten von Organisationen oder Forschungseinrichtungen. Diese Daten können Sie selbst recherchieren oder auf Programmarchive oder Datenbanken zurückgreifen.

Drei Archive und deren Nutzung in den deutschsprachigen Ländern sind im *Handbuch Erwachsenenbildung/Weiterbildung* (hier Gieseke et al., 2016a) sowie im internationalen Sammelband zur Programmplanung und -forschung (Ganglbauer & Stifter, 2017; Heuer, 2017) näher erläutert.

Der folgende Wegweiser stellt die beiden Archive in Deutschland vor.

### Wegweiser Daten

**Volkshochschul-Programmarchiv am DIE**

Das Deutsche Institut für Erwachsenenbildung – Leibniz-Zentrum für Lebenslanges Lernen e.V. (DIE) verfügt über ein Archiv aus kontinuierlicher und zeitweise nahezu flächendeckender Sammlung für Volkshochschulen. Programme aus den Nachkriegsjahren bis zur Vereinigung liegen vorwiegend für die Bundesrepublik sowie für die Volkshochschule Leipzig der Jahre 1949 bis 1990 vor. Programme im vereinigten Deutschland sind danach dokumentiert. Vereinzelt reichen die Bestände bis in die 1930er Jahre zurück. Insgesamt umfasst das Archiv etwa 60.000 Programme, die in gedruckter Fassung vorliegen. Die nahezu flächendeckende Archivierung der gedruckten „Arbeitspläne“ (dies war die ursprüngliche Bezeichnung für „Programme“ an Volkshochschulen) wird seit 2004 durch ein Online-Archiv ersetzt. Eine Auswahl nachträglich digitalisierter Programme ist online kostenlos verfügbar auf der DIE-Archivseite.

https://www.die-bonn.de/weiterbildung/archive/programmplanarchive/default.aspx

### Wegweiser Daten

**Weiterbildungsprogramm-Archiv Berlin/Brandenburg an der Humboldt-Universität zu Berlin**

Für die Länder Berlin und Brandenburg wurde 1995 das Archiv durch Prof. Dr. Wiltrud Gieseke als Sammlung an der Humboldt-Universität zu Berlin gegründet. Die Archivierung der Programme erfolgt, wenn möglich, rückwirkend für das Jahr 1990 und fortlaufend bis heute. Der Sammlungsschwerpunkt liegt auf Weiterbildungseinrichtungen in den Ländern Berlin (ca. 840 Einrichtungen) und Brandenburg (ca. 250 Einrichtungen). Dabei wird ein breites Spektrum offener und geschlossener Erwachsenen- und Weiterbildung unterschiedlicher Träger abgebildet. In seiner Bandbreite ist das Weiterbildungsprogramm-Archiv deutschland- und weltweit einzigartig. Neben Programmheften werden Flyer zu Einzelveranstaltungen sowie Informationsmaterial zu den Organisationen archiviert. Darüber hinaus werden Programme und Angebote als Newsletter sowie Infos von den Homepages von Organisationen gesammelt.

https://www.erziehungswissenschaften.hu-berlin.de/de/ebwb/weiterbildungsprogrammarchiv

Für andere Bundesländer muss man über die Einrichtungen, Träger oder über das Internet recherchieren. Dadurch, dass international Weiterbildungsorganisationen ihre Programme zumindest teil- und zeitweise online zugänglich machen, eröffnet dies Möglichkeiten für internationale, vergleichende Forschungsarbeiten (Käpplinger et al., 2017). Allerdings sind so oft nur die ganz aktuellen Programme im Internet verfügbar. Teilweise kann im Internet nur per Suchmaske in Datenbanken recherchiert werden und man hat keinen Zugriff auf das komplette Programm, sondern auf viele Einzeldateien oder Unterseiten einer Homepage.

Insgesamt hat die Arbeit mit Archiven und per Internet jeweils Vor- und Nachteile, die es je Forschungsfrage und Datenbestand zu sondieren gilt.

## 5.3 Methodik: Programmanalysen

Programmanalysen untersuchen Ergebnisse der Programmplanung in Form von Programmen, die als Programmhefte, Flyer oder/und im Internet veröffentlicht werden.

**Definition**

### Programmanalyse

Programmanalysen sind systematische, empirische Auswertungen von Programmen, insbesondere Programmheften. Die Programmanalyse ist eine Methode der Erwachsenen- und Weiterbildungsforschung.

Ausführlichere Informationen zum Begriff und seiner Definition sind zu finden in Käpplinger (2011) und Gieseke (2000).

Nuissl stützt explizit diese Perspektive: „Die einzige wirklich weiterbildungsspezifische Forschungsmethode ist die ‚Programmanalyse', die sich dem in der Weiterbildung konstituierenden Produkt ‚Programm' widmet" (Nuissl, 2010, S. 173).

Nolda führt des Weiteren aus: Die Programmanalyse

> wertet Programme aus der Distanz von Beobachtern aus, die sich nachträglich der in diesen enthaltenen Texte bzw. Informationen bedienen, um Erkenntnisse zu gewinnen über das Erwachsenenbildungsangebot einzelner oder mehrerer Träger bzw. einzelner oder mehrerer Einrichtungen; häufig bezogen auf bestimmte Themen bzw. Ziele, Zielgruppen, Organisationsbedingungen und didaktische Arrangements. Die untersuchten Texte haben den Vorteil nonreaktiver, natürlicher Daten, d.h. sie sind nicht eigens durch Forscher erhoben oder durch deren Intervention verzerrt (Nolda, 2010, S. 294).

Die Programmanalyse ist also die zentrale Methode der Programmforschung, welche Themenstrukturen, ihre Ausdifferenzierung sowie die Themenschwerpunkte der Erwachsenen- und Weiterbildung analysiert. Sie bildet unter analytischen, spezifizierten Fragestellungen das Themenspektrum ab und ermöglicht einen Überblick über die Landschaft der Erwachsenen- und Weiterbildung, Institutionalformen und Organisationen mit ihren Profilen und Bildungsinstitutionalkonzepten. Es haben sich verschiedene Arten von Programmanalysen entwickelt (→ Kap. 6.2).

Programmanalysen folgen empirischen Fragestellungen, die auf Theorie-, Praxis- und Politikentwicklungen rekurrieren und Realitätsausschnitte beschreiben sowie analysieren (Robak, 2012b). Das Ziel der Bremer Programmanalyse (→ Kap. 5.3.3) etwa war es, sowohl der Bildungspolitik als auch den Programmplanenden Strukturen und Entwicklungen zu verdeutlichen (Körber et al., 1995). Für Politik und Praxis war es wichtig, verlässliche Grundlagen für zukünftige Programmplanungsentscheidungen zu schaffen sowie für Profilentscheidungen und die Koordination des Angebots in der Region zu unterstützen.

Die Fragestellung war entsprechend: Wie hat sich das Veranstaltungsangebot in Bremen in den Weiterbildungsbereichen ausdifferenziert? Eine Forschungsfrage, die alle drei Entwicklungsbereiche betrifft entwickelt z.B. Schrader (2011) in seiner Bremer Anschlussstudie: Welche Wirkungen haben die Modernisierungsstrategien rechtliche Reglementierung, Professionalisierung und Qualitätssicherung auf Struktur und Wandel der Weiterbildung?

Programmanalysen erbringen Einblicke in die Praxis und machen Planungshandeln als pädagogische Professionalität sichtbar. Sie ermöglichen Erkenntnisse über das organisierte Angebot der Erwachsenen- und Weiterbildung, machen Angebotsumfänge sichtbar und legen träger- und organisationsspezifische Profile frei.

Eine Programmanalyse kann je nach Fragestellung mit unterschiedlichen Zuschnitten an Ort, Organisation oder Thema bzw. Fach angelegt werden. Daraus leiten sich „Arten“ von Programmanalysen ab. Zu unterscheiden sind:

- trägerübergreifende Analysen,
- trägerspezifische Analysen,
- organisationsbezogene Analysen,
- bereichs- bzw. themenspezifische Analysen,
- fachbereichsübergreifende Analysen,
- Regionalanalysen,
- längsschnittliche Analysen und
- zeitlich punktuelle Analysen.

Mehr zu Programmanalysen erfahren Sie in → Kapitel 6 sowie im Internet unter https://www.die-bonn.de/institut/dienstleistungen/servicestellen/programmforschung/bibliographie/analyse.aspx

Programmanalysen können Bestandteil von Lernkulturanalysen sein (→ Kap. 7).

## Wegweiser Methoden

Triangulativ angelegte Programmanalysen nutzen perspektivverschränkend mehrere Methoden, wie z.B. Interviews mit Programmplanenden, Teilnahmestatistiken, Dokumentenanalysen oder Videoaufnahmen von Planungskonferenzen. Die Ergebnisse der Programmanalysen können so mit Ergebnissen etwa über Planungsprozesse oder Nutzungen und Motive der Teilnehmenden etc. erweitert und vertiefend ausgewertet werden.

## 5.3.1 Vorgehensweise bei Programmanalysen

Bei Programmanalysen sind, so wie bei anderen empirischen Arbeiten, zunächst folgende Fragen zu klären und zu entscheiden:

- *Grundlagen:* theoretische, systematische und möglichst auch historische Einbettung der Programmanalyse
- *bisheriger Forschungsstand:* Welche Programmanalysen liegen schon vor? Inwiefern kann an deren Forschungsdesigns angeknüpft werden? Können ggf. sogar Replikationsstudien unternommen werden?
- *eigenes Forschungsthema und Fragestellungen:* Das Thema, die Inhaltsbereiche, die Organisationen werden bestimmt. Wichtig ist die Entwicklung einer Fragestellung.
- *Grundgesamtheit und Sample:* Was ist die Grundgesamtheit? Anzahl der Organisationen und Programme bestimmen, die analysiert werden sollen. Wie bekommt man Zugang zu den Programmen?
- *Art der Programmanalyse:* organisationsbezogen, bereichsspezifisch bzw. themenspezifisch und fachbereichsübergreifend, Regionalanalysen etc.
- *Methoden- bzw. Perspektivverschränkung:* Wird allein mit Programmanalysen oder in Kombination mit anderen Methoden, z.B. mit Interviews oder Teilnehmendenstatistiken gearbeitet?

## 5.3.2 Typen von Programmanalysen

Programmanalysen können auf unterschiedliche Art und Weise durchgeführt werden. Es werden zwei Haupttypen unterschieden:
Typ 1: qualitative Programmanalysen
Typ 2: qualitativ-quantifizierende Programmanalysen

*Qualitative Programmanalysen (Typ 1)*

Bei rein qualitativen Programmanalysen werden Programme mit ihren Texten oder Bildern wie z.B. Interviews interpretiert. Dabei kann das ganze Spektrum an qualitativen Methoden, wie z.B. die Objektive Hermeneutik (Oevermann), die dokumentarische Methode (Bohnsack) oder die Inhaltsanalyse (Mayring) eingesetzt werden, was u.a. für die Art und Weise der Kodierung und Interpretation wichtig ist.

## Beispiel

### Qualitative Programmanalysen

- Tietgens (1992) analysierte Ankündigungstexte von Volkshochschulen im psychologischen Bereich hinsichtlich der angebotenen Wissensformen.
- Schrader (2003) analysierte vergleichend Bildmotive beruflicher und betrieblicher Weiterbildung im Kontext von Öffentlichkeit und Privatheit.
- Nolda (2010) hat vor allem Bildanalysen (s. Dörner 2012) mit unterschiedlichen Forschungsinteressen verfasst.
- Noldas Absolventin Disselhoff (2012) hat Titelseiten Dortmunder Volkshochschulprogrammhefte mit Methoden der Bildanalyse verglichen.
- Käpplinger (2015) verglich Bildmotive in Erwachsenen- und Weiterbildungsprogrammen in Kanada und Deutschland.

Bei solchen Analysen wurde deutlich, wie die Selbstdarstellung der Erwachsenen- und Weiterbildung mit dem Zeitgeist korrespondiert. Stand so in den 1960er Jahren gesellschaftlicher Aufstieg im Vordergrund, war es in den 1990er Jahren zeitweise die deutsch-deutsche Vereinigung und ist es heute *employability*.

*Qualitativ-quantifizierende Programmanalysen (Typ 2)*
Bei rein qualitativ-quantifizierenden Programmanalysen werden Programme mit ihren Texten kodiert und statistisch ausgewertet. Bei der Kodierung muss interpretativ vorgegangen werden, d.h. die Informationen im Text müssen mithilfe eines Kodiersystems methodenreflektiert und einheitlich ausgewertet werden. Kodierkategorien sind ggf. mit Ankerbeispielen zu definieren.

## Wegweiser Methoden

### Ablauf einer qualitativ-quantifizierenden Programmanalyse

- Erstellung eines Kodiersystems
  - Prinzipien der Erstellung eines Kodiersystems (z.B. induktives und/oder deduktives Vorgehen)
  - Entwicklung von Kategorien (z.B. formale, organisatorische, didaktisch-methodische Kategorien, Stundenvolumen, Themenspektrum). Entsprechend des Themas, der Fragestellung und des wissenschaftlichen Erkenntnisstandes werden Kategorien jeweils spezifisch entwickelt.
- Auswertungsverfahren: Es ist vor allem für den quantitativen Teil ein Programm zur Auswertung, Aufbereitung der Daten und Darstellung der Ergebnisse festzulegen.
  - Prinzipien der Kodierung festlegen und kohärente Anwendung sichern, was besonders wichtig ist, wenn die Kodierung im Team oder über einen längeren Zeitraum erfolgt (z.B. Einmal- oder Mehrfachkodierungen)
  - Auswertung und Interpretation der Daten

Ähnliche Überlegungen sind im Vorfeld von qualitativen Analysen anzustellen, wenn diese primär deduktiv und nicht primär induktiv erfolgen sollen.

> Methodischer Kern von Programmanalysen ist die induktive Rückkopplung von zunächst deduktiv entwickelten Kategorien am zu untersuchenden Material, im Sinne eines Pretest (zusammenfassend Robak 2012b). Dieses Vorgehen gestaltet sich unserer Erfahrung nach intellektuell und zeitlich intensiv. Die vorab definierten deduktiven Anteile der Kodebuch-Entwicklung resultieren aus der Rezeption vorliegender Studien mit ähnlichen Fragestellungen, aus der Rezeption von Fachdiskursen zu den jeweiligen Inhaltsbereichen oder im Anschluss an statistische Kategorien (Gieseke & Opelt, 2005, S. 48).

**Lesehinweis**

Ein Überblick über Vorgehensweisen ist des Weiteren bei Robak (2012b) auf der Homepage der Expertengruppe Programmforschung zu finden, unter https://www.die-bonn.de/institut/dienstleistungen/servicestellen/programmforschung/methodische_handreichungen/codiersysteme/default.aspx

### 5.3.3 Beispielstudien der Programmanalyse

Eine Leitstudie der Programmforschung ist die sogenannte Bremer Studie (Körber et al., 1995). Im Kontext einer Evaluation wurde fast das gesamte öffentliche Erwachsenen- und Weiterbildungsangebot für das Jahr 1992 und zum Teil für 1979 erfasst und analysiert. Der dortige Kodierleitfaden (in der Studie als „Thesaurus" bezeichnet) wurde von vielen Folgestudien für den jeweiligen Forschungsgegenstand adaptiert. Dies ist ein gutes Beispiel dafür, wie einschlägige, wenngleich ältere Studien auch heute noch sehr relevant sind. Die Ergebnisse der Programmanalyse erlaubten eine vertiefende Analyse des Bremer Erwachsenen- und Weiterbildungsangebots, was so keine Organisations- oder Teilnehmendenbefragung ermöglicht hätte.

Schrader (2011) nutzte die Ergebnisse und Daten von 1979 und 1992 für eine Folgestudie für die Bezugsjahre 1996 und 2006. Dabei bewertete er die Ankündigungstexte hinsichtlich von ihm definierter Kriterien auch qualitativ und nutzte diese Daten für elaborierte, multivariate Analysen mit Begriffsbildung für eine Systematik der Organisationen, die er als Reproduktionskontexte theoretisch rückgebunden einordnet.

Eine weitere Leitstudie der Programmforschung ist die Berliner „Mutterstudie" zur Kulturellen Bildung (Gieseke, Opelt, Stock & Börjesson, 2005). Diese wird zum einen umfangreicher und exemplarisch vertiefend dargestellt und zum anderen wird gezeigt, wie darauf aufbauend eine weitere Studie angelegt wurde (Robak, Fleige, Sterzik, Seifert, Teichmann & Krueger, 2015). Es wird gezeigt, wie induktives und deduktives Vorgehen ineinandergreifen, wenn Forschungskategorien entwickelt werden. Die Nutzung vorhandener Kategoriensysteme ist ein grundlegendes Vorgehen, um Programmanalysen vorzunehmen. Am Beispiel der Region Berlin und Brandenburg im Vergleich mit einer Region in Polen wird die Entwicklung der kulturellen Bildung analysiert und es erfolgt eine grundlegende Systematisierung derselben.

Die Analyse wurde gemeinsam mit polnischen Kolleginnen und Kollegen durchgeführt. Aufgenommen wurden öffentliche Erwachsenen- und Weiterbildungsorganisationen sowie Organisationen der sogenannten beigeordneten Bildung, d.h. solche, die nicht Bildung als Hauptaufgabe haben, aber Bildungsangebote offerieren. Es handelte sich um eine fachgebietsbezogene trägerübergreifende Regionalanalyse. Erfasst wurden öffentlich geförderte bzw. öffentlich zugängliche Einrichtungen, die in Berlin und Brandenburg kulturelle Bildung anbieten. Darüber hinaus wurden in ausgewählten Bezirken Berlins Fallstudien zur beigeordneten Bildung durchgeführt. Es wurde deutlich, dass in diesen Einrichtungen die interkulturelle Bildung einen Ort findet.

Zur Operationalisierung wurde eine Kombination an Untersuchungsmethoden entwickelt. Die Programmanalyse stand im Mittelpunkt. Ergänzt wurden Fallanalysen, die in Form von Hospitationen und Interviews durchgeführt wurden. Des Weiteren wurden Regional- (z.B. Berlin-Kreuzberg und Friedrichshain) und Spartenanalysen (z.B. Musik) durchgeführt. Auf dieser Basis konnten eine Theorie kultureller Bildung und eine Typik kultureller Bildung erarbeitet werden. Dies war ein neuartiger Zugang. Interdisziplinäres Wissen, wie Kulturtheorien und Wissen über den Zusammenhang von Kunst, Kultur und Bildung, flossen in die abduktiv erstellten „Partizipationsportale“ kultureller Bildung ein.

Partizipationsportale kultureller Bildung sind:

- der systematisch-rezeptive Zugang (Wissen wird systematisch z.B. in Form eines Vortrags zu einem kunsthistorischen Thema angeeignet),
- der selbsttätig-kreative Zugang (eine Beschäftigung mit kultureller Bildung erfolgt z.B. über das Erlernen einer Maltechnik) und
- der kommunikativ-verstehende Zugang (es findet z.B. eine Auseinandersetzung mit kultureller Differenz statt).

Partizipationsportale zeigen an, dass Wissensstrukturen und Lernformen jeweils anders figuriert sind, um Lernprozesse entsprechend der Interessen zu initiieren.

Diese Portale bildeten die Grundlage für weitere Programmforschungen in diesem Bereich. So konnte 2015 eine Studie zur kulturellen Bildung daran anschließen, die wir im Folgenden vorstellen; dabei kann nur auf in die in der Studie neu gebildeten Kategorien eingegangen werden. www.rat-kulturelle-bildung.de/fileadmin/user_upload/pdf/RFKB_RechercheRobakFleige_ES.pdf; www.rat-kulturelle-bildung.de/fileadmin/user_upload/pdf/RFKB_ZurSache_DS_final.pdf

Ziel der Studie, die im Auftrag des Rates für Kulturelle Bildung ausgewählte Programme untersuchte (Robak, Fleige et al., 2015), war es, Bildungsangebotsentwicklungen, innovative Impulse und Planungsspielräume bei deutschlandweit agierenden Verbänden und Einrichtungen herauszuarbeiten.

Ausgangspunkt des Untersuchungsrasters sind die drei Portale kultureller Bildung von Gieseke, Opelt et al. (2005), welche mit Unterkategorien zu den im Schema angezeigten Kategorien und mit den Domänen kultureller Bildung (z.B. Darstellende Kunst, Musik, Theater etc.) unterlegt wurden.

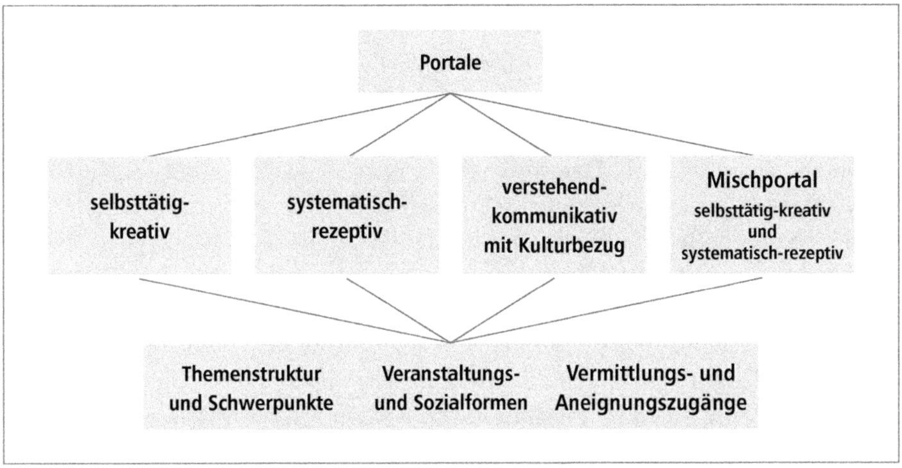


*Abbildung 8.* Untersuchungsraster: Portale Kultureller Bildung (Robak, Fleige et al. 2015, S. 5)

Auf der Grundlage weiterer theoretischer Ausarbeitungen (Fleige, Gieseke & Robak, 2015) und deduktiver Analysen von Programmen und anderer Dokumente der zu untersuchenden Organisationen konnten folgende weitere Kategorien entwickelt werden.

Die Kategorie „Kulturverständnis/Bildungsziel" fragt nach den gewünschten Zielen und Nutzungsinteressen im weiteren Sinne. Die Kategorie „Kulturverständnis/Funktion" fragt nach den Funktionen, die das Bildungsangebot für die Teilnehmenden hat, und danach, welche Bildungsprozesse man sich dadurch erhofft.

An diesem knappen Beispiel wird deutlich, dass systematisch aufeinander aufbauende Analysen auf der Grundlage der vorhandenen Kodesysteme und Ergebnisse vorgenommen werden können. Diese erbringen Erkenntnisse, die wiederum Begründungswissen für die Erwachsenen- und Weiterbildung zur Verfügung stellen und an die Bildungspraxis weitergeleitet werden können.

## 5.4 Zusammenfassung

Kommt man auf die Fallbeispiele der Studentin Aysel und des Studenten Torben zurück, bieten sich viele Möglichkeiten, mit Programmanalysen die Forschungsfragen der beiden Studierenden zu verfolgen.

Aysel könnte die Führungskräfteprogramme – auch von anderen Unternehmen – recherchieren und diese bildanalytisch untersuchen. Wer wird auf Abbildungen wie abgebildet? Welche Geschlechter, Altersgruppen oder Ethnien sind (nicht) dargestellt? Oder sie könnte die Ankündigungstexte sichtend kodieren. Wie wird das Thema Diversität eingeführt? Welche Art von Wissens- und Kompetenzerwerb wird in Aussicht gestellt? Wie sind die Ankündigungstexte vor dem Hintergrund aktueller Forschung und verschiedener Diversitätskonzepte einzuordnen?

Der Student Torben könnte sich alle Programme der Volkshochschule Leipzig aus dem Internet im DIE-Programmarchiv digitalisiert kostenlos herunterladen. Welche Kurse gibt es, die sich explizit oder implizit mit der DDR seit 1990 befassen? Was hat sich in den Jahren seither in der Beschäftigung mit der DDR qualitativ und quantitativ verändert? Finden sich die Kursangebote im Bereich der politischen Bildung (z.B. Gedenkstättenbesuche, Lesungen) oder im Bereich der beruflichen Weiterbildung im Zusammenhang mit in der Bundesrepublik nicht-anerkannten Berufsabschlüssen aus der DDR? Gibt es Ankündigungstexte, welche die DDR eher positiv oder eher negativ darstellen?

Programmanalysen können zeitaufwendig und mühsam sein. Jedoch gibt es kaum eine Methode, die spezifisch erwachsenenpädagogisch und in die Tiefe gehend Aufschlüsse zu Programmentwicklungen fern von Klischees und Momentaufnahmen bietet. Insofern können Studierende sich über Programmanalysen vorteilhafte Feldkenntnisse erwerben und sich davon inspirieren lassen, welche vielfältigen Kursideen Programmplanerinnen haben und wie sich dies im Laufe der Zeit wandelt.

Die Arbeit mit Programmen kann Studierende in den direkten Kontakt mit Weiterbildungseinrichtungen bringen, wenn sich z.B. Nachfragen zur Programmgliederung ergeben. Insbesondere Jubiläen steigern bei Einrichtungen das historische Interesse, was man über Programmanalysen oder Ausstellungen mit historischen Ankündigungstexten sehr gut – auch im Rahmen von Abschlussarbeiten oder Projektseminaren – bedienen kann. Dafür gibt es viele Beispiele in der Lehre.

Es liegen Programmanalysen für viele verschiedene Themenbereiche vor, an die – mit ausgewiesener Zitation – angeknüpft werden kann. Viele Programmanalysen enden mit Hinweisen zu weiterem Forschungsbedarf, so dass man bei genauer Lektüre direkte Anregungen für Forschungsfragen in eigenen Abschlussarbeiten bekommen kann.

## Fragen & Aufgaben

1. Besorgen Sie sich zwei oder drei Programme verschiedener Erwachsenen- und Weiterbildungsanbieter im Internet oder in gedruckter Form. Wenn Sie sich die Programme und Kursankündigungen anschauen, was fällt Ihnen dabei auf? Wo sind Ähnlichkeiten oder Unterschiede zwischen den Programmen vorhanden?

2. Im Internet finden Sie auf der Website des DIE den Bereich „Programmforschung" – verantwortet von den entsprechenden DIE-Arbeitsbereichen und der gemeinsam mit Hochschullehrenden geführten „Expertengruppe Programmforschung" – diverse „Metatexte" zu Programmanalysen. Wählen Sie zwei Metatexte aus und versuchen Sie, das Vorgehen nachzuvollziehen. Was fällt Ihnen auf? Probieren Sie das Vorgehen an einem von Ihnen recherchierten Programm aus. Fällt Ihnen eine Forschungsfrage ein, und wie würden Sie diese via Programmanalyse wohl untersuchen?
*Link:* https://www.die-bonn.de/institut/dienstleistungen/servicestellen/programmforschung/methodische_handreichungen/metatexte_codierungen_rohdaten/default.aspx

## Tipps zum Weiterlesen

Gieseke, W., Opelt. K., Stock, H. & Börjesson, I. (2005). *Kulturelle Erwachsenenbildung in Deutschland – Exemplarische Analyse Berlin/Brandenburg.* Münster: Waxmann.
*Diese international vergleichend angelegte Studie analysiert das Programm zur kulturellen Erwachsenenbildung in Berlin und Brandenburg, sowohl in Erwachsenenbildungsorganisationen als auch in der beigeordneten Bildung in ausgewählten Bezirken Berlins. Es wurde eine sowohl theoretisch als auch empirisch begründete Systematik kultureller Bildung erstellt.*

Käpplinger, B., Robak, S., Fleige, M., Hippel, A. v. & Gieseke, W. (Eds.). (2017). *Cultures of Program Planning in Adult Education.* Frankfurt a.M.: Lang.
*Der Sammelband basiert z.T. auf der ersten internationalen Tagung zu Programmforschung und versammelt neben Grundlagentexten Länderstudien, vergleichende Studien sowie Informationen über Programmarchive.*

Robak, S., Fleige, M., Sterzig, L. Seifert, J., Teichmann, A. K. & Krüger, A. (2015). *Die Konstitution kultureller Bildungsräume. Fünf überregionale Institutionen der non-formalen Kulturellen (Erwachsenen-)Bildung: Bildungsangebotsentwicklungen, innovative Impulse, Planungsspielräume.* Essen: Gilbert und Gilbert.

*Die Studie beschreibt das methodische Vorgehen, stellt die Ergebnisse der Programmstudie dar und interpretiert die Themenschwerpunkte in ihrer Entwicklung.*

# 6 Befunde der Programmforschung

Marion Fleige, Aiga von Hippel, Maria Stimm, Wiltrud Gieseke
und Steffi Robak

Dieses Kapitel informiert über Befunde der Programmforschung sowie über daraus abgeleitete Erkenntnisse zu Programm- und Themenstrukturen, aber referiert und bündelt damit auch umfassende Darstellungen der Erwachsenen- und Weiterbildungslandschaft. Aus der Spannbreite der Themenbereiche, zu denen Programmanalysen vorgestellt werden, fokussieren wir dabei die individuell-berufliche Weiterbildung und die kulturelle sowie interkulturelle Bildung. In diesem Zusammenhang werden Trends in den Programm- und Themenstrukturen aufgezeigt sowie Perspektiven für Forschung und Theorieentwicklung benannt.

## Lernziele

- unterschiedliche Arten bzw. Themen und Inhalte von Programmanalysen kennen und differenzieren können
- relevante Studien und zentrale Befunde der Programmforschung kennen
- inhaltliche Anschlussmöglichkeiten für eigene Forschungsarbeiten erkennen können
- Forschungsperspektiven und Anschlussmöglichkeiten für die Theorieentwicklung erkennen und reflektieren können

*Katarina Smolinski möchte sich nach drei Jahren ad-hoc geleisteter Arbeit als Programmbereichsleiterin für Kulturelle Bildung an einer städtischen Volkshochschule strategisch einen Überblick darüber verschaffen, wie der Programmbereich bundesweit ausgestaltet wird und wo sie anschließen, aber auch eigene Schwerpunkte setzen kann. Sie wird jedoch in verbandsinternen Handreichungen und in der vorliegenden Volkshochschulstatistik nicht ausreichend fündig. So sucht sie nach Überblicksdarstellungen oder einrichtungsspezifisch vertiefenden Auseinandersetzungen, die es ihr ermöglichen, ein differenziertes und empirisch fundiertes Bild über ihren Programmbereich zu gewinnen. Also recherchiert sie auf Internetpräsenzen von universitären Lehrstühlen für Erwachsenen- und Weiterbildung sowie auf der Webseite des Deutschen Instituts für Erwachsenenbildung – Leibniz-Zentrum für Lebenslanges Lernen (DIE), ob dort Studien und Forschungsergebnisse dargestellt werden. Sie fragt schließlich auch ihren Fachkollegen Max Schmidt aus demselben Landesverband, welche Studien er kennt und empfehlen kann. Sie diskutieren, welche professionellen Handlungsansätze sich aus Programmanalysen, die sie identifiziert haben, ableiten lassen.*

## 6.1 Einordnung

Was ist das Leistungsspektrum von Programmforschung/ Programmanalysen?

Programmforschung untersucht mittels Programmanalysen Themenstrukturen, ihre Ausdifferenzierung sowie die Themenschwerpunkte der Erwachsenen- und Weiterbildung. Somit bildet die Programmforschung unter analytischen Fragestellungen das gesamte Themenspektrum der Erwachsenen- und Weiterbildung ab. Programmforschung ermöglicht es, das Feld der Erwachsenen- und Weiterbildung bzw. bestimmte Themenbereiche und hierüber auch die Institutionen und die Landschaft der Erwachsenen- und Weiterbildung zu erschließen. Sie kann dabei auf einzelne Falleinrichtungen bezogen sein, aber auch im Quer- und Längsschnitt vorgehen. Dabei können die Untersuchungskategorien höchst flexibel gebildet werden, was wiederum die Angemessenheit des jeweiligen Forschungsgegenstands berücksichtigt.

speziell: Programmanalyse und Statistiken

Statistiken geben demgegenüber zwar einen Überblick über die Erwachsenen- und Weiterbildungslandschaft, sind dabei jedoch oftmals aus politischen Steuerungsabsichten heraus definiert und erfassen nur Teile der Landschaft oder Akteure. Selbst die ausdifferenziertesten Statistiken[8] können daher nicht die entsprechende Breite und Tiefe der Programm- und Themenstrukturen in der Erwachsenen- und Weiterbildung abbilden. Zudem sind die Erfassungskategorien immer für einige Jahre festgeschrieben, so dass ein flexibles Vorgehen nicht möglich ist. Gleichwohl können Statistiken ergänzende Aussagen zu Programmen, Programmentwicklungen und -realisierungen liefern (Fleige & Reichart, 2014).

8 Zu nennen wären hier einerseits der *Weiterbildungsatlas*, herausgegeben vom Deutschen Institut für Erwachsenenbildung – Leibniz-Zentrum für Lebenslanges Lernen und der Bertelsmann Stiftung (Martin, Schönmann, Schrader & Kuper, 2015), in dem unterschiedliche Datensätze und -typen der Erwachsen- und Weiterbildungsrealitäten aus verschiedenen Regionen Deutschlands zusammengeführt werden, sowie die *VHS-Statistik*, die vom Deutschen Institut für Erwachsenenbildung – Leibniz-Zentrum für Lebenslanges Lernen seit 1962 geführt und jährlich ausgewertet wird.

Aus der Perspektive der Programmforschung bleibt die Frage bestehen, mit welchen Programmschwerpunkten Organisationen arbeiten. Die Programmanalyse ermöglicht es, Angebote und Inhalte der Erwachsenen- und Weiterbildung und Schwerpunktsetzungen in bestimmten Programmbereichen zu beschreiben und zu analysieren. Im Gegensatz zu Statistiken begründet die Programmanalyse zudem theoretisch und praktisch, wie Angebote eines Inhaltsbereichs in anderen Programmbereichen aufgefunden werden. So können etwa Angebote der Gesundheitsbildung das Medium des Tanzes nutzen und somit auch als kulturelle Bildung klassifiziert werden (Gieseke, Opelt et al., 2005; siehe auch Dietel, 2012).

Die *VHS-Statistik* sowie der *Weiterbildungsatlas* sind allerdings bei der Erfassung der Themenbereiche zum Teil stark ausdifferenziert, so dass eine wechselseitige Bezugnahme von Programmanalysen und Statistiken bei speziellen Fragen zu spezifischen Themenbereichen sehr hilfreich sein kann.

Es liegen verschiedene, sich je nach Fragestellung und damit methodischen Zugang unterscheidende Klassifikationen von Typen von Programmanalysen vor (→ Kap. 5; auch Käpplinger, 2008). Wir schließen in diesem Kapitel an die Klassifikation von Gieseke (2016, 2017) an, welche Analysen, die der Programmforschung zugeordnet werden, inhaltlich systematisiert und damit nicht nur den methodischen Zugang betont (→ Abb. 9). Dies ermöglicht eine detailliertere und gleichzeitig umfassendere Beschreibung des erwachsenenpädagogischen Forschungsstrangs Programmforschung.

## 6.2 Arten von Programmanalysen und zentrale Befunde

Welche Arten von Programmanalysen gibt es? Was leisten sie?

Programmanalysen können nach folgenden Gesichtspunkten systematisiert werden, die akzentuiert nach jeweiligem herausgegriffenen Gesichtspunkt bei Käpplinger (2008; 2011), Robak (2012b), Gieseke (2015, 2016, 2017) oder Schrader und Ioannidou (2009) hier nun zusammengeführt werden:

- nach den eingesetzten Methoden (qualitativ, quantitativ, triangulativ; Verknüpfung mit anderen Forschungsbereichen),
- nach der Frage, ob es sich um eine Querschnitts- oder Längsschnittstudie handelt,
- nach dem vorliegenden Auswertungsmaterial (Text, Bild),
- nach der Aussagekraft zu den Ebenen System, Organisation, Interaktion,
- nach der Aussagekraft zu den Zielen und Inhalten der Erwachsenen- und Weiterbildung,
- nach dem inhaltlichen Fokus und damit dem Gegenstand der Analyse.

Über den Forschungsgegenstand lassen sich Arten von Programmanalysen unterscheiden (→ Abb. 9). Quer zu diesen Arten von Programmanalysen liegen die anderen aufgeführten Gesichtspunkte der Systematisierung.

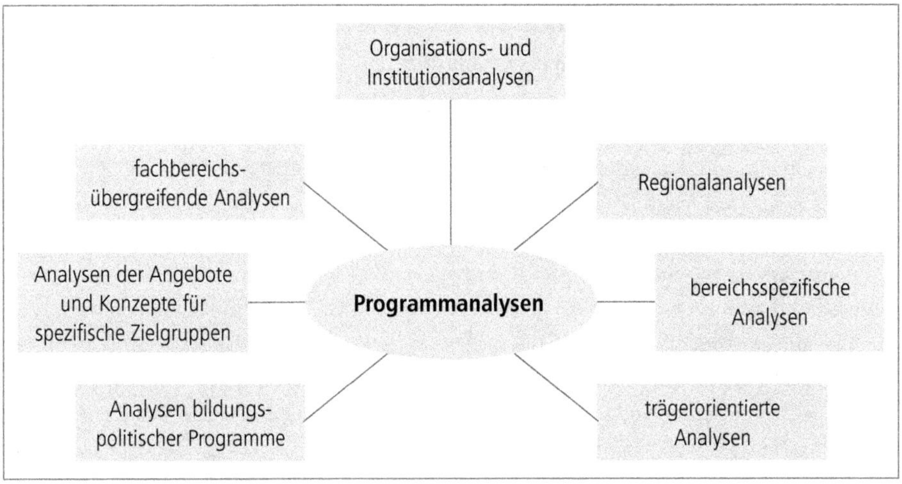


*Abbildung 9.* Arten von Programmanalysen, ausgerichtet am Forschungsgegenstand (erweitert nach Gieseke, 2017, S. 32 und Gieseke et al., 2016)

Im Folgenden stellen wir die verschiedenen Arten von Programmanalysen anhand von ausgewählten Studien vor und dokumentieren darüber die Vielfalt der Programmforschung.

*Organisations- und Institutionsanalysen*
In einer *historischen Institutionenanalyse* haben Gieseke und Opelt (2003) eine Fallanalyse der Volkshochschule Dresden durchgeführt. Sie blickten in der Relation auf Programm, Teilnehmende und Dozierende sowie pädagogisch Mitarbeitende und analysierten, wie „das DDR-System die Volkshochschule nutzte, um wirtschaftspolitische Aufgaben zu lösen, denn diese ‚Institution' versprach als ‚Hilfssystem' Seriosität und hohe Flexibilität" (Gieseke & Opelt, 2003, S. 16). Diese Längsschnittstudie basiert daher auf der Analyse von Teilnehmendenstatistiken, Statistiken zur Mitarbeitendenentwicklung, aber vor allem auf der Analyse von Programmen der Jahre 1945 bis 1997. Sie dokumentiert die Veränderungen der Angebotsstruktur und der Teilnehmendenpartizipation unter den gesellschaftspolitischen Kontexten während der Zeit der DDR und nach der Vereinigung der beiden deutschen Staaten. Als Vergleichspunkt wurde eine Volkshochschule ähnlichen Typs für die Zeit ab 1990 in der ehemaligen Bundesrepublik mit denselben Methoden analysiert.

Zu den zentralen Erkenntnissen gehört, dass Volkshochschulen in der DDR in das staatliche Schulsystem integriert wurden und somit eine andere Funktion bekamen: Sie waren eine „Allgemeinbildende Schule für Erwachsene" (ebd., S. 16) für den zweiten Bildungsweg. Im Kontext einer stärkeren Orientierung auf berufliche Weiterbildung unterlag die Volkshochschule einer institutionellen Transformation, die sie zu einer „Mutterinstitution" der Bildung mit mehreren Ausgliederungen werden ließ.

So kann empirisch nachvollziehbar gezeigt werden, wie die politischen Prozesse in der Zeit der DDR zur Ausdifferenzierung der Angebote in der Erwachsenen- und Weiterbildung beitrugen. Deutlich wird aber auch die inhaltliche und gesamtgesellschaftliche Relevanz der Volkshochschule in dieser Zeit sowie deren Fähigkeit zur raschen Umstellung nach der deutsch-deutschen Vereinigung, ohne dabei ein offenes Erwachsenen- und Weiterbildungsangebot aufzugeben.

An diesem Beispiel ist abzulesen, wie die Volkshochschule ihre flexiblen Strukturen nutzen kann, um auf Anforderungen aus der Umwelt mit Kontinuität und Wandel in den Angeboten zu reagieren. Gerade durch Programmanalysen kann damit also die spezifische Funktion der Volkshochschule im Bildungswesen und in der Gesellschaft herausgearbeitet werden. Darin liegt in diesem Beispiel die Interpretationsmöglichkeit begründet, die Volkshochschule als Institution der Moderne zu beschreiben, die jederzeit Themen und Inhalte mit unterschiedlicher Reichweite sowie Abschlüsse zur Verfügung stellen kann, um Bedarfe und Bedürfnisse zu befriedigen. Dies leistet sie, obwohl, oder gerade, weil sie eine öffentlich geförderte Institution ist.

*Regionalanalysen*
Die Regionalanalyse von Körber et al. (1995) ist Teil einer *trägerübergreifenden Systemevaluation* zur Weiterbildungsgesetzesänderung im Bundesland Bremen. Ziel war es, ein Leistungs- und Querschnittsprofil der Erwachsenen- und Weiterbildungsorganisationen zu erstellen, das für weitere Entscheidungen auf der Ebene der Gesetzesentwicklungen herangezogen werden sollte.

Die Analyse, welche in den wesentlichen Teilen als Programmanalyse angelegt ist, zeichnet veränderte Themeninteressen innerhalb der Erwachsenen- und Weiterbildung nach und zeigt, dass (Weiter-)Bildungsthemen, die sich aus dem Alltagsleben ergeben, mehrteiliger anzulegen sind. Analysiert wurden öffentlich zugängliche Programmangebote aus dem Jahr 1992 von 100 regionalen Erwachsenen- und Weiterbildungsanbietern in Bremen und Bremerhaven, darunter alle nach dem Bremer Weiterbildungsgesetz anerkannten, öffentlich geförderten Organisationen (u.a. Volkshochschulen) sowie nicht-anerkannte gemeinnützige Einrichtungen und Initiativen, kommerziell tätige Erwachsenen- und Weiterbildungsorganisationen und Angebote der betrieblichen Weiterbildung.

In einer an diese Untersuchung anschließenden *Längsschnittstudie* ging Schrader (2011) der Frage der Programmgestaltung bei knapper werdenden finanziellen Ressourcen nach und erschloss die Veränderungen des Erwachsenen- und Weiterbildungsangebots vor dem Hintergrund einer Strukturveränderung des Landes Bremen neu. Anhand der Daten von Körber et al. (1995) sowie durch Angebotserhebungen aus den Jahren 1996 und 2006 wurde die Bremer Landschaft der Erwachsenen- und Weiterbildung weiterführend analysiert. Eine stärkere Beachtung fanden in der Analyse auch die Ankündigungstexte unter dem Aspekt der „werbestrategischen Ansprache“ der Adressatinnen und Adressaten.

Der Wandel des Weiterbildungssystems wurde gemessen an den Veränderungen der Kontextbedeutung sowie am Angebotsprofil gesetzlich anerkannter und nicht anerkannter Organisationen. Festgehalten wird, „dass die Wirkungen der Weiterbildungsgesetzgebung ... deutlich sichtbar sind" (ebd., S. 303). Es wird aber auch deutlich, dass sich die inhaltlichen Profilbildungen verändert haben: „Das Weiterbildungsangebot wird in dem hier beobachteten Zeitraum ‚alltäglicher' sowohl im Blick auf die Veranstaltungszeiten als auch im Blick auf die angebotenen Themen und Funktionen" (ebd., S. 260), welche nicht mehr fach-, sondern problembezogen sind. Gleichzeitig ließ im Untersuchungszeitraum (und bis heute andauernd) die öffentliche Finanzierung nach, ohne dass dabei das Interesse der Bevölkerung an Erwachsenen- und Weiterbildung verloren ging.

Regionalanalysen, wie hier beschrieben, lassen ferner im Sinne eines Zugangs zur Bildungsberichterstattung Aussagen über die Versorgung der Bevölkerung einer Region mit Erwachsenen- und Weiterbildung zu (Schemmann, 2015). Solche Aussagen lassen sich auf die gesamte Landschaft der Erwachsenen- und Weiterbildung in einer Region oder aber noch differenzierter auf einzelne Themen- und Programmbereiche beziehen. Beispiele liegen besonders für den Bereich der *Kulturellen Bildung* vor; im Folgenden (S. 88) stellen wir eine solche Analyse vor.

*Bereichsspezifische Analysen*

Für einzelne Themen- und Programmbereiche sind Analysen möglich, die auf eine Organisation bezogen oder aber trägerübergreifend durchgeführt werden. Solche Analysen können auf bestimmte Regionen, auf eine deutschlandweite Betrachtung oder sogar auf einen europäischen Ländervergleich fokussieren.

## Wegweiser Forschung

Zu folgenden Themen- und Programmbereichen liegen Studien vor:

- kulturelle und interkulturelle Bildung: Gieseke, Opelt et al. (2005), Robak, Fleige et al. (2015)
- interkulturelle Bildung: Robak und Fleige (2012), Robak & Petter (2014)
- berufliche Bildung: Mader (2000), Schrader (2003), Käpplinger (2007)
- betriebliche Bildung: v. Hippel (2016)
- politische Bildung: Ciupke & Reichling (1996)
- ökologische Bildung: Henze (1998)
- Medien: Mader (1998), v. Hippel (2007)

Analysen zu weiteren Bereichen finden sich auf der Webseite des Deutschen Instituts für Erwachsenenbildung – Leibniz-Zentrum für Lebenslanges Lernen e.V.

https://www.die-bonn.de/institut/dienstleistungen/servicestellen/programmforschung/bibliographie/analyse.aspx

Außerdem liegen im „Erwachsenenpädagogischen Report" der Abteilung Erwachsenenbildung/Weiterbildung an der Humboldt-Universität zu Berlin publizierte Masterarbeiten zu Programmanalysen in bestimmten Themen- und Programmbereichen vor. Diese sind verfügbar unter https://www.erziehungswissenschaften.hu-berlin.de/de/ebwb/forschung_neu/reihe-erwachsenen-paedagogischer-report

Um das Themenspektrum der Erwachsenen- und Weiterbildung zu konturieren, werden im Folgenden abgeschlossene bereichsspezifische Programmanalysen zur kulturellen und interkulturellen Bildung einerseits und zur beruflichen und (inner-) betrieblichen Bildung andererseits vertieft. Dabei werden auch querliegende Klassifikationen deutlich, die die Bedeutung einer differenzierten Begriffsbildung und Einordnungen für das Feld der erwachsenenpädagogischen Forschung und Praxis belegen. Die Studien zeigen auch, wie durch Forschung rekonstruiert werden kann, wie Erwachsenen- und Weiterbildung gesellschaftliche Diskurse zu Bedarfslagen rezipiert und über Angebotsentwicklungen eigene Begriffe und bildungstheoretische Konzepte für den jeweiligen Inhaltsbereich ausbildet (z.B. die „Portale Kultureller Bildung", Gieseke, Opelt et al., 2005).

*Kulturelle und interkulturelle Bildung*
In der Studie *Europäisierung durch Kulturelle Bildung* wurde in einem europäischen Vergleich danach gefragt, welche Angebote und Programme Kultureller Bildung in welchen Einrichtungskontexten in den Hauptstädten von Polen und Deutschland sowie in den angrenzenden Regionen der Hauptstädte (Lubiskie, Brandenburg, Mecklenburg-Vorpommern) entwickelt werden (Depta et al., 2005; Gieseke, Opelt et al., 2005). In einem angedeuteten Längsschnitt mit zwei Messzeitpunkten werden Programmentwicklungen sichtbar und im Kontext von bildungspolitischen Anforderungen einerseits und Nachfrage sowie gesellschaftlich-kulturellen Diskursen andererseits interpretiert. Auf dieser Basis wird der empirische Wert von Programmen für die Rekonstruktion einer Wirklichkeit der Erwachsenen- und Weiterbildung konturiert. Die vielschichtige Studie hat daher mehrere Untersuchungsteile und -ebenen.

drei Partizipationsportale

Hervorgehoben werden soll hier, dass in der Studie anhand eines ausdifferenzierten Kategoriensystems über die einzelnen Domänen bzw. Themen der Kulturellen Bildung hinweg drei Oberkategorien gebildet wurden, die mesodidaktischen „Partizipationsportalen" zugeordnet wurden, aus welchen sich eine didaktische Grobstruktur der Kulturellen Erwachsenenbildung ableiten lässt:

- systematisch-rezeptiv,
- selbsttätig-kreativ und
- verstehend-kommunikativ, im engeren Sinne interkulturell.

Diese Struktur ist für die Kulturelle Bildung konstitutiv, wobei die Partizipationsportale prinzipiell auch für andere Inhaltsbereiche der Erwachsenen- und Weiterbildung adaptierbar sind.

Die im Rahmen dieser Studie durchgeführte Programmanalyse zur Kulturellen Bildung in Berlin und Brandenburg von Gieseke und Opelt (2005a) ermittelt für die Kulturelle Bildung innerhalb der Portale eine Themenspanne, die von Kulturgeschichte über Bildende Kunst, Musik *(systematisch-rezeptiv)*, Malen/Zeichnen, Textiles Gestalten, Musizieren und Theaterspielen bis hin zur Mediengestaltung *(selbsttätig-kreativ)* und interkulturellen Fragen *(verstehend-kommunikativ bzw. interkulturell)* reicht.

Darüber hinaus offenbaren sich Überlappungen von Themenstrukturen bei gleichzeitig länderspezifischen Unterschieden: Die gesetzlich-institutionellen Bedingungen in Polen können im Untersuchungszeitraum mit zwei Messzeitpunkten im Gegensatz zu Deutschland zwar keine kontinuierliche Breitenwirkung sichern, wohl aber stellen die Organisationen länderspezifische Angebote zur Verfügung, während sich in den deutschen Untersuchungsregionen neben den etablierten Organisationen der öffentlich geförderten Erwachsenen- und Weiterbildung offene Kulturhäuser und beigeordnete Lernorte für punktuell zu planende Events entwickelt haben (Depta et al., 2005; Gieseke, Opelt et al., 2005).

Weiterführende Analysen zu dieser Themenstruktur liegen unter Nutzung des Kategoriensystems der erläuterten Studie *Europäisierung durch Kulturelle Bildung* von Robak, Fleige et al. (2015) sowie Robak und Petter (2014) vor.

In der Studie zur *Konstitution Kultureller Bildungsräume* von Robak, Fleige et al. (2015) wurden für fünf bundesweit operierende Organisationen und Verbände der Kulturellen Erwachsenenbildung sowie der Kinder- und Jugendbildung über Programmanalysen deren Profile Kultureller Bildung herausgearbeitet. Nicht zuletzt wegen des hohen Anteils an beruflicher Weiterbildung für Kunst- und Kulturschaffende wurde in der Studie ein neues Mischportal identifiziert, bei dem systematisch-rezeptive und selbsttätig-kreative Zugänge einander durchdringen, etwa indem in das Lehrgangsformat neben der systematischen Vermittlung Übungssequenzen eingebaut werden (z.B. im Bereich Chorleitung).

In der Studie zur *interkulturellen Bildung in Niedersachsen* von Robak und Petter (2014) zeigt sich, dass sich der sogenannte interkulturelle Bereich entschieden ausdifferenziert, ja vielleicht ein gesonderter Programmbereich wird. Dieser Bereich changiert zwischen allgemeiner, politischer und beruflicher Weiterbildung und bildet querliegend dazu in sich Partizipationsportale aus. Ausgehend von der Analyse der Programme eines Fünftels der Organisationen der öffentlich geförderten Erwachsenen- und Weiterbildung in Niedersachsen schreiben die Autorinnen dem interkulturellen Themenbereich eine intermediäre Funktion zu und zeigen auf, dass mit der Ausdifferenzierung der interkulturellen Bildung vermehrt Alltagspraktiken als Angebote mit aufgenommen werden.

Aus den aufgeführten Programmanalysen lässt sich rekonstruieren, dass die Referenzpunkte der Entwicklung im Programm- und Themenbereich „Kultur und Interkulturalität" konkrete Bedarfe sowie individuelle Bedürfnisse und Interessen, gesellschaftliche Auslegungen und Diskurse zur Kulturellen Erwachsenenbildung und zu Kunst und Kultur sind. Gerade auch im Kontext steigender ästhetischer Ansprüche und Bedürfnisse nach einer Erweiterung von Wahrnehmung, Techniken und Praktiken sowie von Erfahrungen und Rekreationsmöglichkeiten zeigen sich starke Bezüge zur Kreativität und zu kreativen Handlungsmöglichkeiten, zur Selbstoptimierung und Leistungssteigerung, und zwar zunehmend auch in Funktion zu den Anforderungen der Arbeitswelt. Aus den Programmanalysen lässt sich ablesen, dass diese Anforderungen in den Programmen aufgegriffen und umgesetzt werden.

*Berufliche Weiterbildung in Erwachsenen- und Weiterbildungsorganisationen*
In den Programmanalysen zur beruflichen Weiterbildung zeigt sich eine klar zu konturierende Charakteristik dieses Themen- und Programmbereichs.

Basierend auf einer umfangreichen trägerübergreifenden Programmanalyse der Berliner Angebote im Feld *abschlussbezogener beruflicher Weiterbildung* des Jahres 2002 konstatiert Käpplinger (2007) ein relativ gleichwertiges und plurales Nebeneinander von privat-kommerziellen und privat-gemeinnützigen Organisationen, die vielfältig differenzierte Abschlüsse und Zertifikate anbieten. Volkshochschulen wie auch kommerzielle Anbieter gestalten viele ihrer zertifikatsbezogenen Veranstaltungen als modularisierte, kleinteilige Angebote. Dabei zertifizieren die Einrichtungen in der Regel komplementär bzw. kompensatorisch zu vorherigen Bildungsphasen oder in Umbruchsphasen. Gleichzeitig wird deutlich, dass häufig – öffentlich nicht sichtbar – enorme Leistungen in der abschlussbezogenen Bildung von Erwachsenen- und Weiterbildungsorganisationen erbracht werden.

Die oben genannte Systemevaluationen in Bremen (Körber et al., 1995; Schrader, 2011) sowie die Studie zur Volkshochschule Dresden (Gieseke & Opelt, 2003) belegen das differenzierte Themenspektrum im Bereich der öffentlich geförderten, individuell-beruflichen Weiterbildung.

Für den Bereich der *inner*betrieblichen Weiterbildung können Studien von von Hippel und Röbel (2016) sowie von von Hippel (2016) angeführt werden, die unterschiedliche Funktionszuschreibungen an betriebliche Weiterbildungsangebote auch mittels Programmanalysen untersuchten.

Programmanalysen zu *spezialisierten Organisationen beruflicher Weiterbildung* für bestimmte Berufsgruppen liegen ebenfalls vor. Gieseke, Fleige und Robak führten 2016 bis 2018 eine mehrperspektivische Fallanalyse zur Weiterbildung Kunst- und Kulturschaffender am Beispiel der Bundesakademie für Kulturelle Bildung, Wolfenbüttel, durch. Dabei untersuchten sie die Ausdifferenzierung der Programmstruktur, die Begründungen für Planungshandeln und, unter Hinzuziehen von qualitativen und quantitativen Befragungen von Teilnehmenden, die Nutzungsformen der beruflichen Weiterbildung durch die Teilnehmenden analog zu den Bildungsbedarfen und -bedürfnissen der Zielgruppen.

Die berufliche Bildung konnte über Programmanalysen auch als Bestandteil der *medienpädagogischen* Erwachsenen- und Weiterbildung (v. Hippel, 2007) erschlossen werden. In den Programmangeboten des Jahres 2004 (insbesondere der Volkshochschulen) dominierte trägerübergreifend eine instrumentell-qualifikatorische Medienkunde (technischer Umgang mit Medien) gegenüber einem medienkritischen Umgang. Interessant ist die aus den Programmen rekonstruierbare Vermischung beruflicher und privater Verwertungsinteressen. Medienpädagogische Themen selbst sind dabei in ihrer Interdisziplinarität nur schwer einem traditionellen Fachbereich zuzuordnen, sie bewegen sich vielmehr an der Schnittstelle von allgemeiner und beruflicher Bildung.

*Trägerorientierte Programmanalyse*
Am Beispiel des Themas Geschlechterverhältnis legte Rieger-Goertz (2008) eine Analyse zur *katholischen Erwachsenenbildung* vor. Zunächst arbeitete sie auf der Grundlage einer Dokumentenanalyse das katholische (auch trägerbezogene) Selbstverständnis im Themenbereich heraus, um dann mithilfe einer Programmanalyse, speziell in den katholischen Akademien, die Angebote mit geschlechtsbezogener Thematik sowie Offerten für geschlechtsspezifische Zielgruppen auszuwerten. Die Analyse für die Jahre 1994 bis 2004 umfasste 2.500 Angebote. Nachvollziehbar sind mit Blick auf das Thema „Geschlecht" veränderte Schwerpunkte im Nachfrage- und Angebotsverhalten. Dies gibt gesellschaftliche Gesamttendenzen wieder. Ebenso lässt sich auch der Einfluss der Träger ablesen.

Für die konfessionelle Erwachsenenbildung zu nennen sind außerdem die Studien von Heuer und Robak (2000) sowie von Seitter (2013). Heuer und Robak (2000) fokussierten in ihrer vergleichenden trägerspezifischen Programmanalyse für die Jahre 1986 und 1996 sechs differente Organisationen evangelischer und katholischer Bildungsträger. Die Autorinnen arbeiteten aufgrund der Programmstrukturen heraus, dass die kirchlichen Träger „ihre Hauptaufgabe in der Unterstützung der christlich-religiösen Bindung und der Pflege der bürgerlichen Kultur" (Heuer & Robak, 2000, S. 132) sehen, denn diese Kategorie zählt zum „Kernbereich im Angebot" (Heuer & Robak, 2000, S. 139). Seitter (2013) arbeitete auf der Basis der Analyse von Anbietern in Hessen Aussagen über inhaltliche „Profile" konfessioneller Erwachsenenbildung heraus.

Eine weitere Studie zur konfessionellen Erwachsenenbildung von Fleige (2011) (hier zur Evangelischen Erwachsenenbildung) wird in → Kapitel 7 vorgestellt.

*Analyse bildungspolitischer Programme*
Das bildungspolitische *Thema „Bildungsurlaub"* wird von Robak, Rippien et al. (2015) in einer Studie aufgegriffen. Dafür wird sowohl an die oben genannte Studie von Körber et al. (1995) als auch an die Studie von Schrader (2011) angeschlossen. Die Forschenden nutzten die Methode der Perspektivverschränkung, um die

verschiedenen Perspektiven von Teilnehmenden, Lehrenden und Planenden systematisch aufeinander zu beziehen. Neben der Programmanalyse werden daher Teilnehmendenstatistiken ausgewertet sowie Experteninterviews und Teilnehmendenbefragungen eingesetzt.

Die Programmanalyse zeigt dabei, von welchen Fachbereichen und von welchen Anbietertypen Programme im Bildungsurlaub vorliegen und wo Schwerpunkte gebildet werden. Dies war der Fall in den folgenden Themenbereichen: Stärkung der Beruflichkeit, Selbstsorge (im Sinne von Gesundheitserhalt, Fremdsprachen und kultureller Bildung) sowie Gesellschaft und Lebenswelt.

In der Studie konnte eine Ähnlichkeit bei den Programmangeboten verschiedener Träger ausgemacht werden, die darauf zielen, die Analyse- und Urteilsfähigkeit der Teilnehmenden zu sichern. Deutlich wird über die Programmanalyse, dass sich Angebote zum Bildungsurlaub behaupten, und zwar in den Bundesländern, in denen Bildungsurlaub (nach wie vor) bildungspolitisch gewollt ist.

Das *bildungspolitische Instrument der Weiterbildungsgutscheine* nimmt eine Studie von Käpplinger, Klein und Haberzeth (2013) in den Blick. Sie begleitete die Einführung von Weiterbildungsgutscheinen in verschiedenen Bundesländern im Vergleich zu strukturell ähnlichen deutschsprachigen Regionen außerhalb Deutschlands. Am Beispiel des Bundeslands Brandenburg wird im Rahmen einer Programmanalyse ein Klassifikationssystem für Angebotsthemen erarbeitet, das aufzeigt, für welche Angebote die Weiterbildungsgutscheine genutzt werden. Parallel wurden Interviews und schriftliche Befragungen angewendet. Dabei stach hervor, dass in Berufen mit hohen verpflichtenden und selbstfinanzierten Weiterbildungsanteilen, wie den mittleren Gesundheitsberufen, Weiterbildungsgutscheine verstärkt nachgefragt werden.

Durch diese Programmanalyse wird deutlich, welche Qualifizierungswege über Weiterbildungsgutscheine warum unterstützt werden.

*Analyse der Angebote für bestimmte Zielgruppen*

Die bereits oben genannte Studie von Rieger-Goertz (2008) zum Thema Geschlechterverhältnisse in Angeboten katholischer Träger kann sowohl der Trägeranalyse als auch der Analyse von Angeboten für bestimmte Zielgruppen zugeordnet werden.

Die qualitative Analyse von Kade (1992) zur Altersbildung beschäftigt sich spezifischer mit Inhalten und Kompetenzen, die in den Zielgruppenangeboten vermittelt werden, um den Altersbegriff zu dekonstruieren. In weiterführenden Analysen wird exemplarisch mit Ankündigungstexten gearbeitet, um verschiedene Lernfelder bezogen auf Alter zu illustrieren (Kade, 2006).

*Programm-/Fachbereichsübergreifende Analysen*

Zu dieser Kategorie von Programmanalysen gehören beispielsweise die Studien zu Funktionen innerbetrieblicher Weiterbildung (v. Hippel, 2016, s.o.) sowie zu Zertifizierungen (Käpplinger, 2007).

## 6.3 Erträge der Programmforschung

Wie nutzt Programmforschung der Praxis, Politik und Forschung der Erwachsenenbildung?

Die hier referierten Erträge der Programmforschung werden als „nutzeninspirierte Grundlagenforschung" (Schrader & Goeze, 2011) verstanden, wobei ein Nutzen für die Praxis (Programmplanung und Angebotsplanung), Forschung und (Bildungs-) Politik gesehen wird. Für alle drei Bereiche sind Programmanalysen relevant.

Im Einzelnen können folgende Erträge aus der Programmforschung abgeleitet werden:

- Analyse der Einflüsse auf Programmplanung, d.h. gesellschaftliche Einflüsse, auch die Einflüsse unterschiedlicher Finanzierungen, z.B. Projektförderungen (→ Kap. 10), auf Programme, ihre Zielgruppen und Themen (siehe oben: Robak, Rippien et al. 2015);
- Rekonstruktion der Gestaltung und Wirkung bildungspolitischer Konzepte bei der Planung, auch von jeweils den aktuellen, bildungspolitischen Entwicklungen entgegengesetzten Konzepten (Gieseke, Opelt et al., 2005);
- Rekonstruktion des Bildungsbegriffs mit Blick auf gesellschaftliche Diskurse und gesellschaftliche Auslegungen (z.B. zur kulturellen Bildung, Frauenbildung, ökologischen Bildung, Medienbildung) und damit ein Beitrag zur Entwicklung des Bildungsbegriffs;
- Überprüfen von Vorurteilen bzw. Pauschalisierungen in Bezug auf Erwachsenen- und Weiterbildungsangebote (zusammenfassend Käpplinger, 2008);
- Sichtbar-Machen von Entwicklungen im Angebot für bestimmte Zielgruppen und in Bezug auf bestimmte Themen (Gieseke, Opelt et al., 2005; Robak, Fleige et al., 2015);
- Übernahme der Funktion des Bildungsmonitorings bezüglich des gesellschaftlichen Angebots zum Lebenslangen Lernen für unterschiedliche Zielgruppen und unterschiedliche Themen (statistisches Bildungsmonitoring, z.B. *Adult Education Survey* für den Bereich der Partizipation, *Programme of the International Assessment of Adult Competencies* für Kompetenzen, *wb-Personalmonitor* für Personal, *wbmonitor* für Organisationen);
- Abbilden der Veränderungen des Weiterbildungssystems (Körber et al., 1995; Gieseke & Opelt, 2003; Schrader, 2011);
- Treffen von Aussagen für professionelles pädagogisches Handeln mit Blick auf Programmplanungshandeln und Programme, die für Planende und für die wissenschaftliche Aus- und Fortbildung von Planenden Relevanz haben (z.B. Heuer & Robak, 2000);
- Thematisieren der Schnittstelle zu anderen pädagogischen Teildisziplinen, z.B. Eltern- und Familienbildung; Fortbildung des pädagogischen Personals (v. Hippel, 2011a); wissenschaftliche Weiterbildung; berufliche Weiterbildung und übergreifende gesellschaftliche Themen (Robak, Fleige et al., 2015).

Aus den Ergebnissen von Programmanalysen lassen sich auch Aussagen zu einigen Charakteristika des Programmplanungshandelns ableiten:

- Programmplanung balanciert immer die Wahrnehmungen von Diskursen einerseits und inhaltlich-fachlichen Eigenüberzeugungen für Programmentwicklung und Schwerpunktsetzungen andererseits aus.
- Programmplanung benötigt immer eine hohe Flexibilität, um auf gesellschaftliche Entwicklungen und Kompetenzanforderungen und sich anpassende Institutionalformen zu reagieren.
- Programmplanung entwickelt bereichsspezifische Begriffsbildungen und neue bildungstheoretische Vorstellungen.

## 6.4 Zusammenfassung

Programmforschung ist nicht nur eine Methode, sondern ihr geht es darum, theoretische Grundlagen für die Entwicklungsverläufe und Einflussfaktoren auf Programmentwicklung in der lebensbegleitenden Bildung empirisch begründet bereitzustellen. In diesem Zusammenhang geht es ebenso um eine weitere Ausdifferenzierung des methodischen Ansatzes der Programmanalyse. Dafür heranzuziehen sind sowohl Theorien der Institutionalisierung, der Professionalisierung, der Handlungspraxis bzw. -praktiken, der Steuerung, gerade auch unter Einbeziehung historischer Betrachtungen, als auch Fragen der Finanzierung, der Gesetzesentwicklung und des politischen Diskurses (auch in seiner historischen Genese). Gleichzeitig bietet die Programmforschung Erkenntnisse für das Programmplanungshandeln der Mitarbeitenden in Erwachsenen- und Weiterbildungseinrichtungen.

### Fragen & Aufgaben

1. Recherchieren Sie auf der Website zur Programmforschung am DIE den Forschungsstand zu einem Sie interessierenden Forschungsgegenstand im Rahmen von Programmanalysen. *Link:* https://www.die-bonn.de/institut/dienstleistungen/servicestellen/programmforschung/default.aspx
2. Um welchen Typ von Programmanalyse handelt es sich dabei?
3. Überlegen Sie, wie Sie die Erkenntnisse Ihrer Recherche und Reflexion für wissenschaftliche und praktische Zwecke einsetzen können.

## Tipps zum Weiterlesen

Deutsches Institut für Erwachsenenbildung (Hrsg.). *Bibliographie Programmanalyse und Programmplanungshandlungsanalyse*. https://www.die-bonn.de/institut/dienstleistungen/servicestellen/programmforschung/bibliographie/analyse.aspx
*Die Bibliographie nimmt umfassend die vorliegenden Arbeiten zur Programmforschung, auch in unterschiedlichen Programmbereichen/Programmsegmenten/Inhaltsbereichen/Themenbereichen auf.*

Nolda, S., Pehl, H. & Tietgens, H. (Hrsg.). (1998). *Programmanalysen. Programme in der Erwachsenenbildung als Forschungsobjekte*. Frankfurt a.M.: DIE.
*Es handelt sich um den ersten umfassenden Band zur Programmanalyse auf der Basis der Arbeiten vor allem am Deutschen Institut für Erwachsenenbildung, von dem aus sich die Programmforschung durch die Besetzung von Lehrstühlen mit ehemaligen wissenschaftlichen Mitarbeiter/innen des Instituts verbreitete.*

Gieseke, W., Opelt, K., Stock, H. & Börjesson, I. (2005). *Kulturelle Erwachsenenbildung in Deutschland. Exemplarische Analyse Berlin/Brandenburg*. Münster: Waxmann.
*Die grundlegende Studie zur Kulturellen Bildung umfasst eine Vollerhebung für Berlin und Brandenburg auf der Basis des regional sammelnden Weiterbildungsprogramm-Archivs an der Humboldt-Universität zu Berlin, differenziert Begriffe aus und arbeitet theoriebildend im Hinblick auf die Portal- und Organisationsstruktur der Kulturellen Erwachsenbildung, sie zeichnet differente Programmprofile der Anbieter der Region in diesem Bereich nach und gibt einen Einblick in eine sich für den Bereich ausdifferenzierende Kategorienbildung.*

# 7

# Lernkulturen

Marion Fleige und Steffi Robak

In diesem Kapitel wird das Konzept „Lernkultur" vorgestellt und in Beziehung zum Programmplanungshandeln gesetzt. Es werden darüber hinaus Beziehungen der Lernkultur zu unterschiedlichen Trägern und der in ihnen handelnden Akteure erläutert. Hierbei wird der Begriff „Institutionalform" eingeführt. Der Begriff der „Lernkulturen", der sonst im Diskurs oft vor allem mikrodidaktisch ausgelegt ist, wird dabei systematisch auf die Ebene der Programmplanung bezogen. Es wird auf Wechselverhältnisse von Programmen und Lernkulturen eingegangen und gezeigt, welche Aufgabe Planende und Leitende in Bezug auf die Gestaltung von Lernkulturen haben. Zusätzlich wird herausgearbeitet, in welchem Wechselverhältnis das Programm, die Lernkultur und die Institutionalform einer Einrichtung bzw. einer Organisation der Erwachsenen- und Weiterbildung stehen.

## Lernziele

- die Begriffe „Lernkultur" sowie „Institutionalform" erläutern und zu den Begriffen „Programm" und „Programmplanungshandeln" in Beziehung setzen können
- den Beitrag des Weiterbildungsmanagements sowie der Teilnehmenden zur „Lernkultur" erläutern können
- das Wechselverhältnis von „Programmtypen", „Lernkulturen" und „Institutionalformen" erläutern können

*Alina Gärtner, eine planende pädagogische Mitarbeiterin in einer Einrichtung der Evangelischen Erwachsenenbildung, hat vor 20 Jahren Erziehungs- und Politikwissenschaften sowie Theologie studiert und dabei auch einige Lehrveranstaltungen zur Erwachsenen- und Weiterbildung belegt. Ihre beruflichen Stationen führten sie in verschiedene kirchliche Arbeitsstellen, zuletzt im Rahmen der Frauenarbeit. In einer Einrichtung der Evangelischen Erwachsenenbildung arbeitet sie nun zum ersten Mal. Sie fragt sich, welche Bildungsthemen die Evangelische Erwachsenenbildung anbietet, ob sie spezifische Arbeitsformen wählt und welche atmosphärischen Elemente typisch sind. Damit fragt sie, ob es eine gelebte Lernkultur bei diesem Träger gibt und welchen Einfluss die Themen und Programme auf die Lernkultur ausüben. Sie überlegt, ob solch eine Kultur von alleine, also intuitiv wirkt, ob sie etwas mit dem Träger bzw. der Einrichtung oder mit den Teilnehmenden zu tun hat, etwa mit bestimmten Milieus, die angesprochen werden. Und ob man die Lernkulturen verändern kann? Sie fragt dazu einen Kollegen, Max Schmidt, der Programmbereichsleiter für Kultur an einer Volkshochschule ist. Ihn hatte sie bei einer landesweiten Fachtagung kennengelernt und sich mit ihm dort schon einmal gut fachlich austauschen können. Sie spricht mit ihm darüber, wie sich die Lernkulturen im Vergleich zu ihrer eigenen Einrichtung in der Volkshochschule darstellen.*

*Anna Müller möchte in ihrer Funktion als Abteilungsleiterin für überfachliche Fortbildungen im Unternehmen über das Verhältnis von seminaristischen Fortbildungen und arbeitsplatzbezogenem Lernen nachdenken. Eine ausgewogene Lernkultur ist ihr wichtig, um die Bereitschaft zur Weiterbildung zu fördern. Vor allem im Zusammenhang mit der Profilierung von Gesundheitsmanagement als neuem Schwerpunktthema stellt sich die Frage nach dem Ausbalancieren der Interessen, Erwartungen und Rahmenbedingungen. Dabei möchte sie vermeiden, dass das neue Thema von den Mitarbeiterinnen und Mitarbeitern als Zwang verstanden wird. Vielmehr soll das Thema als ernstzunehmendes Angebot, um auch das Wohlbefinden am Arbeitsplatz zu verbessern, verstanden werden. Gleichzeitig ist ihr bewusst, dass sie auch Effizienzaspekte berücksichtigen muss.*

## 7.1 Lernkulturen, Programme und Planungshandeln

Im Zuge unserer Forschung zu Programmen und Planungshandeln haben wir Begriffsbestimmungen von „Lernkultur" vorgeschlagen, wie wir sie weiter unten noch vorstellen. „Wir" meint hier eine Arbeitsgruppe an und ausgehend von der Humboldt-Universität zu Berlin ab Mitte der 2000er Jahre (Gieseke et al., 2009; s. „Wegweiser Forschung").

### Wegweiser Forschung

Ergebnisse der Forschung der Arbeitsgruppe sind zu finden in Fleige (2011, 2016, 2017), Robak (2012a), Fleige & Robak (2016) sowie in Gieseke et al. (2009).

„Lernkulturen" im Mehrebenensystem der Weiterbildung beziehen sich auch auf die Makrodidaktik (Programmplanung)

Die Lernkulturkonzepte der oben genannten Arbeitsgruppe unterscheiden sich von einem vorwiegend auf die Mikroebene bezogenen Diskurs um „Lernkulturen", wie er bis dahin in der Disziplin vor allem geführt worden war, schließen aber zugleich für die Mikroebene auch daran an. Unser Lernkulturverständnis fokussiert nicht nur auf Lehrziele, mikrodidaktische Planung, Lehr-Lernarrangements, Interaktionen (Mikro- und Mesodidaktik), sondern auch auf Planungshandeln und Programme (Makrodidaktik) bzw. auf deren Modernisierung.

Wir stellen dabei Bezüge von Programmen, Planungshandeln, Bildungsmanagement, Teilnahmeverhalten bzw. Partizipationsformen und -mustern zu Lernkulturen her und beschreiben Lernkulturen als kulturelles Handeln und Deuten. Wir gehen davon aus, dass man in den Organisationen – als denjenigen Sozialgestalten, in denen Kultur sich entfalten kann – Praktiken, Deutungen, Normen, Werte, Rituale und atmosphärische Konstellationen – analysieren und nachfolgend praktisch ausgestalten kann. Wir wollten dabei aber über Vorstellungen der Organisationsentwicklung hinausgehen, die gleichfalls unter dem Aspekt der Lernkulturen diskutiert werden. Deshalb erschien es uns für die Entfaltung unserer Begriffsauslegung notwendig, an ein fundiertes Verständnis von „Programm" und „Planungshandeln" als Scharnier zwischen Mikrodidaktik und Organisation, aber auch an der die Organisationen umgebenden Makroebene, anzuschließen.

Das heißt, wir schlossen in unserer Begriffsentwicklung systematisch an Vorstellungen zum Mehrebenensystem der Weiterbildung an (→ Kap. 7.4). Zudem schien es uns erforderlich, Lernkulturen auch grundlagentheoretisch als kulturelle Artefakte, wie sie im Programm und in den Lehr-Lernarrangements zum Ausdruck kommen, und als Praktiken, wie sie im Planungshandeln, in den Interaktionen, in den Veranstaltungen und im Teilnahmeverhalten sichtbar werden, zu bestimmen.

Wir verdeutlichen dies gerne noch näher im Hinblick auf das Planungshandeln: Programmplanung kann als eine Tätigkeit mit unterschiedlichen pädagogischen Handlungsformen und Wissensstrukturen bezeichnet werden, so wie in diesem Lehrbuch entfaltet. Die wechselseitigen Beziehungen zwischen den Aspekten verweisen aber auch auf deren Abhängigkeit von Kultur. „Kultur" wird von uns als Summe von und Wechselverhältnis von Lebensbedingungen, Werten, Normen und Erwartungsstrukturen sowie gesellschaftspolitisch geführten Diskursen über Bildung und Lernen verstanden. Dies alles wird im professionellen Programmplanungshandeln berücksichtigt und ist als Ausdruck von Kultur interpretierbar.

Entsprechend bestimmen wir auch den Begriff „Lernkultur". Wir verwenden ihn in diesem Buch entlang der folgenden Definition (in Anlehnung an Fleige, 2016, S. 295).

## Definition

### Lernkultur

Lernkulturen bündeln die in den Erwachsenen- und Weiterbildungsorganisationen vollzogenen Praktiken und die Formen der Realisierung des Programms über die Erarbeitung und Bündelung von Angeboten vor dem Hintergrund von deren Kulturabhängigkeit. Lernkulturen klammern das konzeptionelle planerische Handeln und die in der Organisation dazu geführten Diskurse. Sie sind das Scharnier der Realisierung von Programmen zwischen Planenden, Organisation, Kursleitenden und Teilnehmenden und nehmen dabei deren Auslegungen von Kultur auf. Das Programm selbst ist im Sinne seiner Veröffentlichungsformen (Programmheft, Angebotsflyer etc.) das Kommunikationsangebot für die vorgesehene Öffentlichkeit.

## Lesehinweis

Unsere Begriffsbestimmungen schlossen, unbenommen unserer begrifflichen Erweiterungen, an verschiedene Beiträge im Diskurs der Erwachsenen- und Weiterbildung zu „Lernkulturen" an, die sich auch sehr um Auslegungen des Kulturbegriffs bemühten. Beispielhaft zu nennen sind hier die Ausführungen von Arnold und Schüßler (1998).

Eine spätere Untersuchung, die gleichfalls bei dem kultur- und organisationsbezogenen Verständnis von „Lernkultur" anschließt, ist die Studie von Julia Franz (2016) zu den kulturell spezifischen Ausprägungen von Lehr-Vorstellungen in Organisationen öffentlich geförderter Organisationen der Erwachsenen- und Weiterbildung.

## 7.2 Vertiefende Auslegungen von Lernkultur

Wir stellen im Folgenden drei in unserer Arbeitsgruppe entwickelte, die obige Definition vertiefende Auslegungen von „Lernkulturen“ vor. Diese bilden unser kulturtheoretisches und bildungswissenschaftliches Kategorieninventar zur Bestimmung von „Lernkulturen“ ab, beziehen den Begriff auf pädagogisch-didaktische Handlungsformen (auch auf das Programmplanungshandeln) und stellen auf die Spezifik von Lernkulturen in unterschiedlichen Träger- und Institutionalformen der Erwachsenen- und Weiterbildung ab.

*Auslegung 1*

In einer Studie von Fleige (2011) zu Lernkulturen in der öffentlich geförderten Erwachsenen- und Weiterbildung werden Lernkulturen bestimmt als „Kulturen des Lehrens und Lernens, Planens, Disponierens und Partizipierens in Institutionen der Erwachsenenbildung im Modus institutionalformenspezifischer Deutungsmuster, Werte/Normen, Interaktionen/Rituale und Beziehungsstrukturen“ (Fleige, 2011, S. 15).

Zur Charakterisierung der Handlungs- und Deutungsanteile von hauptamtlichen Pädagoginnen und Pädagogen, Leitenden und Verantwortlichen bei Trägern und Verbänden sowie von Teilnehmenden an den Lernkulturen formuliert die Autorin weiterhin, dass Lernkulturen „professionell pädagogisch gestaltet und individuell rekonstruiert, ausgehandelt und gesteuert“ werden und „einen gesellschaftlich-kulturellen Kontext“ haben (ebd.).

*Auslegung 2*
Eine andere Veröffentlichung von Fleige und Robak (2016) fokussiert stärker auf die Handlungsrealität von Lernkulturen.

> Lernkulturen sind das sedimentierte Ergebnis pädagogisch intendierten Handelns und Lernhandelns, das durch die Aushandlung verschiedener Interessen an Lernen und Bildung, verschiedener Wissensressourcen, ausgelegter Spezifika von Lernen und Bildung sowie durch Interpretationen von Interessen und Bedürfnissen der Teilnehmenden geprägt ist. Lernkulturen umfassen somit meso- und mikrodidaktisches Planungshandeln und die finalen Interaktionsstrukturen und -möglichkeiten für die Realisierung von Lern- und Bildungsprozessen in Organisationen der Erwachsenenbildung/Weiterbildung. An ihnen wirken jeweils alle (professionell) Handelnden und die Lernenden mit, und es fließen die Normenstrukturen der Träger und die jeweiligen bildungspolitischen Einflussnahmen in einer Zeit ein (Fleige & Robak, 2016, S. 3).

So verstanden, sind Lernkulturen ein theoretisches Konstrukt zur Beschreibung professioneller pädagogischer Handlungsformen, aber auch gelebter Bildungsprozesse in Organisationen der Erwachsenen- und Weiterbildung. Das Konzept beinhaltet dabei auch eine Aufforderung an die Programmplanung und an das Bildungsmanagement einer Bildungsorganisation, diese Bildungsprozesse zu gestalten.

*Auslegung 3*
Mit Blick auf Unternehmen und Betriebe entsteht ein anderes Verständnis von Lernkultur. Dieses Verständnis basiert auf theoretischen Überlegungen und einer Pilotstudie an der Humboldt-Universität zu Berlin, deren Zwischenergebnisse im Rahmen von zwei Beiträgen veröffentlicht wurden (Gieseke, 2009 und Robak, 2009 im Rahmen des oben genannten Sammelbandes von Gieseke, Robak & Wu, 2009).

> Unter Lernkulturen verstehen wir komplexe Strukturen, Orte, Räume, Bedingungen, Atmosphären und Arrangements, die Wissen für die verschiedenen Lehr-Lernsituationen umsetzen. Sie werden durch professionelles Handeln auf den Ebenen Bildungsmanagement, Programmplanung sowie Lehr-Lernarrangements gestaltet und entfalten sich im Lern- und Arbeitshandeln. Als ortsbezogene Lernräume sind sie Ausdruck einer gestalteten und gewachsenen Wirklichkeit des Lehrens und Lernens und entfalten sich durch die Lernaktivitäten der Beschäftigten (Robak, 2009, S. 123).

Für Lernkulturen in Betrieben bzw. Unternehmen ist von vier Dimensionen der Lernkultur auszugehen, die durch die Personalentwicklung und die betriebliche Weiterbildung realisiert werden:

- Arbeiten und Lernen,
- Wissensmanagement,
- organisiertes Lehren und Lernen und
- individuelle Aufstiegsförderung bzw. Coaching.

Eine Lernkultur im Unternehmen zu analysieren und zu gestalten, erfordert den Einbezug etwas anders gelagerter Aspekte von „Kultur", als dies im Bereich der Organisationen der öffentlich geförderten Erwachsenen- und Weiterbildung der Fall ist. Denn das Arbeitshandeln und die Produkte des Unternehmens müssen als Bezugspunkte der Weiterbildung mitlaufen, und die Teilnehmenden sind zugleich in ihrer Rolle als Mitarbeitende präsent, und zwar ein- und desselben Unternehmens. Die Dimension „Kultur" gewinnt dabei noch in anderer Weise an Bedeutung, wenn Internationalisierungsprozesse im Unternehmen zu berücksichtigen sind.

### Lesehinweis

Näheres zur sich ändernden Lernkultur im Unternehmen, die durch Internationalisierungen ausgelöst wird, findet sich in zwei späteren Untersuchungen der Arbeitsgruppe:

Robak, S. (2012). *Kulturelle Formationen des Lernens. Zum Lernen deutscher Expatriates in kulturdifferenten Arbeitskontexten in China – die versäumte Weiterbildung*. Münster: Waxmann.

Robak, S. & Enoch, C. (2016). *Internationalisierung, Globalisierung und Transnationalisierung der Erwachsenenbildung, Weiterbildung und Personalentwicklung*. Lehreinheit im Fernstudiengang „Erwachsenenbildung" der Technischen Universität Kaiserslautern, Distance and Independent Studies Center (DISC), Modul 610.

Ein ausdifferenziertes Raster (Gieseke, Robak & Fleige, 2005, veröffentlicht in dem genannten Beitrag von Gieseke, 2009) der einzelnen Dimensionen einer Lernkultur im Unternehmen findet sich im Anhang dieses Buches (→ Tab. 6).

## 7.3 Institutionalformen und Lernkulturen

Im Folgenden geht es darum, den Begriff der Institutionalform in Relation zum in diesem Buch vorgeschlagenen Lernkultur- und Programmbegriff zu erörtern. Dabei orientieren wir uns an den Arbeiten von Schäffter (2007; 2008), auf deren Basis die Institutionen der Erwachsenen- und Weiterbildung als gesellschaftlich anerkannte soziale und räumliche Rahmungen von Lernkulturen ausgelegt werden können. Die „Institutionen" werden dabei als übergeordnete Einheit der einzelnen Organisationen im Sinne konkreter Einrichtungen und ihrer Träger verstanden, also etwa die Institution „Volkshochschule" in der Gesamtheit der einzelnen Volkshochschulen, die Einrichtungen bzw. Organisationen darstellen. Wir unterscheiden also funktional zwischen „Institution" und „Organisation", um zu erklären, wie Lernkulturen und Programme mit den sie rahmenden organisationalen Strukturen und Formen zusammenhängen. Wir verweisen aber gleichzeitig darauf, dass das Verhältnis beider Begriffe im Diskurs an sich keineswegs abschließend geklärt ist.

Ferner gehen wir davon aus, dass Kultur – verstanden etwa in Anlehnung an Reckwitz (2006) als soziale Praktik und Aushandlung von Bedeutungen in sozialen Gruppen – differente „Institutionalformen" hervorbringt und meinen damit den abstrakten Typus einer Institution bzw. seine Charakteristika und seine Spezifik in der Landschaft der Erwachsenen- und Weiterbildung.

## Definition

### Institutionalform

Die Institutionalform verweist auf das Zusammenspiel von Programmen bzw. Angeboten und Lehr-Lernarrangements in den Organisationen und beschreibt, in welchen Institutionentypen sich spezifisch welche Programme, Angebote und Lehr-Lernarrangements passend zueinander entwickeln. Der Begriff verweist über die Einzelorganisation hinaus auf einen kulturell, historisch (trägerbezogen, regional usw.) gewachsenen Typus einer Erwachsenen- und Weiterbildungsinstitution. Er zeigt dabei auch verallgemeinerbare Einflüsse von Trägerkontexten, bildungspolitischen Kontexten und Finanzierungskontexten sowie sozialen Umwelten an.

## Lesehinweis

Die Begriffsbestimmung ist entnommen aus und kann vertieft werden anhand von Fleige (2011, S. 53–37). Die Autorin greift dabei Auslegungen des Begriffs von Schäffter (2007, S. 355) auf.

Fleige, M. (2011). *Lernkulturen in der öffentlichen Erwachsenenbildung. Theorieentwickelnde und empirische Betrachtungen am Beispiel evangelischer Träger.* Münster: Waxmann.

Schäffter, O. (2007). Erwachsenenpädagogische Institutionenanalyse. Begründungen für eine lernförderliche Forschungspraxis. In U. Heuer & R. Siebers (Hrsg.), *Weiterbildung am Beginn des 21. Jahrhunderts. Festschrift für Wiltrud Gieseke* (S. 354–370). Münster u.a.: Waxmann.

Es gibt eine große Spannbreite von Institutionalformen in der Erwachsenen- und Weiterbildung, und unter ihnen einige besonders häufig vertretene Formen bzw. Typen, wie Volkshochschulen, Akademien (im Bereich öffentlich geförderter Erwachsenen- und Weiterbildung und im Unternehmen bzw. Betrieb) und Bildungsstätten in unterschiedlichster Trägerschaft mit diversifizierten Profilen (zum Begriff „Profil" → Kap. 8).

Die Institutionalformen korrespondieren mit bestimmten Lernkulturen im Sinne von Themen wie auch Lehr-Lern- und Sozialformen. Beispiele dafür sind das Format des Kurses an Volkshochschulen (intensive Formen der gemeinsamen Erarbeitung von Inhalten oder Techniken), die Formate Seminar oder Lehrgang in Akademien für berufliche Weiterbildung (systematische Aufbereitung und Aneignung von tätigkeitsbezogenem Wissen), die Formate Forum oder Vortrag in Akademien der öffentlich geförderten konfessionellen Erwachsenen- und Weiterbildung (systematisch-rezeptives Lernen auf unterschiedlichsten Wissensgebieten). Beispiele für Letzteres sind evangelische und katholische Akademien als Institutionentypen konfessioneller Träger (und ursprünglicher Variante dieser Institutionalform). Diese offerieren prinzipiell ein breites Spektrum aller denkbaren Themen aus dem Bereich der allgemeinen Erwachsenen- und Weiterbildung. Akademien beruflicher Weiterbildung sind in der Regel auf bestimmte Berufsfelder oder -gruppen bzw. Tätigkeitsfelder bezogen. Dabei ist diese Institutionalform mittlerweile trägerübergreifend verbreitet und findet sich bis in Unternehmen als innerbetriebliche Form der Organisation betrieblicher Weiterbildung hinein.

## Beispiel

### Akademie

Der Typus „Akademie" ist ursprünglich eine Institutionalform in evangelischer und katholischer Trägerschaft, wurde aber in den letzten Jahren auch von anderen Trägern (z.B. von kommerziellen Trägern oder von Museen, Anbietern der beruflichen Bildung und Betrieben) etabliert. Das Wort „Akademie" steht für systematisches, an wissenschaftlichem und teilweise fachspezifischem Wissen orientiertes Lernen, das vor allem bürgerliche Milieus anzieht (Gieseke & Opelt, 2005b, S. 331; siehe auch Fleige & Specht, 2017).

Wo Lernen und Bildung zwar in Organisationen stattfindet, diese Organisationen aber eben keine eigenen Institutionalisierungsprozesse als Bildungsorganisation durchlaufen haben und Bildung damit Nebenaufgabe ist, sprechen wir von „Angeboten beigeordneter Bildung" (→ Kap. 1) an *Lernorten* wie Betrieb bzw. Unternehmen (in non-formalen Lernsettings, wie Seminar oder Lernstation und am Arbeitsplatz), in Kirchengemeinden oder in Kultureinrichtungen.

## Lesehinweis

Näheres zum Begriff „Lernort" findet sich hier:

Kraus, K., Stang, R., Schreiber-Barsch, S. & Bernhard, C. (Hrsg.). (2015). Erwachsenenbildung und Raum. Eine Einleitung. In C. Bernhard, K. Kraus, S. Schreiber-Barsch & R. Stang (Hrsg.), *Theoretische Perspektiven – professionelles Handeln – Rahmungen des Lernens* (S. 117–128). Bielefeld: W. Bertelsmann.

Tippelt, R. & Reich-Claassen, J. (2010). Lernorte – Organisationale und lebensweltbezogene Perspektiven. *Report – Zeitschrift für Weiterbildungsforschung,* (2), 11–21.

Zum Begriff „Lernort" in Verbindung mit „Programm" kann nachgelesen werden:

Fleige, M. (2014). Orte und Räume kultureller Erwachsenenbildung im Kontext von Programmstrukturen. In K. Westphal, U. Stadler-Altmann, S. Schittler & W. Lohfeld (Hrsg.), *Räume kultureller Bildung: Nationale und transnationale Perspektiven* (S. 265–272). Weinheim: Beltz Juventa.

Wie die Untersuchungen von Gieseke, Opelt et al. (2005) zur Kulturellen Bildung zeigen, nahm die Zahl an Organisationen in der Institutionalform der beigeordneten Bildung in den vergangenen Jahren zu.

## 7.4 Lernkulturen und Bildungsmanagement

Der Begriff „Lernkultur" unterstützt, wie beschrieben, die Analyse und Interpretation von institutionalformspezifischen Bildungs- und Handlungsrealitäten in Organisationen der Erwachsenen- und Weiterbildung in Bezug auf das Programm. Doch er eröffnet auch pädagogisch-didaktische Reflexionshorizonte, die zu Gestaltungskonzepten ausgearbeitet werden können, wie das Bildungsmanagement sie benötigt.

der Beitrag von Bildungsmanagement und Teilnehmenden zur Lernkultur einer Organisation der Erwachsenen- und Weiterbildung

Das Bildungsmanagement, verstanden als leitendes und profilierendes Tätigkeitsprofil, gewährt dabei der Programmplanung, die als pädagogisch-didaktisches Tätigkeitsprofil aufgefasst wird, notwendigerweise Handlungsspielräume. Denn eine Lernkultur zu gestalten, heißt nicht, eine „Organisationskultur" vonseiten des Managements durchzusteuern. Anders gesagt: Lernkulturen sind nicht vom Managementinstrument der „Organisationskulturen" abzuleiten. Beide Seiten, also das Management und die Programmplanung, übernehmen kooperativ Verantwortung für die notwendigen internen Entwicklungs- und Lernprozesse sowie für das nach außen gerichtete Marketing (z.B. Ankündigungstexte).

Dieses Verständnis schließt an Mehrebenenvorstellungen von Weiterbildung an, die in jüngerer Zeit u.a. von Schäffter (2008) und Schrader (2011) entwickelt wurden (→ Kap. 3.2). Demnach existieren in der Erwachsenen- und Weiterbildung zwar, so wie in jedem Bildungsbereich, Steuerungsformen, aber es wird nicht von einer Ebene auf andere Ebenen, und schon gar nicht auf die Planungsebene, durchgesteuert. Vielmehr handelt es sich um ausbalancierte Spannungsfelder mit weitreichenden Handlungsspielräumen beim Konzipieren. Zwar werden Vorgaben von außen in das planerische Handeln integriert, doch die inhaltlichen Entscheidungen über das Angebot und das Programm treffen die Planenden als hauptamtliche pädagogische Mitarbeitende. Diese Konstellation kann als „relative Autonomie des Planungshandelns" (Käpplinger et al., 2017) bezeichnet werden.

Der Zusammenhang von Bildungsmanagement (d.h. Leitungshandeln), Programmplanung und Lernkulturgestaltung besteht weiterhin darin, ein Bildungsinstitutionalkonzept für die Organisation zu entwickeln und zu gestalten (→ Kap. 8).

Das Bildungsinstitutionalkonzept muss jedoch auch durch die gelebte Lernkultur der Teilnehmenden und der Lehrenden lebendig gehalten werden. Auf den Beitrag der Teilnehmenden zu den Lernkulturen gehen wir im Folgenden näher ein.

## 7.5 Teilnehmende und Lernkultur

Jede Lernkultur lebt von einem lebendigen Wechselverhältnis zwischen den Angeboten und Programmen einerseits und den Aktivitäten der Teilnehmenden andererseits. Je mehr Teilnehmende sich aktiv einbringen, ihre Interessen und den Nutzen, den sie erwarten, kommunizieren, desto mehr manifestiert sich die Gewissheit, dass eine Lernkultur entsteht, die sich als „gelebte Lernkultur" bezeichnen lässt. Programmplanende – gestützt durch das Bildungsmanagement – haben die Aufgabe, die Entfaltung einer durch die Teilnehmenden gelebten Lernkultur zu unterstützen – das heißt, Bedarfe und Bedürfnisse sowie Interessen und Nutzenerwartungen der Teilnehmenden in das Bildungsinstitutionalkonzept mit seinen Angeboten und Programmstrukturen einzubeziehen. Dazu gehören Prinzipien, wie die Teilnehmendenorientierung, und Instrumente, wie die Bedarfserhebung und die Bedürfniserschließung. Partizipationsformen und -muster werden durch Lernkulturgestaltung vorkonzipiert und durch die Teilnehmenden selbst gelebt.

## 7.6 Befunde aus Lernkulturanalysen

Vergleich der Lernkulturprofile bei verschiedenen Trägern

Im Folgenden stellen wir ausgewählte Befunde aus Lernkulturanalysen in unterschiedlichen Trägerkontexten und Institutionalformen vor. Dabei fokussieren wir auf die öffentlich geförderte Erwachsenen- und Weiterbildung bei evangelischen Trägern sowie auf den beigeordneten Lernort Betrieb. Beide Befunde, die wir hier weiterentwickelt haben, sind in Einzelfallanalysen empirisch betrachtet worden. Mehr dazu ist zu finden bei Fleige und Robak (2016, S. 13–15).

*Lernkulturen bei evangelischen Trägern (Evangelische Erwachsenenbildung)*
Lernkulturen in der öffentlich geförderten Erwachsenen- und Weiterbildung setzen bestimmte Bildungsverständnisse und Gestaltungskonzepte im Spannungsfeld unterschiedlicher Kulturformen um. Die Kulturformen leiten sich aus je spezifischen Träger, Zivil-, Partizipations- und Verbandskulturen ab. Am Beispiel der evangelischen Erwachsenenbildung lässt sich der Einfluss der Trägerkultur zeigen. Die Evangelische Erwachsenenbildung gehört zu den Einrichtungen zivilgesellschaftlicher Organisationen, die den kommunalen Volkshochschulen gleichgestellt sind (Einrichtungen öffentlich geförderter Träger, partikular-gemeinnützig).

Die Lernkulturen sind gekennzeichnet von Angeboten und Lehr-Lernarrangements sowie -Interaktionen mit einer großen Offenheit, bei gleichzeitiger Diskursivität und biografischem Anspruch, welche von protestantischen Normen und Menschenbildern herrühren.

In den Programmstrukturen sind Schwerpunkte insbesondere im Bereich der kulturellen und politischen Bildung sowie im Bereich der Ethik, Philosophie und Religion/Theologie zu beobachten. Diese Schwerpunkte stellen typische thematische

Verbindungen von öffentlicher und kirchlicher Trägerschaft dar (Fleige, 2011; Heuer & Robak, 2000). Abhängig von der Größe und geografischen Lage können unterschiedliche Einrichtungstypen sehr unterschiedliche Programmprofile aufweisen. Diese sind Ausdruck unterschiedlicher Bedarfs- und Bedürfnislagen.

## Wegweiser Forschung

Die trägerbezogene Themenspezifik in den Programmen und Lernkulturen belegt auch eine Programmanalyse im Bereich der öffentlich geförderten Kulturellen Erwachsenenbildung – hier in Volkshochschulen und in Einrichtungen der Evangelischen Erwachsenenbildung (Robak, Fleige et al., 2015). Die Studie weist nach, wie in diesem Themengebiet Nutzenerwartungen der kreativen Selbstoptimierung, der Wissenszufuhr und der emanzipatorischen Erfahrungs- und Deutungsräume bedient werden. Im Gegensatz zu den Volkshochschulen bleibt die Evangelische Erwachsenenbildung aber stärker bei den Wissensstrukturen und Erfahrungsräumen Kultureller Bildung, anstatt Kurse zur Selbstoptimierung zu offerieren.

Weiteres ist nachzulesen in Robak, S., Fleige, M., Sterzig, L. Seifert, J., Teichmann, A. K. & Krüger, A. (2015). *Die Konstitution kultureller Bildungsräume. Fünf überregionale Institutionen der non-formalen Kulturellen (Erwachsenen-)Bildung: Bildungsangebotsentwicklungen, innovative Impulse, Planungsspielräume.* Essen. www.rat-kulturelle-bildung.de/fileadmin/user_upload/pdf/RFKB_RechercheRobakFleige_ES.pdf

Die Studie von Fleige (2011) legt für den Träger Kirche offen, dass die vier Kulturen – Träger-, Zivil-, Partizipations- und Verbandskulturen – miteinander ringen:

- die Trägerkulturen verweisen auf das Interesse der Träger an der Lernkultur und damit auch an den Themen (religiöse/theologische Bildung, Fortbildung von Ehrenamtlichen);
- die Zivilkulturen verweisen auf die Bildungsbedarfe aus der Region, die an die Einrichtungen herangetragen werden;
- die Partizipationskulturen verweisen auf die Partizipationswünsche und Lernbedürfnisse der Adressatinnen und Adressaten sowie Teilnehmenden, und
- die Verbandskulturen verweisen auf die Gestaltungsabsichten der Verbände öffentlich geförderter Erwachsenen- und Weiterbildung bei den Einrichtungen.

Die Studie zeigt, wie vor diesem Hintergrund, je nach Kontextualisierung in den Einrichtungen, trotz eines gemeinsamen Programmkerns unterschiedliche *Lernkulturprofile* entstehen.

Ein Lernkulturprofil leitet sich aus den oben genannten Eigenheiten für einen Träger oder eine Institutionalform sowie aus den regionalen Eigenheiten der Profilbildung ab. Profile basieren somit auf den konkreten Ressourcen und Bedarfslagen vor Ort, aber auch auf der Intensität des Einflusses des Trägers auf die Lernkulturgestaltung. Der Trägereinfluss kann zwischen den landeskirchlichen Gebieten und Kommunen variieren, da eben die Lernkulturen nicht zentral von einer Ebene durchgesteuert werden.

Somit wird gerade für diesen Träger ein Spannungsverhältnis zwischen Trägerkulturen und Programm bzw. zwischen den Trägerkulturen und den anderen Kulturformen deutlich.

Aus diesem Spannungsverhältnis ist ein Ungleichgewicht erwachsen: In der säkularen und hochindividualisierten Gegenwartsgesellschaft lässt sich eine Ausdehnung von Angeboten im Bereich der religiösen und theologischen Bildung als Ausdruck der trägerseitigen Profilbildungsanstrengung in den Einrichtungen erkennen. Solche Ausdehnungen eines auf die Trägerinteressen und den Trägernutzen (Fleige, 2013) zugeschnittenen Programmbereichs sind für die öffentlich geförderte Erwachsenen- und Weiterbildung unüblich.

Insgesamt zeigen sich dabei auch Auswirkungen der Entwicklung der öffentlichen Finanzierung auf die Lernkulturgestaltung und das Planungshandeln (s. dazu auch Dollhausen, 2008), welche mit den Trägerkulturen interagieren: Sinkt die öffentliche Finanzierung, kommen Trägerinteressen stärker zum Tragen.

*Lernkulturen am beigeordneten Lernort Betrieb/Unternehmen*

Lernkulturen am beigeordneten Lernort Unternehmen (Robak, 2012a) orientieren sich an einer innerbetrieblichen Logik (Harney, 1998). Sie werden über Maßnahmen der Personalentwicklung vorstrukturiert und gestaltet. Sie fügen sich zudem in ein komplexes Gefüge von strukturellen Determinanten ein. So müssen sich Lernkulturen im Unternehmen insbesondere an Arbeitsprozessen und einer darauf bezogenen Organisationsentwicklung orientieren (Dehnbostel, 2008). In betrieblichen Lernkulturen lässt sich eine große Komplexität der Lehr-Lernarrangements ablesen (Pätzold & Lang, 1999). Lernkulturen zielen dabei auf neue Lernformen und Wissensmanagement, die eine Neukonstituierung des Lernens anstreben (Pätzold & Lang, 1999). Lernkulturen werden auch als erweiterte Arbeitsstrukturen interpretiert, die auf der Bereitschaft des Unternehmens basieren, das Lernen der Mitarbeitenden zu unterstützen (Sonntag, 1996).

Insgesamt lässt sich für Unternehmen zeigen, dass die kulturprägenden Prozesse andere Orientierungen aufweisen als in Einrichtungen der öffentlich geförderten Erwachsenen- und Weiterbildung und hierarchisch u.a. durch Strategien und Unternehmensinteressen geprägt werden, die vom Management ausgehen. Bezugspunkte sind Arbeitsprozesse und -strukturen sowie selektive Vorstellungen über die Teilnahmemöglichkeiten und Partizipationsformen für verschiedene Gruppen von Mitarbeitenden. Lernkultur rückt hier enger an Arbeitskultur. Die Teilnahme an organisierten oder informellen Lernformen variiert stark.

Es ist eine zentrale Anforderung an die Programmplanenden, die Einflüsse, die aus strategischen Überlegungen herrühren, mit bildungswissenschaftlichen und pädagogischen Begründungen zu verbinden und darin eine Professionalität zu entfalten, die betriebliche Logik der Lernkulturentfaltung zu antizipieren, aber bildungswissenschaftlich kompetent zu transformieren. Dies betrifft etwa die Ausarbeitung,

Differenzierung sowie Einbettung arbeitsbezogener Lernformen und die integrierte Strukturierung organisierter Lernformen. Käpplinger (2016) entwickelt Axiome, die die betrieblichen Bildungsentscheidungen beeinflussen (→ Kap. 8). Dies hat Auswirkungen auf die Optionen und die strukturellen und ressourciellen Möglichkeiten der Lernkulturgestaltung.

Entscheidungen über die anteilsmäßige Verteilung dieser beiden Lernformen sind entscheidend für die Lernkultur, da sich daran das Partizipationsverhalten entzünden wird. Hieraus leiten sich Gestaltungsfragen für die Programmplanenden ab: Erreiche ich alle Mitarbeitenden oder nur die Führungskräfte? Welche Wissensstrukturen offeriere ich den Facharbeiterinnen und Facharbeitern sowie den An- und Ungelernten? (S. auch Schüßler & Weiß, 2001).

Für eine betriebsweite Einführung von bestimmten Neuerungen in der Lernkultur oder eine gänzlich neue Lernkultur wird derzeitig das sogenannte *Design Thinking* genutzt, welches die Mitarbeitenden, die das Neue umsetzen sollen, dabei unterstützt, ihre diesbezüglichen Kreativitätspotenziale zu erhöhen.

## 7.7 Zusammenfassung

In diesem Kapitel werden Wechselbezüge von Programmen, Planungshandeln, Bildungsmanagement, Teilnahmeverhalten bzw. Partizipationsformen und -mustern zu „Lernkulturen“ hergestellt. Neben einer Definition werden unterschiedliche Auslegungsangebote, auch im Hinblick auf unterschiedliche Trägerbereiche der Erwachsenen- und Weiterbildung, vorgestellt und mit Befunden unterfüttert. Dabei speisen wir eine Vorstellung von „Kultur“ als überindividuelle Artefakte, Formen, Muster und Begründungen von Handeln und Deuten in Organisationen der Erwachsenen- und Weiterbildung ein und weiten die Perspektive auch in Richtung inter- und transkultureller bzw. transnationaler sozialer Aspekte des menschlichen Zusammenkommens in den Organisationen. Herausgearbeitet wird eine eigenständige Dignität des Lernkulturbegriffs gegenüber dem managementtheoretischen Begriff der „Organisationskulturen“. „Programm“ und „Planungshandeln“ werden als Scharnier der „Lernkulturen“ zwischen Mikrodidaktik und Organisation beschrieben. Es wird ausgeführt, wie hierauf das Bildungsmanagement bezogen ist, und wie an die die Organisationen umgebende Makroebene angeschlossen wird. Damit wird eine Begriffsentwicklung vorgestellt, die systematisch an Vorstellungen zum Mehrebenensystem der Weiterbildung anschließt.

## Fragen & Aufgaben

?

1. Zeichnen Sie ein Schema von „Lernkulturen“ und stellen Sie dar, welche Elemente zur Gestaltung von Lernkulturen in der Praxis dazugehören. Vollziehen Sie dabei die einzelnen Abschnitte des Kapitels visualisierend noch einmal nach. Vergessen Sie nicht, die Programme und die Programmplanung in

ihre Zeichnung mit einzubeziehen und auch die Aufgabe des Bildungsmanagements darzustellen. Formulieren Sie einen Merksatz dazu.

2. Reflektieren Sie, worauf es Ihnen bei der Ausgestaltung von Lernkulturen in einer Erwachsenen- und Weiterbildungsorganisation besonders angekommen würde, und welche Rolle dabei das Programm spielt. Beachten Sie dabei die Unterschiede in der Lernkulturgestaltung für die öffentliche (allgemeine, individuell-berufliche) und die betrieblich-berufliche Bildung.

## Tipps zum Weiterlesen

Fleige, M. & Robak, S. (2016). Lehr-Lernkulturen. In R. Tippelt & A. v. Hippel (Hrsg.), *Handbuch Erwachsenenbildung/Weiterbildung*. Wiesbaden: VS. https://doi.org/10.1007/978-3-531-20001-9_35-1
*Der Handbuchartikel vertieft verschiedene der im Kapitel besprochenen Aspekte und Zusammenhänge von Lernkulturen, Programmen und Planungshandeln sowie Bildungsmanagement und Teilnahmeverhalten bzw. -formen aus der Perspektive des Lernkulturbegriffs und führt näher in die weiter oben rezipierten Studien ein. Als Handbuchtext zum Lernkulturbegriff beleuchtet er die Genese und unterschiedliche Verwendungen des Begriffs. Auch Aspekte des Kulturbegriffs als Folie des Lernkulturbegriffs können vertieft werden. Zudem wird aufgezeigt, wie aktuelle Nutzenorientierungen in der Erwachsenen- und Weiterbildung in Balancierung der Interessen von Teilnehmenden und Trägern in Programmen und Lernkulturen durch das pädagogische Personal vorkonzipiert werden.*

Gieseke, W., Robak, S. & Wu, M.-L. (Hrsg.). (2009). *Transkulturelle Perspektiven auf Kulturen des Lernens*. Bielefeld: Transcript.
*Der Band diskutiert verschiedene Zugänge der Definition und Analyse von Lernkulturen unter Beteiligung internationaler Wissenschaftlerinnen. Es werden Ergebnisse einer Pilotstudie zu Lernkulturen in international tätigen Unternehmen, die gemeinsam von deutschen und taiwanesischen Kolleginnen durchgeführt wurde, vorgestellt. Der Kulturbegriff wird ausführlich diskutiert und in seiner Vielfältigkeit beleuchtet.*

# 8 Weiterbildungsmanagement

Steffi Robak

In diesem Kapitel wird der Begriff „Weiterbildungsmanagement“ eingeführt und im Kontext öffentlicher und betrieblicher Weiterbildung in seinen Spezifika als Leitungshandeln erläutert. Dabei wird insbesondere das Verhältnis zur Programmplanung entfaltet. Im Fokus stehen rahmende Strukturbildungen sowie die Ermöglichung von Handlungsspielräumen für Programmplanungshandeln. Als zentrale Gestaltungsherausforderungen werden die Profilbildung, die Entwicklung eines Bildungsinstitutionalkonzepts sowie der Modus der Gestaltung von Handlungswaben herausgestellt.

## Lernziele

- verschiedene Auslegungen von „Weiterbildungsmanagement“ erläutern können
- den Zusammenhang zwischen „Weiterbildungsmanagement“ und „Programmplanung“ benennen können
- die Aufgaben des Weiterbildungsmanagements in Organisationen öffentlicher und betrieblicher Weiterbildung beschreiben können
- die Entwicklung eines institutionalformspezifischen Profils und eines Bildungsinstitutionalkonzepts erläutern können
- reflektieren können, wie sich Anforderungen an das Weiterbildungsmanagement im Mehrebenensystem ausweiten

*Um ihre Bereiche in das Profil der Organisation einzubinden, tauschen sich Herr Schmidt und Frau Müller regelmäßig mit ihren Vorgesetzten aus. So arbeitet Herr Schmidt eng mit der neuen Leiterin zusammen. Er möchte sowohl an der Entwicklung eines Bildungsinstitutionalkonzepts mitwirken als auch seinen Bereich Kultur gut im Profil der Einrichtung präsentieren. Die Leiterin wiederum bindet Herrn Schmidt, den sie zum stellvertretenden Leiter benannt hat, in die Profilbildungsprozesse ein. Dies ist auch vor dem Hintergrund der aktuellen Anforderungen notwendig geworden, die sich aus der Integration von Geflüchteten ableiten.*

*Frau Müller muss sich im Unternehmen für die Ausrichtung der Planungsprozesse ihrer Abteilung ebenfalls eng mit ihrem Vorgesetzten absprechen. Dieser wiederum muss die Programme mit den strategischen Entscheidungen des Managements und den Funktionen abstimmen, die Weiterbildung im Unternehmen übernehmen sollen. Die Programmentscheidungen, die Frau Müller veranlassen will, greifen aktuelle Entwicklungen und die Funktionslogiken des Unternehmens auf. Eine betriebliche Funktionslogik ist z.B., dass Weiterbildungsangebote immer der Verbesserung der Prozesse dienen und letzten Endes einen unmittelbaren ökonomischen Nutzen haben sollen. Eine erwachsenenpädagogische Überlegung von Frau Müller ist es, dass sie auch Kompetenzen mit unterstützen möchte, die der individuellen Beruflichkeitsentwicklung dienen. Dazu gehört etwa die Förderung analytischer Fähigkeiten, die über den unmittelbaren Arbeitsplatzbezug hinausgehen. Sie adressiert dafür verschiedene Beschäftigtengruppen, die perspektivisch mit Digitalisierung in Berührung kommen werden. Dies gelingt Frau Müller nur, wenn sie um diese Anforderungen der doppelten Professionalität weiß, um gezielt die verschiedenen Logiken zu verbinden und ihren Bereich entsprechend zu konfigurieren.*

## 8.1 Einordnung des Weiterbildungsmanagements

So wie Programme und Angebote in Organisationen der Erwachsenen- und Weiterbildung professionell geplant werden sollten, so benötigen die hier Tätigen institutionalisierte Handlungsspielräume, in denen sie die dafür notwendigen Handlungen professionell ausführen können. Diese Räume bereitzustellen ist Aufgabe des Leitungspersonals.

Die Organisationen unterliegen zwar zahlreichen Außeneinflüssen, sie werden jedoch nicht von einzelnen Interessengruppen durchstrukturiert. Sie entwickeln sich nicht rein von ihren Trägern gesteuert oder ausschließlich von politischen Interessen bestimmt. Sie entwickeln sich aber auch nicht ohne geleitete Gestaltungsprozesse im Selbstlauf.

Weiterbildungsmanagement als Leitungshandeln

Das Leitungspersonal hat die Aufgabe, die Organisationen so zu gestalten und zu vernetzen, dass die Programmplanung und -entwicklung differenziert, d.h. entsprechend der spezifischen Anforderungen in den Fach- und Themenbereichen mit individuell ausgelegten Fachbereichsprofilen für Themen, Adressaten und Lernformen wahrgenommen werden kann. Das bedeutet, dass das Weiterbildungsmanagement

Bedarfe, Bedürfnisse und Interessen der Individuen sowie die von Politik, Arbeitgebern und anderen gesellschaftlichen Gruppen formulierten Bedarfe und Interessen analysiert und reflektiert. Dies wird einerseits von den Programmplanenden und andererseits von den mit Leitungsaufgaben befassten Personen ermöglicht, indem sie ein Konzept entwickeln, das wir im Folgenden als „Bildungsinstitutionalkonzept“ entfalten werden (Gieseke & Robak, 2004).

In den Organisationen der Erwachsenen- und Weiterbildung müssen Planende, Verwaltungskräfte und Leitung eng zusammenarbeiten, um entsprechend ihres Bildungsauftrags Programme und Angebote bedarfsgerecht sowie die Organisation profilspezifisch zu entwickeln und in der Region bzw. am Weiterbildungsmarkt zu platzieren.

An der Vielzahl der sich relativ autonom entwickelnden Organisationen mit ihren je spezifischen Programmen wird eine Weiterbildungslandschaft sichtbar, die sich rhizomartig ausbildet (→ Kap. 1). Bevor wir zentrale Begriffe vorstellen, wollen wir im Folgenden deren Bedeutung und Entwicklungen nachzeichnen und deren Verhältnis zu den Konzepten der Programmplanung und -entwicklung aufzeigen.

## 8.2 Begriffe und Auslegungen zum Weiterbildungsmanagement

In den zurückliegenden Jahrzehnten veränderten sich das Verständnis von Bildung und die Rolle von Bildungsorganisationen erheblich. Die Anforderungen an ein Bildungsmanagement in der Erwachsenen- und Weiterbildung entwickelten sich von einer Perspektive auf die Organisation (Senzky, 1974) hin zu einer Perspektive auf die personale Ebene (Nuissl, 1998) und dann zu einer erweiterten systemisch-organisationalen Perspektive (Schäffter, 1998). Hinzu kamen neue ökonomische Anforderungen, die Weiterbildungsmanagement als grundlegendes Prinzip unternehmerischen Handelns fassten (Merk, 1998). Im vergangenen Jahrzehnt wurde dies um Vorstellungen ergänzt, die Management als Vernetzungsaufgabe beschreiben. Diese zielt darauf, das Lernen in Städten, Sozialräumen, Regionen und Ländern zu strukturieren und so zu gestalten, dass sich Strukturen herausbilden, die „organisationsförmig“ sind (Dollhausen & Mickler, 2012).

unterschiedliche Auslegungen von Management

Diese verschiedenen Vorstellungen von Weiterbildungsmanagement geben der Programmplanung und -entwicklung jeweils einen anderen Stellenwert. Dabei ist zu berücksichtigen, dass sowohl das Weiterbildungsmanagement als auch die Programmplanung für sich genommen, aber auch im Zusammenwirken entsprechend ihrer Institutionalform angelegt sind. Bildungsmanagement in öffentlich verantworteten Organisationen der Erwachsenen- und Weiterbildung unterscheidet sich von Weiterbildungsmanagement im Rahmen betrieblicher Weiterbildung und vom Weiterbildungsmanagement in Hochschulen.

Die Managementkonzepte aus den 1970er Jahren entwerfen Management u.a. als ein Organisationskonzept. Bereits hier wird erkannt, dass die Orientierung am Bildungsauftrag auch für das Management zentral ist und dass pädagogische und nichtpädagogische Tätigkeiten, z.B. Finanzmanagement, ausbalanciert werden sollten. Es gab seinerzeit auch Überlegungen, Leitung mit ihren Aufgabenfeldern als Teil einer Institutionsdidaktik zu begreifen. So nehmen etwa Flechsig und Haller (1975) die Gestaltung der institutionellen, ökonomischen, personellen und konzeptionellen Rahmenbedingungen als eine didaktische Handlungsebene auf (s. die Auswertung aller Ansätze in Robak, 2004).

## Wegweiser Forschung

Weiterbildungsmanagement in Hochschulen wird in jüngster Zeit vor dem Hintergrund beforscht, dass Hochschulen als Institutionen des Lebensbegleitenden Lernens angesehen werden.

Weiteres hierzu ist nachzulesen:

Hanft, A., Brinkmann, K., Kretschmer, S., Maschwitz, A. & Stöter, J. (2016). *Organisation und Management von Weiterbildung und Lebenslangem Lernen an Hochschulen*. Münster: Waxmann.

In den 1990er Jahren setzen sich betriebswirtschaftliche Auslegungen durch. Sie versuchen, Programmplanung und -entwicklung in Managementkreisläufe zu integrieren. Da Planung in diesen Modellen eine Phase des Managementkreislaufs darstellt, wird Programmplanung unzulässigerweise im Management aufgelöst (z.B. Merk, 1998). Wie empirisch in der Studie von Gieseke (2000a) gezeigt wurde, greifen die linearen Vorstellungen eines Handelns im Wenn-dann-Modus nicht. Dies wurde sowohl für Programmplanungshandeln (Gieseke, 2000a) als auch für Weiterbildungsmanagement empirisch widerlegt (Sauer-Schiffer, 2000; Robak, 2004). Weiterbildungsmanagement wurde stattdessen als komplexes Leitungshandeln identifiziert: Sauer-Schiffer (2000) erfragte in ihrer Studie den Zusammenhang zwischen Biografie und Selbstbild sowie den zwischen Leitungsvorstellungen und Konzepten von Leiterinnen. Leitungshandeln, so ihre These, ist ein Prozess, der sich aus der beruflichen und der individuellen Biografie im Zusammenwirken mit dem sozialen Umfeld und dem Aufgabenbereich der Organisation entwickelt. Sie analysierte folgende Typen, die sich auch an den persönlichen Leitungsstrategien orientieren:

- Leiten als Ausdruck sozialen Interesses,
- Leiten als Rebellion,
- Leiten, um Initiative zu ergreifen,
- Leiten, um im Mittelpunkt zu stehen und
- Leiten als Ausdruck vorsichtiger Suchbewegungen.

Für unsere Sicht auf den Zusammenhang von Programmplanung und Weiterbildungsmanagement ist es interessant, dass in dieser Studie alle Leiterinnen einen ähnlichen

Begriff von „Bildung“ entwickelten. Sie verstanden Bildung als einen ganzheitlichen oder umfassenden Anspruch für sinngebende, präsente, leistungsorientierte Leitungsarbeit. Erwachsenen- und Weiterbildung wurde damit zu einer gesellschaftspolitischen Aufgabe. Leitungshandeln in der Praxis schließt an dieses Verständnis an und „ermöglicht“ Programmplanung und -entwicklung, ohne diese zu determinieren.

Dieses wird auch in der empirischen Arbeitsplatzanalyse von Leitungspersonal in verschiedenen Organisationen der Erwachsenen- und Weiterbildung von Robak (2004) deutlich. Hieraus leiten wir folgende Definition ab.

## Definition

### Weiterbildungsmanagement

Weiterbildungsmanagement ist ein systematisch getrenntes, eigenständiges Handlungsfeld. Managementaufgaben werden überwiegend von den Leitungspersonen in Erwachsenen- und Weiterbildungsorganisationen und partiell auch von den pädagogischen Mitarbeitenden wahrgenommen. Das Handeln der Leitenden ist durch einen spezifischen Modus der Gestaltung geprägt, der als bündelndes Gestalten und vieldimensionales Vernetzen beschrieben worden ist. Er zeichnet sich durch Formen der Entscheidung und Delegation aus und ist organisational in Handlungswaben strukturiert.

Die Aufgabenbereiche des Weiterbildungsmanagements umfassen:
- organisationsstrukturelles Management,
- überinstitutionelles Vernetzungsmanagement,
- Schaffen von Rahmenbedingungen für die Programmplanung,
- Marketing,
- Öffentlichkeitsarbeit,
- finanzielles Management,
- Selbstmanagement und
- Qualitätssicherung.

Welche Leitungsaufgaben sind besonders wichtig?

Vom Arbeitszeitaufwand her stehen das organisationsstrukturelle und das überinstitutionelle Vernetzungsmanagement an oberster Stelle. Beide Aufgaben sind eng verknüpft mit dem Schaffen von Rahmenbedingungen für die Programmplanung.

Über das organisationsstrukturelle Management werden Entscheidungen zu folgenden Aspekten der Struktur und Kommunikation getroffen, die Voraussetzung für die Planung und Realisierung des Programms sind:
- Fachbereichsstrukturen,
- Einbetten von Beratung,
- Schaffen von Kommunikationsorten (Teamsitzungen, Planungstreffen, Treffen der Dozentinnen und Dozenten, Teilnehmendentreffen),
- Sichern und Einbinden von Personal in operative Aufgaben des Managements (Marketingbeauftragter, Öffentlichkeitsarbeit, Projektbeantragung und Einbinden von Projektmitarbeitenden).

Für die Programmplanung ist die Absicherung von Partizipation der Mitarbeitenden, der Dozierenden und der Teilnehmenden von höchster Bedeutung, da darüber Wissensressourcen (etwa über Bedarfe und neuere thematische Entwicklungen) zirkuliert und Planungsideen generiert werden können. Partizipation erfolgt z.B. in Form von Planungskonferenzen, in denen Planungen abgestimmt werden und Profildiskussionen erfolgen.

Um neue, regional- oder trägerstrategisch wichtige Schwerpunkte zu setzen und Themen, für die es Kooperationen und Förderprogramme geben wird, aufzugreifen und diese in die Organisation zu kommunizieren sowie Vorabsprachen über Ziele und Rahmungen zu treffen, sind auch die Vernetzungsaktivitäten für die Programmplanung und -entwicklung von großer Bedeutung. Die Leitenden kommunizieren mit den Trägervertretern, Verbands- und Fachvertretern, Politik und Verwaltung, etwa auf Ministerialebene, sowie mit zentralen Kooperationspartnern auf regionaler Ebene und bundesweit, um neue strategische Themen, Fragestellungen und Förderprogramme zu eruieren. Teil der Vernetzungsaktivitäten ist auch die Drittmittelakquise. Darüber hinaus eruieren die Leitenden mit den Trägern Optionen und Initiativen für Profilentwicklungen und sichern so die Organisationen kommunikativ ab.

Von besonderer Bedeutung ist die Gestaltung und permanente Weiterentwicklung des Profils der Einrichtung. Daran schließt sich die Entwicklung eines Bildungsinstitutionalkonzepts an. Diese beiden zentralen Anforderungen sind besonders relevant für die Rahmung und Schaffung von Handlungsspielräumen für die Programmplanung und -entwicklung. Dies realisieren die Leitenden im Modus der Gestaltung von „Handlungswaben“. Folgende Gestaltungsanforderungen werden im Folgenden als zentral für Leitung platziert und erläutert:

- die Profilbildung,
- das Bildungsinstitutionalkonzept,
- die Gestaltung von Handlungswaben.

## 8.3 Gestaltungsanforderungen an das Weiterbildungsmanagement

Im Folgenden werden die zentralen Anforderungen an das Weiterbildungsmanagement für die Ermöglichung von Programmplanung und -entwicklung erläutert und mit Blick auf das Mehrebenensystem der Weiterbildung verortet.

*Profilbildung*

Profilbildung als zentrale Gestaltungsaufgabe

Weiterbildungsmanagement formt permanent und situativ den strategischen, strukturellen und inhaltlich profilgebenden Rahmen für Programmplanung und -entwicklung. Die Abgrenzungen, aber auch die Schnittstellen und Bezüge zwischen den beiden Aufgabenbereichen Weiterbildungsmanagement und Programmplanung werden in der folgenden Abbildung 11 dargestellt. Hier wird auch die Dimension des sich überschneidenden „kooperativen Managements“ sichtbar.

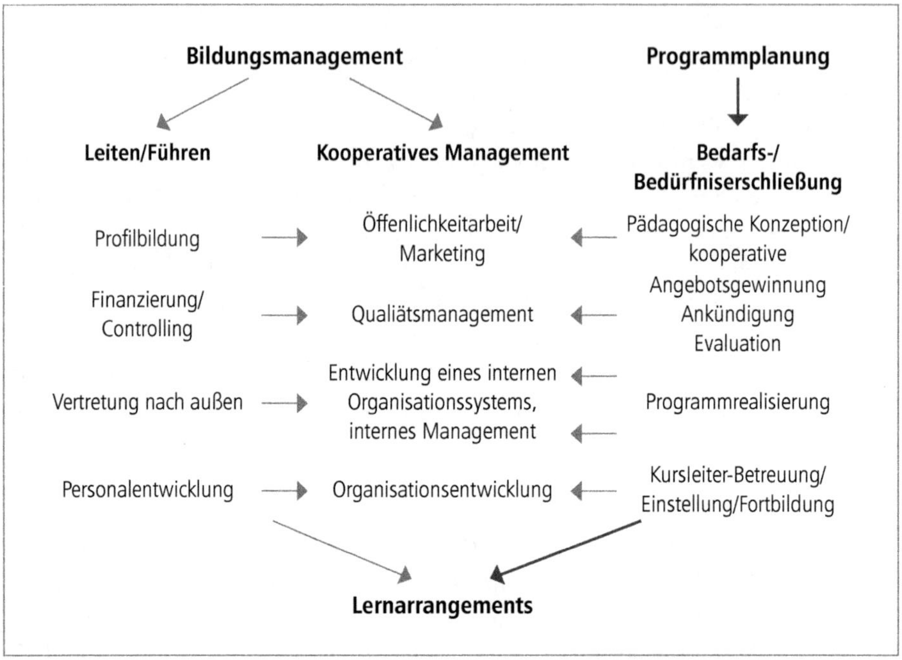


*Abbildung 11.* Heteronome Leitungsstrukturen (Gieseke, 2000b, S. 335)

Die Profilbildung ist in diesem Schaubild unter den Aufgabenbereichen des Bildungsmanagements als erste Leitungsaufgabe aufgenommen.

## Definition

### Profil

Profil ist eine verdichtete Gesamtkonzeption einer Organisation der Erwachsenen- und Weiterbildung, an der alle gestaltenden Kräfte beteiligt sind. Kern des Profils ist die Gestaltung der Programmschwerpunkte und die Programmentwicklung.

Damit besteht die Möglichkeit, eine Organisation von ihrem pädagogischen Auftrag her zu entwickeln, daran anschließend tragfähige Organisationsstrukturen zu modellieren und die Organisation nach außen begründet in die Region und die Weiterbildungslandschaft einzubinden und zu präsentieren.

Die Ergebnisse der Studie von Dollhausen (2008) verdeutlichen, wie wichtig es ist, dass es den Leitenden gelingt, ein geteiltes Bildungsverständnis zu entwickeln, da sonst eine Profilbildung für die Gesamteinrichtung sehr schwierig ist oder nicht gelingt. Dies zeigt sich etwa darin, dass von den Planenden unterschiedliche Auslegungen des Verhältnisses von pädagogischen und ökonomischen Erfordernissen transportiert werden und die Einrichtung als inkonsistent erscheint, wenn widersprüchliche Programmschwerpunkte gesetzt werden.

Im Profil spiegelt sich zudem die Eigenständigkeit einer Organisation. Zugleich lässt sich eine historische Verwurzelung erkennen. Unter Berücksichtigung der aktuellen gesellschaftlichen Entwicklungen wird das Profil der Organisation kontinuierlich von der Leitung ausgewertet, zeithistorisch eingeordnet und entlang strategischer und pädagogischer Erwägungen justiert. Profile werden justiert, indem sie offengehalten werden für neue gesellschaftliche Entwicklungen, Teilnehmendenbedürfnisse, Nutzungen sowie neue wissenschaftliche Ergebnisse. Dieser Prozess sowie damit verbundene Strukturentwicklungen geschehen als „bündelndes Gestalten", dies zeigen die Ergebnisse der Studie von Robak (2004).

*Bildungsinstitutionalkonzept*

Das Profil kann und sollte Eingang in ein Bildungsinstitutionalkonzept einer Einrichtung finden.

## Definition

### Bildungsinstitutionalkonzept

Ein Bildungsinstitutionalkonzept ist ein organisationsspezifisches Gesamtkonzept, das alle Profilbildungs- und Strukturentscheidungen mit einem interpretierten Bildungsbegriff verbindet (Gieseke & Robak, 2004).

Die Gestaltung eines Bildungsinstitutionalkonzepts ist in den vergangenen Jahren anspruchsvoller geworden. Es findet eine zunehmende Einflussnahme von außen auf die Organisationen statt: Finanzierungsstrukturen, Qualitätssicherungssysteme, Bildungsmonitoring, Einflüsse der Träger und nicht zuletzt Bedarfe, die vonseiten der Politik – sowohl auf nationaler als auch auf transnationaler Ebene – und vonseiten der Unternehmen formuliert werden, wirken auf die Gestaltung eines solchen Konzepts ein.

Entwicklung eines Bildungsinstitutionalkonzepts als zentrale Leitungsaufgabe

Die Aufgabe von Leitung ist es, ein passageres, abgestimmtes Bildungsinstitutionalkonzept für die Organisation zu gestalten. Kern jeder öffentlichen, privaten oder betrieblichen Weiterbildungseinrichtung ist die Entwicklung eines solchen Konzepts; es basiert auf einer organisationsinternen Vorstellung von Bildung sowie einer pädagogischen Systematik.

Aspekte zur Gestaltung einer solchen Systematik können dem → Kapitel 7 zu Lernkulturen entnommen werden.

Für die betriebliche Weiterbildung sind, wie Käpplinger (2016) entwickelte, komplexe Konfigurationsanforderungen zu berücksichtigen, so dass es große Unterschiede zwischen dem öffentlich finanzierten Sektor und der betrieblichen Weiterbildung gibt.

## Merksatz

Ein Bildungsinstitutionalkonzept entsteht durch Bündelungsprozesse, durch einen gesellschaftlichen und kommunikativen Handlungszusammenhang sowie durch Abstimmungsprozesse aller gestaltenden Kräfte. Grundlage ist ein wechselseitig abgestimmtes Profil.

Ein Bildungsinstitutionalkonzept realisiert sich nicht durch die Umsetzung einer formalen Vorstellung über strukturelle Abläufe oder technisierte Beziehungsgestaltung oder gar die passgenaue Transformation von Kennziffern. Der Bildungsbegriff strukturiert die Entwicklung eines Profils vor, Strukturen greifen dieses Profil auf und bilden es ab. Die Leitenden sind mit dieser Gestaltung einer institutionalen Eigendynamik eine Teilstruktur im Modus des rhizomartigen Wachstums der Weiterbildungslandschaft.

Teil des Profils sind die Schwerpunkte der Fach- und Teilbereiche, die zu einem Gesamtkonzept verkoppelt werden. Dafür wiederum bündelt die Leitung einen interpretierten Bildungsbegriff sowie einen trägerspezifischen Bildungsauftrag, gestaltet entsprechende Strukturen und Finanzierungsmodi, welche die Planungsarbeit bestmöglich rahmen sollen. Je nach Institutionalform, dem gesetzten Bildungsauftrag und den Abhängigkeiten entstehen unterschiedlich enge oder weite Profilzuschneidungen.

Ein Bildungsinstitutionalkonzept fordert dazu heraus, grundlagentheoretisch und zugleich bedürfnisorientiert zu denken und passagere Strukturen zu gestalten. Dadurch werden Handlungsspielräume für Planungsentscheidungen geschaffen, was Ausdruck einer notwendigen Teilautonomie für die Gestaltung von Erwachsenen- und Weiterbildung ist.

Das Bildungsinstitutionalkonzept formt die pädagogische „Hardware“ als fungibles offenes Strukturgeflecht einer Weiterbildungsorganisation.

Dafür werden Auswertungen aktueller Entwicklungen vorgenommen und Entscheidungen bezüglich folgender Aspekte getroffen: Die Leitung antizipiert bildungspolitische Gesamtkonzepte, wertet diese aus, setzt sie in Relation zum Profil der Organisation und formuliert eigene Akzente und Prämissen. Diese betreffen die Relation, Angebotsbreite und Ausdifferenzierung der beruflichen, kulturellen, allgemeinen, politischen Weiterbildung. Ihre Nutzung wird rückgekoppelt an wissenschaftliche Forschungsergebnisse, die sich auf Lebensphasen, Lebens- und Arbeitssituationen beziehen, sowie das Spektrum der Bevölkerungsschichten, die in der Region mit Zeitstrukturen unter Ermöglichung vielfältiger Lernkulturen jenseits von Schule bis hin zur kreativen Projektarbeit, mit einem ausgewogenen Verhältnis von organisierten und individuellen Lernformen adressiert werden.

Auch diese Aspekte gehen in das Konzept der Lernkultur ein, das in → Kapitel 7 vertieft wird.

*Gestaltung von Handlungswaben*

Leitungshandeln als Konstellieren von Handlungswaben

Für das Weiterbildungsmanagement im Sinne von Leitungshandeln finden sich nur wenige Beschreibungen und sprachliche Bilder. Zu stark sind die gängigen Vorstellungen, dass man eine Organisation in ihren Bereichen durchstrukturiert und die Abläufe fest durchplant. Für eine kreative Programmplanung hat das Leitungshandeln aber eine „nährende" Funktion. Dafür hat Robak (2004) auf Grundlage empirischer Forschung die Figur der „Handlungswaben" entwickelt. Die Leiterinnen und Leiter beobachten die Strukturen, Abläufe und Außenanforderungen sehr genau, hinterfragen und justieren diese kontinuierlich im Prozess. Man kann also sagen: Der Modus des Managementhandelns zeigt sich als ein kontinuierliches, optimierendes Konstellieren von Handlungswaben.

**Definition**

**Handlungswaben**

Handlungswaben sind durch Entscheidungen gestaltete Strukturräume, die als flexible fungible Rahmungen für das Leitungshandeln im Kontext der Bildungsarbeit einer Organisation dienen.

Das Attribut „fungibel" bedeutet hier, dass die Leitenden passende Strukturen formen, die für die Programm- und Angebotsplanung der Programmplanenden Handlungsspielräume ermöglichen. Dafür müssen sie spielraumerweiternd angelegt sein und Raum für professionelle Auslegungen im Radius des Bildungsauftrags geben. Handlungswaben sind Strukturentscheidungen, die nach dem Kriterium der Fungibilität getroffen werden. Sie weisen deshalb eine unterschiedliche zeitliche Reichweite auf, sind von unterschiedlicher Grundsätzlichkeit und werden bei veränderten Bedingungen wieder neu geformt.

Die Kunst besteht nun darin, die einerseits von den Mitarbeitenden sowie die andererseits von außen herangetragenen Anliegen jeweils im Begründungshorizont des Gegenübers zu begreifen und diese in eine übergreifende Institutionalperspektive einzubeziehen, welche die Organisation als ein reflektiert gestaltetes Bildungsinstitutionalkonzept ausweist.

## Ausweitung der Anforderungen im Mehrebenensystem

Leitungshandeln im Mehrebenensystem

Alle mit Weiterbildungsmanagement Befassten bewegen sich in Systemzusammenhängen, müssen die Überblicksperspektive haben und immer wieder herstellen. Diese Sicht wird insbesondere dann nötig, wenn man Weiterbildung als ein Mehrebenensystem versteht, so wie es von Schrader (2011) beschrieben worden ist.

Für die Gestaltung von internen Strukturen sowie für die strategische Ausrichtung des Profils und des Institutionalkonzepts benötigt das Weiterbildungsmanagement einen größtmöglichen Überblick über Wissensstrukturen und Vernetzungsmöglichkeiten. Dabei sind folgende Dimensionen einzubeziehen:

- die Bildungspolitik auf supranationaler Ebene (EU, OECD, UNESCO etc.),
- die Bildungspolitik auf nationaler Ebene (Bund, Länder, Kommunen),
- die institutionelle Umwelt der Organisation (Region, Träger, Kammern etc.),
- die Organisation der Weiterbildung (hier ist die unmittelbare Programmplanung angesiedelt),
- die Lehr-Lernprozesse (Angebot, Nutzung, Ertrag).

Auf nationaler Ebene kommen die Regelungen hinzu, die sich aus dem Europäischen Qualifikationsrahmen (EQR) bzw. aus dem darauf aufsetzenden Deutschen Qualifikationsrahmen (DQR) ableiten.

## Lesehinweis

### DQR und EQR

Der Deutsche Qualifikationsrahmen (DQR) ist ein Instrument zur Einordnung der Qualifikationen des deutschen Bildungssystems. Er soll zum einen die Orientierung im deutschen Bildungssystem erleichtern und zum anderen zur Vergleichbarkeit deutscher Qualifikationen in Europa beitragen. Der DQR definiert acht Niveaus, die den acht Niveaus des Europäischen Qualifikationsrahmens (EQR) zugeordnet sind.

Weitere Informationen finden sich unter https://www.dqr.de

Weiterbildungsmanagement und Transnationalisierung

Die europäische Ebene hat im vergangenen Jahrzehnt an Einfluss gewonnen. Dies kann man etwa an der Umsetzung des Primats der Beschäftigungsfähigkeit, auch als *employability* bezeichnet, sowie an europäischen Förderprogrammen (z.B. Erasmus+), für die sich Organisationen bewerben können, ablesen.

Unter der Perspektive von Transnationalisierung sind weitere Aspekte relevant, die für die Programmentwicklung in den Organisationen der Erwachsenen- und Weiterbildung zu modellieren sind:

- Reflexion der Auslegungen von Bildung auf europäischer und globaler Ebene und wie diese zum Organisationsprofil und -angebot passen;
- Entscheidungen, in welcher Form, mit welchem Ziel und Zeithorizont diese ins Programm einzubeziehen sind;
- internationale Kooperationen, die man eingehen möchte;
- internationale Themen für das Programm;
- Themen von europäischer und globaler Relevanz;
- Adressierungen bestimmter Zielgruppen, die mit Prozessen der Transnationalisierung befasst oder besonders von Globalisierungseffekten betroffen sind.

## Wegweiser Forschung

Derzeit ist die Ausdifferenzierung von Migrationsformen (u.a. Fluchtmigration) ein wichtiges Thema der Programmentwicklung unter transnationaler Perspektive. Eine Auslegung kultureller Differenzen und die Frage, wie Gesellschaft unter den Bedingungen kultureller Hybridität zu gestalten ist, werden zu einer wichtigen Aufgabe der Profilierung von Organisationen.

Erste Forschungsergebnisse hierzu finden sich hier:

Robak, S. & Enoch, C. (2016). *Internationalisierung, Globalisierung und Transnationalisierung der Erwachsenenbildung, Weiterbildung und Personalentwicklung*. Lehreinheit im Fernstudiengang „Erwachsenenbildung" der Technischen Universität Kaiserslautern, Distance and Independent Studies Center (DISC), Modul 600.

## 8.4 Weiterbildungsmanagement im Unternehmen

Das Weiterbildungsmanagement im Unternehmen unterliegt anderen Einflüssen als in der öffentlich geförderten Erwachsenen- und Weiterbildung und erfordert somit ein anderes konzeptionelles Handeln.

Die Handlungslogiken und Bezüge unterscheiden sich in den beiden Bereichen. Die Entscheidungsprozesse sind auf unterschiedlichen Ebenen anzutreffen, im Unternehmen insbesondere im sogenannten Bildungscontrolling.

Für das Weiterbildungsmanagement bedeutet dies, dass die Bildungsarbeit in komplexe Strukturen einzubetten ist. Käpplinger (2016) zeigt in seiner Studie zu den Konfigurationstheorien betrieblicher Weiterbildung auf, dass sich das Verhältnis von Bildungsmanagement und Programmplanung in Unternehmen – entgegen bisherigen betriebswirtschaftlichen Managementmodellen – als sehr heterogen darstellt. Er ermittelte drei Konfigurationen von Weiterbildungsteilnahme von Betrieben:

- kontinuierliche,
- diskontinuierliche betriebliche Weiterbildungsteilnahme sowie
- kontinuierliche Nicht-Weiterbildungsteilnahme.

Spezifik des Weiterbildungsmanagement in betrieblichen Konfigurationen

Für Käpplinger gibt es nicht das repräsentative Unternehmen. Vielmehr müssen Programmplanende sowie Bildungsmanager und Bildungsmanagerinnen in Unternehmen betriebs- und situationsspezifisch Macht, Inhalte, Interessen, Akteure und Funktionen berücksichtigen und ihre Handlungsspielräume zu erweitern suchen. So geht es am Ende immer darum, die betriebliche Weiterbildungsteilnahme zu ermöglichen und zu verstetigen.

Weiterbildungsmanagement benötigt die Kenntnis der fünf Axiome zur Verortung betrieblicher Weiterbildung, um sich Handlungsspielräume für die Planung von Programmen und Angeboten zu schaffen. Diese lauten:

- erstes Axiom: Betriebliche Weiterbildung ist oft eher kontingent.
- zweites Axiom: Der Entscheidungsbegriff ist von zentraler Bedeutung.

- drittes Axiom: Entscheidungen in der betrieblichen Weiterbildung sind auf drei Ebenen anzusiedeln (Makro-, Meso- und Mikroebene).
- viertes Axiom: Entscheidungen fußen auf den Interessen der Akteure und ihrer Durchsetzungsfähigkeit im Betrieb.
- fünftes Axiom: Die Akteure mit ihren Interessen und ihren Entscheidungen schaffen in den Kontexten der Betriebe auf allen Ebenen Konfigurationen und agieren in diesen.

Allein die strategischen Ausrichtungen der Unternehmen verweisen auf große Unterschiede, einerseits in den Möglichkeiten und andererseits in den Herausforderungen, die pädagogische Logik unter dem Primat einer ökonomischen Logik zu verorten.

Diese Ausrichtungen lassen sich nach früheren Analysen von Bäumer (1999) in vier Managementtypen unterscheiden:

1. strategieunterstützende Weiterbildung,
2. nachgefragt dienstleistende Weiterbildung,
3. ressourcenbasierte Weiterbildung,
4. rudimentäre Weiterbildung.

Die Entscheidung, welche Form der Weiterbildung ein Unternehmen anbietet, ist im Modell von Käpplinger auf der Mesoebene der „Entscheidungen zur Weiterbildungskompetenz“ angelegt. Diese hat Einfluss auf makro- und mikrodidaktische Entscheidungen. Zuvor muss auf der übergeordneten Metaebene die Entscheidung für oder gegen Weiterbildung getroffen werden.

Ein Bildungsinstitutionalkonzept der betrieblichen Weiterbildung bewegt sich dann mit den Axiomen und versucht im Rahmen der Entscheidungsstrukturen eine passende Konfiguration zu entwickeln.

„doppelte Professionalität" im betrieblichen Weiterbildungsmanagement

Dafür ist eine „doppelte Professionalität“ auf der Ebene des Weiterbildungsmanagements notwendig: Die betriebliche Logik im Mehrebenenmodell der betrieblichen Entscheidungen muss zunächst verstanden werden, um dann ein pädagogisch anschlussfähiges Konzept für die Programmplanung zu entwickeln.

Die Vielfalt der Funktionen und Verortungen betrieblicher Weiterbildung wurde auch von von Hippel und Röbel (2016) analysiert. Diese Studie entwickelt über die Analyse von Funktionen betrieblicher Weiterbildung eine Begründungslogik, aus der Bildungsmanager und Bildungsmanagerinnen Hinweise für eine Konfiguration ableiten und in das Bildungsinstitutionalkonzept des Unternehmens integrieren können. Somit kann eine erwachsenenpädagogisch fundierte Programmplanung platziert, ihr zentraler Stellenwert im Unternehmen deutlich gemacht und die Notwendigkeit einer eigenen Professionalität in den betrieblichen Weiterbildungsstrukturen aufgezeigt und entwickelt werden.

Weiterführende Forschungen könnten sich mit den Bildungsentscheidungen befassen, die die Planenden im Unternehmen in den verschiedenen Konfigurationen treffen, welche Handlungsspielräume sie haben und auf welche Wissensressourcen sie zurückgreifen. Es könnten weiterhin die Möglichkeiten der Beteiligung an der Entscheidung über Weiterbildungsstrukturen untersucht werden und welche Funktionsauslegungen darin erfolgen.

## 8.5 Zusammenfassung

Es wird vielfach angenommen, dass Bildungsmanagement in der Erwachsenen- und Weiterbildung eine betriebswirtschaftlich fundierte Tätigkeit ist, die zuvorderst ökonomische Kenntnisse abverlangt. Betriebswirtschaftliche Kenntnisse sind zwar wichtig, können aber über Zusatzqualifizierungen erworben werden. Für die Studierenden und Absolventen ist es wichtig zu wissen, dass sie bildungswissenschaftliches und interdisziplinäres Wissen benötigen, um die Organisation in eine Richtung zu entwickeln, die zum Bildungsauftrag, zum Träger, zur Region und zu den Bedarfen, Bedürfnissen und Interessen der Teilnehmenden, aber auch anderer Gruppen passt.

Bildungsmanagement schafft also fungible organisationale Rahmungen für die Programmplanung und sorgt über Vernetzungen für die permanente strategische Justierung der Programmstrukturen, die sich in der Organisationsstruktur spiegeln müssen. Die Entwicklung eines Profils und die Gestaltung eines Bildungsinstitutionalkonzepts erfordern eine Balancierung bildungswissenschaftlicher und interdisziplinärer Wissensstrukturen auf der Grundlage komplexer Entscheidungen. Letztendlich müssen die Leiterinnen und Leiter Spielräume für die kreative Planungsarbeit ermöglichen.

### Fragen & Aufgaben

1. Im Rahmen der Weiterentwicklung der Organisationskultur im Unternehmen sollen Krankheitsstände im Unternehmen reduziert und die Interessen der Mitarbeitenden stärker berücksichtigt werden. Die Abteilung von Anna Müller für Überfachliche Fortbildungen erhält den Auftrag vom Management, im Rahmen der Personalentwicklung Angebotsformate zum Stress- und Gesundheitsmanagement zu erarbeiten. Wie würden Sie vorgehen?
2. Versetzen Sie sich bitte in die Rolle der neuen Volkshochschulleiterin in der Einrichtung von Herrn Schmidt aus dem Beispiel. Wie würden Sie vorgehen, um das Profil und ein daran angeschlossenes Bildungsinstitutionalkonzept gemeinsam mit Herrn Schmidt zu entwickeln?

## Tipps zum Weiterlesen

Käpplinger, B. (2016). *Betriebliche Weiterbildung aus der Perspektive von Konfigurationstheorien.* Bielefeld: W. Bertelsmann.

*Der Band entwickelt Axiome der Weiterbildungsentscheidungen im betrieblichen Mehrebenenmodell und zeigt damit auf, welche Aspekte für Bildungsmanagement und Programmplanung im Unternehmen in eine Konfiguration einzubeziehen sind.*

Dollhausen, K. & Mickler, R. (2012). *Kooperationsmanagement in der Weiterbildung*. Bielefeld: W. Bertelsmann

*Der Studientext entwickelt die verschiedenen Formen von Kooperationen und offeriert Kriterien und Instrumente für Entscheidungen für ein Management von Kooperationen.*

Robak, S. & Enoch, C. (2016). *Internationalisierung, Globalisierung und Transnationalisierung der Erwachsenenbildung, Weiterbildung und Personalentwicklung.* Lehreinheit im Fernstudiengang „Erwachsenenbildung" der Technischen Universität Kaiserslautern, Distance and Independent Studies Center (DISC), Modul 600.

*Der Fernstudienbrief zeigt auf, welche Einflüsse Transnationalisierungsprozesse auf die verschiedenen Bereiche der Erwachsenenbildung/Weiterbildung sowie Personalentwicklung haben und wie diese und kulturelle Aspekte in der Programmplanung und im Bildungsmanagement zu berücksichtigen sind.*

Robak, S. (2004). *Management in Weiterbildungsinstitutionen. Eine empirische Studie zum Leitungshandeln in differenten Konstellationen*. Hamburg: Dr. Kovac.

*Die Studie analysiert empirisch die Strukturen des Weiterbildungsmanagements und zeigt die Handlungsmechanismen von Leitungshandeln in den verschiedenen Aufgabenfeldern sowohl für den Bereich der öffentlichen Erwachsenen- und Weiterbildung als auch im Unternehmen auf.*

# 9

# Zielgruppenorientierung in der Programmplanung

Aiga von Hippel

Welche Erwartungen haben eigentlich unterschiedliche Zielgruppen an Bildungsangebote? In diesem Kapitel geht es deshalb um die an Zielgruppen orientierte Programm- und Angebotsplanung. Hierzu werden die zentralen Begriffe erläutert und in den Kontext des Programmplanens sowie des Marketings gesetzt. Dabei dienen das Modell der „sozialen Milieus" als theoretischer Bezugsrahmen und die Methode „Produktklinik" als Instrument einer zielgruppenorientierten Programmplanung.

## Lernziele

- die wichtigen Begriffe zur Zielgruppenorientierung in der Programmplanung erläutern können
- den Nutzen des Ansatzes der „sozialen Milieus" für die Programmplanung beschreiben können
- Zielgruppenorientierung in pädagogischen Programmplanungsmodellen und Marketingablaufmodell einordnen und Unterschiede reflektieren können
- die Methode der Produktklinik als Instrument zielgruppenorientierter Programmplanung erörtern können

*In der VHS, in der Max Schmidt arbeitet, wird im Team und mit der Leitung über das Image der Einrichtung, über die Zusammensetzung der Teilnehmerschaft sowie über zukünftige Perspektiven der Zielgruppenarbeit gesprochen. Das Kollegium sieht es als Herausforderung, dass im Leitbild zwar steht, dass man „alle" erreichen wolle, aber eben nicht alle Zielgruppen erreicht werden. Dies haben Evaluationen und die Gespräche mit Lehrenden und Teilnehmenden gezeigt. Das Kollegium beschließt, in den Programmbereichen zunächst zu analysieren, welche Zielgruppen erreicht werden, und dann gemeinsam zu klären, welche weiterhin und welche verstärkt erreicht werden sollen. Im Ergebnis wollen die Programmbereichsleitenden jeweils ein Pilotangebot für eine bisher zu wenig erreichte Zielgruppe planen.*

*Im Unternehmen, in dem Anna Müller arbeitet, waren die betrieblichen Weiterbildungsangebote zum Gesundheitsmanagement für ältere Beschäftigte nicht sehr nachgefragt. Anna Müller fragt sich, warum das so ist. Gleichzeitig kommen Nachfragen von jüngeren Mitarbeitenden zu Gesundheitskursen. Frau Müller möchte nun mehr über die Erwartungen der verschiedenen Mitarbeitergruppen sowie der Geschäftsleitung und der Führungskräfte in Bezug auf Gesundheitskurse erfahren und diese danach zielgruppenorientiert neu gestalten.*

## 9.1 Begriffe und Kontexte

Es stehen verschiedene Begriffe nebeneinander, deren Bedeutung und Verwendung im Alltag nicht immer eindeutig geklärt sind: „Adressatinnen und Adressaten", „Teilnehmerinnen und Teilnehmer", auch „Teilnehmende", sowie „Zielgruppe". Wir schlagen im Folgenden vor, die Begriffe je nach ihrem Verwendungskontext zu verstehen.

Adressatin – Teilnehmerin oder Zielgruppe?

Faulstich und Zeuner (1999, S. 99) definierten die drei Begriffe in Abgrenzung zueinander folgendermaßen.

**Definition**

**Adressatinnen und Adressaten**
sind diejenigen Personen, die Erwachsenenbildung erreichen soll.

**Zielgruppen**
sind diejenigen Adressatinnen und Adressaten, die durch gemeinsame sozialstrukturelle Merkmale beschrieben werden können.

**Teilnehmende**
sind diejenigen, die zu einem Angebot gekommen sind.

Mit Blick auf die Sprache der Praxis der Erwachsenen- und Weiterbildung verwenden Mader und Weymann (1979) den Begriff „Zielgruppe" für die „potenziellen" Teilnehmerinnen und Teilnehmer. Die Forschung verwendet hierfür eher den Begriff „Adressaten" als den der „Zielgruppen".

Siebert (2000) definiert den Begriff „Zielgruppe“ als ein Konstrukt, das auf einer Klassifikation nach einem herausragenden Merkmal (z.B. Alter) basiert.

Die Forschung zu Adressatinnen und Adressaten, Teilnehmenden und Zielgruppen ist ein wichtiger Bereich der Erwachsenen- und Weiterbildungsforschung (v. Hippel, Tippelt & Gebrande, 2018). Denn der bzw. die Erwachsene steht im Mittelpunkt dieser Forschung: Es geht um seine bzw. ihre Interessen und Motive, es geht um seine bzw. ihre Erwartungen an organisierte Lernkontexte und nicht zuletzt geht es um mögliche Barrieren.

Die Ergebnisse der Forschung (z.B. zu Weiterbildungsinteressen, -motiven, -barrieren) können als Grundlage für die Entwicklung von meso- und mikrodidaktischen Konzepten der Adressatinnen-, Teilnehmenden-, Zielgruppen- und Milieuorientierung dienen. Dabei kann die Adressatenforschung mehr zur mesodidaktischen, die Teilnehmendenforschung mehr zur mikrodidaktischen Handlungsebene beitragen (auch Bremer, 2007, S. 31; Siebert, 2000, S. 89).

## Merksatz

Da Erwachsene über eine lange Bildungsbiografie verfügen, gehört es zu den wichtigsten didaktischen Prinzipien der Erwachsenen- und Weiterbildung, die Programmplanung an den Adressatinnen und Adressaten, Teilnehmenden und Zielgruppen auszurichten.

Nach Schiersmann (1999) liegt das Konzept der Zielgruppenorientierung vermittelnd zwischen dem der Adressatinnen- und dem der Teilnehmendenorientierung. Zielgruppenorientierung betont aus ihrer Sicht die Orientierung der Erwachsenen- und Weiterbildung an „potentiellen Lernenden, an deren Lebenssituation und deren Interessen an Verwendungszusammenhängen des Gelernten“ (ebd., S. 564).

Es erfordert professionelle Erwachsenenbildnerinnen und Erwachsenenbildner, um die Orientierung an Adressatinnen und Adressaten, Teilnehmenden und Zielgruppen auf meso- und mikrodidaktischer Ebene umzusetzen. „Professionell“ meint hier den Umgang mit den – zum Teil auch widersprüchlichen – Handlungsanforderungen bei der Programmplanung (→ Kap. 3; v. Hippel, 2011b).

Notwendig für ein Eingehen auf die Interessen der Adressatinnen und Adressaten sind Kenntnisse über:

- Bildungsbedürfnisse,
- Bildungsinteressen,
- Motive,
- Barrieren,
- Lernvoraussetzungen der potenziellen und aktuellen Teilnehmenden und
- die Fähigkeit zum Eindenken in Andere, also Empathie (Tippelt & v. Hippel, 2007).

Tietgens (1982) hat die Teilnahme an formal organisierter Erwachsenen- und Weiterbildung als Ergebnis eines beidseitigen „Suchprozesses" bezeichnet. Die Denkfigur gestaltet sich folgendermaßen: Organisationen der Erwachsenen- und Weiterbildung orientieren sich in ihrer Planung an antizipierten und noch zu weckenden Bedürfnissen und Interessen der aktuellen und potenziellen Teilnehmenden. Sie suchen, die richtigen Angebote zu entwickeln. Und auch die potenziell Teilnehmenden suchen nach passgenauen Bildungsangeboten, um ihre manifesten oder latenten Lernbedürfnisse zu befriedigen.

Die Suchbewegung des Anbieters ist damit immer ein Akt der Antizipation und Interpretation. Ob letztlich Erwachsenenbildung zustande komme, hängt von der „Erwartungskonkordanz" ab, wie Tietgens (1982) es formulierte. So gebe es auch keinen Wandel von einer angebots- zu einer nachfrageorientierten Programmplanung, da das Angebot immer schon beide Suchbewegungen enthalte. Das Angebot sei ein „Konstitutionsfaktor" (ebd., S. 127) von Erwachsenen- und Weiterbildung: „Was an der Oberfläche operationalisierbarer Vollzüge als Verhältnis von Angebot und Nachfrage erscheint, ist unter anthropologischem Aspekt als Suchbewegung zu verstehen" (ebd.).

Wandel von einer angebots- zu einer nachfrageorientierten Programmplanung?

Die Differenzierung von Zielgruppen in der Programm- und Angebotsplanung soll helfen, aus der pluralen, differenzierten und unübersichtlichen Fülle von Teilnehmenden, Teilnehmendeninteressen und Teilnehmendenbedürfnissen durch Aufzeigen typischer Muster Orientierung für individualisierte Bildungsarbeit zu erhalten (Bremer, 2010; Reich-Claassen, v. Hippel & Tippelt, 2011).

Die Pluralisierung von Lebenslagen, Lebensphasen und Lebensstilen führt zu sich immer stärker ausdifferenzierenden Gruppen von Adressatinnen und Adressaten. Dies erfordert eine immer stärkere Teilnehmer- und Zielgruppenorientierung aufseiten der Anbieter. Alle sozialen Gruppen haben spezifische Erwartungen an Erwachsenen- und Weiterbildung und müssen dementsprechend unterschiedlich angesprochen werden.

## 9.2 Soziales Milieu und Zielgruppe

Zielgruppendifferenzierung ist, wie bereits gesagt, ein zentrales Element der Erwachsenen- und Weiterbildung in Forschung und Praxis. So wird heute – über die ursprüngliche bildungs- und sozialpolitische Bedeutung des Begriffs (nämlich dem Erreichen von benachteiligten Zielgruppen) hinausgehend – jede Form der Strukturierung von Nachfragenden im Weiterbildungssystem als Zielgruppendifferenzierung verstanden. Zielgruppendifferenzierung ist u.a. nach folgenden Merkmalen möglich:

- Alter,
- Lebensphasen,
- berufliche Position und
- soziokulturelle Aspekte.

Der Ansatz der sozialen Milieus ist in diesem Zusammenhang eine Form der Zielgruppendifferenzierung an der Schnittstelle von Adressaten-, Teilnehmenden- und

Zielgruppenforschung, weil unterschiedliche Milieus entsprechend ihren Erwartungen, die durch Lebensstile und Lebenslagen geprägt sind, über die entsprechende Gestaltung der Weiterbildung angesprochen werden (Tippelt et al., 2008). Milieuforschung unterstützt mit konkretem Wissen über Weiterbildungseinstellungen, -barrieren und -interessen der sozialen Milieus eine differenzierte Zielgruppenorientierung. Der Milieuansatz soll hier beispielhaft vorgestellt werden, da innerhalb dieser Perspektive eine breite empirische Literaturbasis besteht und hieran auch Programm- und Angebotsplanung mit einem Marketingmodell aufgezeigt werden kann.

Wegbereiter der heutigen Milieuansätze sind insbesondere Pierre Bourdieu (1982) und Gerhard Schulze (1992). Bereits in den 1970er Jahren erarbeitete das Sinus-Institut eine Grundtypologie sozialer Milieus. Darauf aufbauende Ansätze sind heute neben den Milieumodellen von Sinus Sociovision insbesondere die Milieumodelle von Vester et al. (2001).

## Definition

### Soziale Milieus

Soziale Milieus werden als Gruppen von Menschen mit ähnlicher sozialer Lage, Lebensführung und Alltagspraxis verstanden, die Einheiten innerhalb der Gesellschaft darstellen. Angehörige eines sozialen Milieus haben ähnliche Grundorientierungen und Werthaltungen, die zu ähnlichen Einstellungen u.a. zu Arbeit, Bildung, zu Familie und Freunden, zur Freizeit sowie zu gesellschaftlicher Partizipation führen (Barth et al., 2018).

## Wegweiser Forschung

Neuere Arbeiten zu Milieuforschung und Erwachsenen- und Weiterbildung sind:

Barz, H. & Tippelt, R. (2007). *Weiterbildung und soziale Milieus in Deutschland* (2 Bde., 2. Aufl.). Bielefeld: W. Bertelsmann.

Bremer, H. (2007). *Soziale Milieus, Habitus und Lernen. Zur sozialen Selektivität des Bildungswesens am Beispiel der Weiterbildung*. Weinheim: Beltz.

Bremer, H. (2010). Zielgruppen in der Praxis. Erwachsenenbildung im Gefüge sozialer Milieus. *Magazin erwachsenenbildung.at,* (10). www.erwachsenenbildung.at/magazin/10-10/meb10-10.pdf

Tippelt, R., Barz, H., Hippel, A. v., Baum, D. & Reich, J. (2008). *Weiterbildung und soziale Milieus in Deutschland. Milieumarketing implementieren* (Bd. 3). Bielefeld: W. Bertelsmann.

Barz, H., Barth, K., Cerci-Thoms, M., Dereköy, Z., Först, M., Le, Thi T. et al. (2015). *Große Vielfalt, weniger Chancen. Eine Studie über die Bildungserfahrungen und Bildungsziele von Menschen mit Migrationshintergrund in Deutschland.* Düsseldorf: Druckhaus.

Die Milieuforschung fokussiert grundsätzlich auf das Subjekt. Sie analysiert subjektive und gruppenbezogene Einstellungen gegenüber dem Lebenslangen Lernen. Dabei kommen die typischen Weiterbildungsinteressen und -barrieren in den Blick. Im Ergebnis kann die Milieuforschung Adressatengruppen differenzieren.

Mit Blick auf die Organisation generiert die Milieuforschung Wissen darüber, wie die Weiterbildungseinrichtungen die Nachfrage bestimmter Zielgruppen einschätzen können, um dann mit ihren jeweiligen Profilen und Angeboten darauf zu reagieren. Im Ergebnis einer solchen organisationsorientierten Milieuforschung können einerseits Fragen und Herausforderungen des Marketings von Einrichtungen, andererseits aber auch didaktische Fragestellungen abgeleitet werden. In diesem Sinne ist Milieuforschung eng auf die Programmplanungsforschung bezogen.

Betrachtet man die Umsetzung milieuorientierter Bildungsarbeit in Organisationen der Erwachsenen- und Weiterbildung, so ist aufgrund knapper werdender öffentlicher Zuschüsse die Gefahr zu sehen, dass milieuorientierte Marketingstrategien genutzt werden, um vor allem finanzkräftige Milieus anzusprechen.

**Beispiel**

### Milieuorientierte Bildungsarbeit

Dies zeigte sich im Projekt „ImZiel". Hier rangen die hauptberuflichen pädagogischen Mitarbeitenden mit sich, welche Zielgruppen im Einklang mit ihrem Bildungsauftrag anzusprechen seien. Aufgrund der zum Teil prekären finanziellen Lage der Adressatinnen und Adressaten wurden dann überwiegend die sogenannten modernen, gehobenen – und nicht benachteiligten – Milieus in den Pilotprojekten angesprochen (Tippelt et al., 2008; Reich-Claassen & Tippelt, 2010).

Der Ansatz der sozialen Milieus in der Erwachsenen- und Weiterbildung stellt ein Instrument der Differenzierung zur Verfügung, die genutzt werden kann, um spezifische Milieus herauszugreifen und je nach Ziel benachteiligte oder bildungsnahe Milieus gezielt unterschiedlich anzusprechen, um sie besser zu erreichen. Aus der Forschung wissen wir darum, „dass die Ungleichheit der Lernenden [genau dann; *Einf. d. Verf.*] eine ungleiche Pädagogik erfordert, wenn mehr Gleichheit das Ziel sein soll" (Bremer, 2007, S. 13).

Auch ohne Einsatz von Zielgruppenkonzepten und trotz des Grundsatzes, „alle" erreichen zu wollen, kann das jeweilige Profil der Einrichtung bzw. das konkrete Angebot die eine oder andere Zielgruppe unbewusst ausschließen. Eine Reflexion der Milieuzugehörigkeit der Adressatinnen und Adressaten sowie der Erwachsenenbildnerinnen und Erwachsenenbildner selbst kann dann zu regelrechten „Aha-Erlebnissen" in der Praxis führen, wenn die Planenden und Lehrenden sich dann die erfolgreiche oder auch nicht erfolgreiche Ansprache bestimmter Adressatengruppen besser erklären können.

Warum erreicht eine Einrichtung bestimmte soziale Milieus besser als andere?

Der Milieuansatz kann jedoch – kritisch betrachtet – auch gerade bei zu wenig Schulung in der Milieuzuordnung und bei zu geringer Empathie und Fähigkeit der Perspektivenübernahme dazu führen, dass die plurale soziale Wirklichkeit aufgelöst wird und Lehrende wie Planende einzelne Adressatinnen und Adressaten (oder auch sich selbst) vorschnell einem Milieu zuordnen.

## Lesehinweis

Ausführlicher zu einem kritischen Blick auf Milieumarketing bei:

Reich-Claassen, J., Hippel, A. v. & Tippelt, R. (2011). Zielgruppenkonstruktion(en) auf Basis des Milieumodells? Ein kritischer Blick auf Milieuforschung und milieuorientierte Bildungsarbeit. In H. Herzberg & E. Kammler (Hrsg.), *Biographie und Gesellschaft – Überlegungen zu einer Theorie des modernen Selbst* (S. 101–118). Frankfurt a.M.: Campus

Reich-Claassen, J. & Tippelt, R. (2010). Chancen und Risiken des Zielgruppenmarketings in der Weiterbildung. *Magazin erwachsenenbildung.at,* (10). www.erwachsenenbildung.at/magazin/10-10/meb10-10.pdf

Der Ansatz der sozialen Milieus kann in der Erwachsenen- und Weiterbildung in unterschiedlichen Zusammenhängen genutzt werden:

- um soziale Ungleichheit zu analysieren; dies wäre das Feld der Adressatenforschung, die auf Beteiligung fokussiert,
- um die eigene Milieuzugehörigkeit als Planende und Lehrende zu reflektieren,
- um Zielgruppen quantitativ und „qualitativ" genauer zu betrachten und daraufhin Angebote zielgruppenorientiert planen und gestalten zu können.

Aufgabe der Programmplanung ist es, verschiedene soziale Milieus und hierbei auch bildungsferne Gruppen differenziert anzusprechen. Darüber hinaus bleibt es die große Herausforderung, milieuübergreifende Erfahrungsräume anzubieten. Immer dann, wenn es gelingt, Themen und Formate zu finden, die mehrere Milieus gleichzeitig ansprechen, ist dies als ein besonderer Beitrag der Erwachsenen- und Weiterbildung anzusehen, soziale Integration und kulturelle Partizipation in der Gesellschaft zu fördern.

## 9.3 Zielgruppen in Modellen der Programmplanung

Wo geht es in den Modellen um Zielgruppen?

Im Folgenden wird der Blick auf Zielgruppen in zwei unterschiedlichen Modellen diskutiert: zum einen in pädagogischen Modellen und zum anderen in einem Marketingablaufmodell.

### Zielgruppenorientierung in pädagogischen Modellen der Programm- und Angebotsplanung

Prinzipiell enthalten alle Programmplanungsmodelle die Elemente „Zielgruppen" bzw. „Teilnehmende", allerdings mit unterschiedlichen Gewichtungen. Siehe hierzu noch einmal die Übersicht in → Kapitel 3 (Tabelle 2).

Im Folgenden wird Zielgruppenorientierung in zwei ausgewählten pädagogischen Modellen verortet: einmal im Programmplanungsmodell „Angleichungshandeln/Wissensinseln" und im Modell „Angebotsentwicklung". Beide enthalten das Element „Zielgruppe".

Im Modell „Angleichungshandeln/Wissensinseln“ nach Gieseke (2000) ist „Zielgruppengewinnung“ eine eigenständige Wissensinsel, zu deren Bearbeitung entsprechende pädagogische Kenntnisse und Kompetenzen nötig sind. In einer Studie von von Hippel und Tippelt (2009) wurden hauptberufliche pädagogische Mitarbeitende nach den drei wichtigsten Fortbildungsbedarfen für ihre eigene Tätigkeit befragt. Dazu gehören, so die Aussage, die Entwicklung neuer Angebote, die Zielgruppenansprache sowie das Projektmanagement bzw. die Finanzierung.

In inhaltlicher Nähe zur Wissensinsel „Zielgruppengewinnung“ stehen die Wissensinseln „Bedürfniserschließung“, „Bedarfserhebung“ und „Teilnehmeranalyse“. In der Praxis werden Wissensinseln je nach Programm und Angebot unterschiedlich kombiniert. Zudem gibt es verschiedene Einstiegspunkte in den Planungsprozess. Ein möglicher Einstieg kann die Zielgruppengewinnung oder -analyse sein. Das Modell der Wissensinseln betont insbesondere die Aushandlungsprozesse, eben jenes Angleichungshandeln.

Im Modell der Angebotsentwicklung nach Schlutz (2006) stellt die Zielgruppe das zweite Prüfkriterium dar. Das Modell unterscheidet sechs Kriterien (wofür, für wen, wozu, was, wie, womit bzw. wo), die es im Rahmen der ersten Schritte der Angebotsentwicklung zu überprüfen gilt. Zu ergänzen wäre das Modell der Angebotsentwicklung noch durch die Frage nach dem Wer, also durch die Frage nach den Kursleitenden, die als ausschlaggebender Faktor subjektiv empfundener Qualität von Bildungsangeboten gelten.

Die beiden exemplarisch ausgewählten Modelle beinhalten das Element „Zielgruppe“. Alle weiteren Elemente bzw. Wissensinseln können zielgruppenorientiert gestaltet werden. Auf der mesodidaktischen Ebene sind dies z.B. das Gewinnen von Kursleitenden, die Kostenkalkulation und die Öffentlichkeitsarbeit. Auf der eher mikrodidaktischen Ebene der Angebotsplanung und -durchführung sind es z.B. Medien und Methoden.

## Zielgruppenorientierte Programm- und Angebotsplanung mittels Marketingablaufmodell

Im Folgenden wird zielgruppenorientierte Programm- und Angebotsplanung mit einem Marketingablaufmodell erörtert und diskutiert.

Im Marketing spricht man nicht von einer Adressaten-, Teilnehmer- und Zielgruppenorientierung, sondern von der „Kundenorientierung“. In diesem Begriff wird der „Kunde“ betont, also jene Person, die eine Dienstleistung in Anspruch nimmt.

Der Begriff Kunde „bezieht sich lediglich auf die Rolle eines Menschen in der (potenziellen) Kaufsituation“ (Möller, 2002, S. 19).

Neben dem Begriff „Kundenorientierung“ macht auch der Begriff „Marktorientierung“ den Wandel von einem Verkäufer- zu einem Käufermarkt in der Sprache sichtbar.

## Merksatz

Marketing ist die Planung, Organisation, Durchführung und Kontrolle sämtlicher Unternehmensaktivitäten, die durch eine Ausrichtung des Leistungsprogramms am Kundennutzen darauf abzielen, absatzmarktorientierte Unternehmensziele zu erreichen (Bruhn, 1990, S. 13 in Schöll, 2005, S. 11).

Öffentlichkeitsarbeit und Werbung sind dabei nur Bestandteile des Marketings und nicht mit diesem gleichzusetzen.

Das Weiterbildungsmarketing greift Ideen des Sozialmarketings, des Non-Profit-Marketings und des klassischen Marketings auf und ist von den Grundstrukturen her ein Dienstleistungsmarketing.

Marketing in der Erwachsenen- und Weiterbildung zielt – entgegen dem klassischen Marketing – nicht allein auf das Erreichen absatzmarktorientierter Unternehmensziele. Stattdessen wird hier diskutiert, ob diese Marktorientierung nicht einer „Vermarktung" gleichkomme, so bereits Schlutz (1994). Da Weiterbildung nicht notwendigerweise verkauft werden muss, sei vielmehr die Beratung der Adressatinnen und Adressaten sowie Teilnehmenden eine zentrale Aufgabe. Schlutz führt weiter aus, dass Teilnehmendenorientierung daher nicht mit Kunden- oder Marktorientierung gleichzusetzen sei. Adressaten-, Teilnehmenden- und Zielgruppenorientierung steht für die Orientierung an erwachsenenpädagogischer Qualität, für das Vorhalten eines umfassenden Bildungsangebots und für die Orientierung auch an benachteiligten Zielgruppen: „Eine völlig marktorientierte Erwachsenenbildung würde nur das anbieten, was erfahrungsgemäß sehr stark nachgefragt und von den Teilnehmern finanziert wird" (ebd., S. 184).

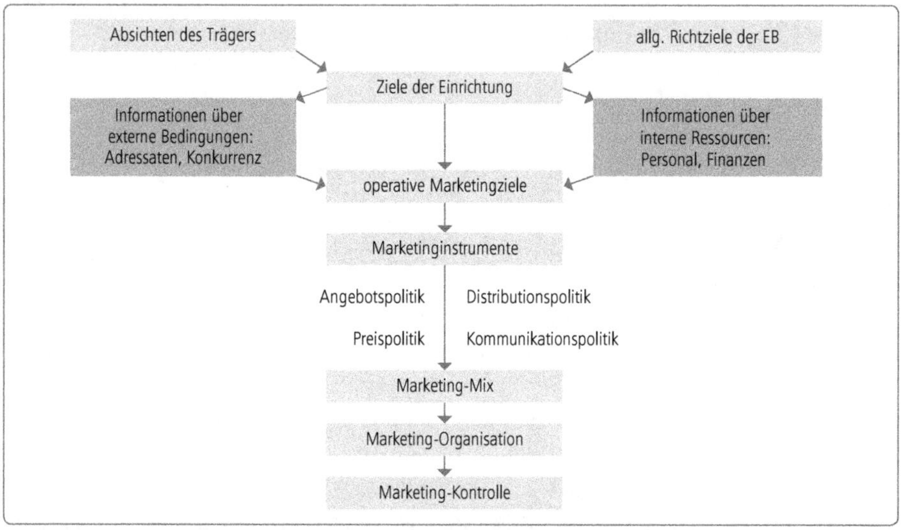


*Abbildung 12.* Zielgruppenspezifische Marketingstrategien (v. Hippel, Reich & Baum, 2008, S. 44, in Anlehnung an Sarges & Haeberlin, 1980)

Aus einer Marketingperspektive ist unter einem „Angebot" zunächst ganz allgemein eine Gütermenge zu verstehen, die ein Anbieter auf einem Markt „absetzen" möchte. Auf den Weiterbildungsbereich bezogen, besteht ein „Angebot" in einer Zusage, ein „vorhandenes Leistungspotential in Form einer bestimmten Bildungsdienstleistung zu realisieren und dabei Eigenleistungen der Abnehmer einzubeziehen" (Schlutz, 2006, S. 75). Unter dieser „Zusage" ist im Bildungsbereich allerdings eher eine Art „Versprechen" zu verstehen, da es sich bei Bildungs-(dienst-)leistungen um sogenannte immaterielle Güter handelt, die die Mitwirkung der Lernenden erfordern.

Der Fokus auf Zielgruppen ist unter Marketinggesichtspunkten Teil einer „Marktsegmentierung". Die Segmentierung gilt als Instrument der Marktforschung und damit als Bestandteil einer Marketingstrategie. Sarges und Haeberlin (1980) haben dieses Konzept frühzeitig auch auf die Weiterbildung übertragen. Segmentierung zielt auf eine Aufteilung der Gesamtheit des Weiterbildungsmarkts in leichter zu bearbeitende Gruppen ab. Diese Gruppen sollen intern möglichst homogen, extern aber heterogen sein und sich durch Merkmale und Merkmalskombinationen auszeichnen, die möglichst handlungsrelevant – hier die Teilnahme an Erwachsenen- und Weiterbildung bedingend – sind.

Marketing gilt mittlerweile als unverzichtbares Instrument zur Optimierung von Planung und Abläufen in der Praxis der Erwachsenen- und Weiterbildung. Die sogenannte „Angebotspolitik", gelegentlich auch als „Programmpolitik" bezeichnet, ist dabei als Herzstück der Marketingstrategie zu verstehen und stellt als einer der vier Aktionsparameter den zentralen Bezugspunkt nicht nur für die Gestaltung der drei weiteren Marketinginstrumente (Preis-, Kommunikations- und Distributionspolitik), sondern auch den Ausgangspunkt bei der Formulierung von Basisstrategien zur Zielerreichung dar.

Inhaltlich umfasst die „Angebotspolitik" folgende Aspekte:

- den Titel der Veranstaltung,
- Inhalte,
- Methoden,
- Materialien sowie
- Aspekte der Personalrekrutierung und -qualifizierung

Weitere Marketinginstrumente sind in Abbildung 13 dargestellt.

Zielgruppenorientierte Planung anhand eines Marketingablaufmodells ermöglicht es, linear, strukturiert und fokussiert Angebote für eine bestimmte Zielgruppe in Bezug auf alle Aspekte der Marketinginstrumente zu planen. Das ist allerdings kein Erfolgsversprechen, denn die Zielgruppenerreichung kann auch anders als geplant verlaufen. Die Verwendung eines Marketingablaufmodells kann für Pilotangebote, Innovationen etc. sinnvoll sein.

*Abbildung 13.* Marketinginstrumente – Zentrale Elemente in der Weiterbildung (ausgewählte Beispiele) (Reich & Tippelt, 2008, S. 16)

Das ursprüngliche Modell von Sarges und Haeberlin (1980), wie es für die Erwachsenen- und Weiterbildung adaptiert wurde, ist offen für eine zielgruppenorientierte, pädagogisch begründete Formulierung von operativen Marketingzielen, die nicht allein auf Absatzorientierung zielen, da Erwachsenenbildungsziele, Ziele der Einrichtung etc. in die operativen Ziele einfließen.

Pädagogische Programmplanungsmodelle und Marketingablaufmodell stellen verschiedene Perspektiven auf einen zielgruppenorientierten Planungsprozess dar. Sie haben differente disziplinäre Hintergründe, Logiken und Ziele. Weiterbildungsmarketing kann die pädagogisch-didaktische Perspektive ergänzen, aber nicht ersetzen. Produktkliniken als ein Instrument zur Planungspartizipation können in beiden Perspektiven verortet werden, sie werden im Folgenden beschrieben.

## 9.4 Produktkliniken in der Programmplanung

Die Produktklinik ist ein Instrument der zielgruppenorientierten partizipativen Programmplanung (v. Hippel, 2008). Als solche kann sie in unterschiedlichen Bereichen der Erwachsenen- und Weiterbildung zum Einsatz kommen. Sie stammt ursprünglich aus der kommerziellen Marktforschung. Sie kann nicht nur an nahezu jeder beliebigen Stelle im Marketingablaufmodell eingefügt, sondern auch – und zwar im Sinne einer Planungspartizipation (Robak, Pohlmann & Heidemann, 2013) – in der pädagogischen Programmplanung eingesetzt werden.

## Definition

### Produktklinik

Unter einer Produktklinik ist im erwachsenenpädagogischen Bereich das „Testen" der Angebote bei den Adressatinnen und Adressaten meist vor Aufnahme der Angebote in das reguläre Programm zu verstehen.

Es geht darum, vorgestellte Veranstaltungen bzw. Veranstaltungsformen und -konzepte aus individueller Sicht zu bewerten und im Hinblick auf Verbesserungsmöglichkeiten zu diskutieren. Dabei bezieht sich der Wortbestandteil „Klinik" auf die Räumlichkeit: Die Produktklinik findet in einem Teststudio statt. Der Teil „Produkt" nimmt das Angebot in den Blick, das verbessert und „kuriert" werden soll.

Die Produktklinik, d.h. die Bewertung und Weiterentwicklung von Angeboten durch die Adressatinnen und Adressaten, kann ein innovatives Mittel sein, um eine an der Zielgruppe ausgerichtete Programmplanung zu etablieren. Sie erhebt den Bildungsbedarf und die Erwartungen der jeweiligen Zielgruppe und bezieht die Zielgruppe systematisch in den Planungsprozess mit ein. Sie ermöglicht darüber hinaus die Analyse der Positionierungschancen von Neuentwicklungen im Kontext des eigenen Images, aber auch im Konkurrenzumfeld, und kann damit zur Profilbildung eines Anbieters beitragen. Das Instrument ist in der Markt- und Marketingforschung für Zwecke der Optimierung von Produktentwürfen im Konsumgüterbereich seit Langem etabliert (Wildemann, 1998).

## Wegweiser Methode

Die Einbeziehung von Kunden und ihren Innovationen in „lead user projects" kann als „customer-active paradigm" bezeichnet werden. Dies steht im Gegensatz zum traditionellen „manufacturing-active paradigm", bei dem der Anbieter für Produktentwicklung und -innovation über den gesamten Wertschöpfungsprozess allein verantwortlich ist. Neuerdings werden ähnliche Aspekte unter dem Schlagwort „design thinking" diskutiert.

Mehr dazu kann man nachlesen in: Hippel, E. v. (1978). A Customer-Active Paradigm for Industrial Product Idea Generation. *Research Policy, 7*, (3), 240–266.

Die Übertragung der Produktklinik in den Bildungsbereich muss gleichwohl als eine Herausforderung angesehen werden. Prinzipiell aber können alle vier Bereiche des Marketing-Mix (das sind Angebots-, Kommunikations-, Distributions- und Preispolitik) bzw. fast alle Wissensinseln und Prüfkriterien in einer Produktklinik bewertet werden.

Produktkliniken können mit quantitativen wie mit qualitativen Methoden durchgeführt werden. Qualitativ können Produktkliniken als Einzelinterviews organisiert werden, meist bietet sich jedoch eine Durchführung in Gruppendiskussionen an. Sie dienen der Untersuchung von Motiven, Meinungen und Einstellungen und sind damit insbesondere für die Analyse von Bildungsbedarf und Organisationsimages geeignet. Gruppendiskussionen als Produktkliniken haben eher explorativen, keinen repräsentativen Charakter.

Darüber hinaus können Produktkliniken Teil von Qualitätsmanagementsystemen sein. Dabei werden die Angebote in ihre Bestandteile zerlegt und es wird überprüft, inwieweit sie den tatsächlichen Anforderungen der Kunden entsprechen.

Durch Produktkliniken können Kosten bei der Implementierung gespart werden (wenn z.B. nicht erfolgreiche Produkte bereits vor ihrer Markteinführung als solche eingeschätzt werden). Gleichzeitig können Produktkliniken jedoch kostenintensiv sein. In diesem Fall müssen Art und Umfang der Produktklinik vorab durch eine Kosten-Nutzen-Analyse bestimmt werden.

Um auf eine sich stark ausdifferenzierende Nachfragesituation mit ebenso ausdifferenzierten Angeboten reagieren zu können, bedarf es Informationen über die Adressatinnen und Adressaten. Auch diese können durch Produktkliniken erhoben werden. Diese ermöglichen es, Themen, die die Zielgruppen beschäftigen, frühzeitig aufzugreifen. Mit Produktkliniken können zudem zielgruppenspezifische Weiterbildungsinteressen und -barrieren analysiert werden.

Image und Bekanntheitsgrad einer Organisation spielen im Prozess der Marketingstrategie eine wichtige Rolle – insbesondere mit Blick auf die Passung von anvisierter Zielgruppe und Organisationsimage.

Was unterscheidet das immaterielle Gut Weiterbildung von materiellen Gütern?

Will man die Methode der Produktklinik auf den Bereich der Erwachsenen- und Weiterbildung übertragen, muss man sich verdeutlichen, inwiefern sich Weiterbildung von klassischen Konsumgütern unterscheidet. Das immaterielle Gut Weiterbildung hat beispielsweise einen anderen Entstehungsprozess als ein Konsumgut, da ein realer Test vor dem Kauf nicht möglich ist und auch Probestunden letztendlich kein valides Abbild des späteren Kursverlaufs liefern, da Weiterbildungsangebote weder wiederhol- noch standardisierbar sind. Eine besondere Herausforderung beim Einsatz von Produktkliniken in diesem Bereich ist daher die Veranschaulichung der einzelnen Aspekte des Marketing-Mix bzw. der didaktischen Handlungsfelder – was bei einem immateriellen Gut deutlich komplexer ist als bei einem materiellen. Dabei sind die Programmankündigungen und andere Werbematerialien als Scharnierstelle zwischen Angebot und Nachfrage zentral.

Die Beteiligung von Adressatinnen und Adressaten im Planungsprozess ist an sich nicht neu; den strukturierten Einsatz von Produktkliniken verdeutlicht das folgende Beispiel.

## Wegweiser Forschung

Der systematische Einsatz von Produktkliniken als Instrument der Marktabklärung im Erwachsenen- und Weiterbildungsbereich erfolgte erstmals im vom BMBF-geförderten Projekt „ImZiel". Es widmete sich der „systematischen Entwicklung und Implementierung von zielgruppenspezifischen Angebotssegmenten in Einrichtungen der Erwachsenenbildung".

Die Ergebnisse sind hier nachzulesen:

Tippelt, R., Barz, H., Hippel, A. v., Baum, D. & Reich, J. (2008). *Weiterbildung und soziale Milieus in Deutschland. Milieumarketing implementieren* (Bd. 3). Bielefeld: W. Bertelsmann.

## 9.5 Zusammenfassung

Der Ansatz der sozialen Milieus ist in mehreren Bereichen für die Programmplanung relevant (Analyse der Weiterbildungsbeteiligung, zielgruppenorientierte Programmplanung, Reflexion Milieuzugehörigkeit Planende und Lehrende). Pädagogische Programmplanungsmodelle und Marketingablaufmodell stellen verschiedene Perspektiven auf einen zielgruppenorientierten Planungsprozess dar. Sie haben differente disziplinäre Hintergründe, Logiken und Ziele. Weiterbildungsmarketing kann die pädagogisch-didaktische Perspektive ergänzen, aber nicht ersetzen. Produktklinik als ein Instrument zur Planungspartizipation kann in beiden Perspektiven verortet werden. Gerade durch die direkte Kopplung von Anbieter- und Adressatenperspektive können vielfältige Reflexionsprozesse angeregt und das Eindenken in die Zielgruppen gefördert werden.

### Fragen & Aufgaben

1. Max Schmidt und Anna Müller möchten gerne in ihrem jeweiligen Tätigkeitsfeld pädagogische Programmplanung und das Marketingablaufmodell miteinander verbinden. Wie könnte das geschehen?
2. Welche „kleineren" Formen von Produktkliniken bzw. partizipativer Programmplanung könnten Sie sich vorstellen?

### Tipps zum Weiterlesen

Bremer, H. (2007). *Soziale Milieus, Habitus und Lernen. Zur Analyse von sozialer Selektivität und Chancengleichheit in pädagogischen Handlungsfeldern am Beispiel der Erwachsenenbildung.* Weinheim: Beltz Juventa.
*Umfangreicher Band zu sozialen Milieus und Erwachsenenbildung (inkl. theoretischen Ableitungen und empirischen Ergebnissen).*

Hippel, A. v. (2008). Die Produktklinik – eine Methode zur nachfrageorientierten Planung von Angeboten wissenschaftlicher Weiterbildung. *Report – Zeitschrift für Weiterbildungsforschung, 31* (1), 42–51.
*Der Beitrag beschreibt das Instrument der Produktklinik und gibt Anwendungsbeispiele.*

Reich-Claassen, J., Hippel, A. v. & Tippelt, R. (2011). Zielgruppenkonstruktion(en) auf Basis des Milieumodells? Ein kritischer Blick auf Milieuforschung und milieuorientierte Bildungsarbeit. In H. Herzberg & E. Kammler (Hrsg.), *Biographie und Gesellschaft – Überlegungen zu einer Theorie des modernen selbst (S. 101–118).* Frankfurt a.M.: Campus.
*Der Beitrag verortet den Ansatz der sozialen Milieus als eine Form der Zielgruppendifferenzierung und hinterfragt gleichzeitig diesen Ansatz kritisch.*

Tippelt, R., Reich, J., Hippel, A. v., Barz, H. & Baum, D. (2008). *Weiterbildung und soziale Milieus* (Bd. 3). Bielefeld: W. Bertelsmann.
*Der Band informiert umfassend über zielgruppenorientierte Programm- und Angebotsplanung mit dem Ansatz der sozialen Milieus (inkl. Aufarbeitung des Theorie- und Forschungsstandes dazu sowie der Praxisimplementierung).*

# 10

# Finanzierung von Programmen und Angeboten

Bernd Käpplinger

In diesem Kapitel wird die Bedeutung verschiedener Finanzierungsquellen in der Erwachsenen- und Weiterbildung erläutert. Dabei wird gezeigt, welche Rolle dem Personal in den Organisationen bei der Sicherung der Grundfinanzierung sowie der Akquise weiterer Mittel zukommt. Auch die Frage nach der Höhe der Teilnahmebeiträge und die Möglichkeiten einer Mischfinanzierung auf Organisations- oder Programmebene kommen hierbei in den Blick.

## Lernziele

- die Begriffe „Erstmittel", „Zweitmittel" und „Drittmittel" erläutern und deren Wechselbeziehungen und Bedeutung im Feld der Erwachsenen- und Weiterbildung aufzeigen können
- die Akquise von Mitteln als Beitrag zur Gestaltung der Rahmenbedingungen erwachsenenpädagogischer Arbeit reflektieren können
- das eigene Handeln im Spannungsfeld von Ökonomie und Pädagogik ethisch begründen können

*Max Schmidt möchte als Leiter des Programmbereichs Kultur einer Volkshochschule ein neues, zeitintensives Kursangebot zum interkulturellen Lernen in privaten oder beruflichen Kontexten entwickeln. Er muss gegenüber der Leitung und den Kolleginnen inhaltlich und mit Blick auf die Zielgruppen begründen, warum es dieses Angebot braucht, um institutionelle Mittel zu erhalten. Außerdem muss abgeschätzt werden, welche Kursgebühr potenzielle Teilnehmende zu zahlen bereit sein könnten. Die Frage der Höhe der Gebühr ist heikel, weil ein zu teures Kursangebot vielleicht nicht genügend Interessierte anzieht oder die Volkshochschule eine soziale Verantwortung gegenüber nicht-kaufkräftigen Zielgruppen hat. Über Kooperationen mit Stiftungen oder über öffentliche Ausschreibungen könnten weitere Mittel gewonnen werden. Mithilfe von Sondermitteln könnte das neue Kursangebot wissenschaftlich begleitet werden, was im Alltagshandeln kaum möglich ist. So ist Max Schmidt gefordert zu sondieren und zu begründen, wie er das Angebot finanzieren kann.*

## 10.1 Die Bedeutung von Ressourcen

In der Erwachsenen- und Weiterbildung Tätige, darunter Projektbeschäftigte, Programmplanende oder Organisationsleitende, haben die Aufgabe, finanzielle Ressourcen für Kursangebote zu akquirieren. Es genügt nicht, gute inhaltliche Ideen zu haben oder didaktisch geschickt zu sein. Man muss auch in der Lage sein, notwendige Mittel zur Durchführung zu haben bzw. einzuwerben. Dies leitet sich aus der besonderen Situation in der Erwachsenen- und Weiterbildung ab: Sie basiert einerseits auf zumeist freiwilliger Teilnahme, auf Teilnahmegebühren oder Projektmitteln und ist andererseits nicht hinreichend über öffentliche Mittel grundfinanziert. Das bedeutet, wenn Kurse nicht besucht werden, kommt das Bildungsangebot nicht zustande und es werden keine Einnahmen erzielt. Die „Kunden" von Erwachsenen- und Weiterbildungseinrichtungen sind nicht immer die Lernenden selbst, sondern zuweilen jene öffentlichen Stellen oder Unternehmen, die das Angebot als Dienstleistung beauftragen (Schlutz, 2006).

Es ist für die in den Einrichtungen Tätigen essenziell, gegenüber möglichen Auftraggebern oder Finanziers überzeugend begründen und aushandeln zu können, warum man wie viele Mittel wofür braucht.

Da Erwachsenen- und Weiterbildung auch als „Markt" oder „Quasi-Markt" begriffen und oft von einer „Ökonomisierung" der Arbeit in diesem Feld gesprochen wird, ist im Falle unzureichender Begründungs- und Aushandlungsfähigkeit die Organisation als Ganzes oder aber ein Teil des Angebots gefährdet.

**Definition**

### Quasi-Markt

Hier handelt es sich um einen Markt, bei dem der Staat Aufträge für soziale Dienstleistungen in wettbewerbsorientierten Ausschreibungsverfahren vergibt. Die Steuerung dieser Märkte geschieht oft über Instrumente, die aus der Privatwirtschaft entlehnt sind (Controlling, Qualitätsmanagement, Monitoring etc.), die bei privatwirtschaftlichen oder halböffentlichen Agenturen angesiedelt sind.

Zum Verständnis des „Weiterbildungsmarkts" verweisen wir auf die → Kapitel 1 und → 2. Den Begriff „Quasi-Markt" führen wir an dieser Stelle neu ein.

In Quasi-Märkten geht es weniger um Angebot und Nachfrage im Sinne einer betriebswirtschaftlichen Handlungslogik, sondern um das Handeln im Rahmen staatlicher Vorgaben oder Vorgaben von staatlich beauftragten Agenturen. Orientierung geben in der Regel die Qualitätsstandards oder Ausschreibungskriterien. Programmplanung und Angebotsentwicklung sind auf solchen Märkten von ökonomischen Fragen gerahmt, wobei die erwachsenenpädagogische Autonomie in unterschiedlichem Maße davon betroffen ist. Es besteht die Gefahr, dass erwachsenenpädagogische und ethische Überlegungen gegenüber betriebswirtschaftlichen Kalkülen in den Hintergrund treten.

Daher kann es sein, dass Weiterbildungspersonal über ein festes, nicht im Detail definiertes Budget verfügt und relativ frei Programme und Kurse entwickelt, die nicht gewinnorientiert sind, wie es für Volkshochschulen und andere öffentliche oder gemeinnützige Anbieter früher typisch war. Es ist aber auch möglich, dass man als Anbieter kleinteilige Zielvorgaben bekommt, wie die Ressourcen zu verwenden sind, oder dass man sogar gewinnorientierte Vorgaben bekommt. Je nach Einrichtung unterscheiden sich Finanzierungsmuster erheblich.

Unter dem Stichwort „Ökonomisierung" wird diskutiert, inwiefern erwachsenenpädagogische Arbeit über professionelle Freiräume verfügt und sozial gerecht gestaltet ist oder ob bestimmte ökonomische Vorstellungen diktieren, wie erwachsenenpädagogische Arbeit auszusehen hat. Dies kann darin münden, dass entweder besonders kaufkräftige Milieus angesprochen oder aber besonders niedrigpreisige Angebote entlang der Ausschreibungskriterien entwickelt werden müssen.

So bleibt es wichtig, sich konstruktiv-kritisch mit finanziellen Fragen in der Programmplanung und Angebotsentwicklung zu befassen. Strategisch geschicktes Handeln hilft, finanzielle Ressourcen für eine erwachsenenpädagogisch begründete Planung zu sichern. Das eigene Handeln ist ethisch zu reflektieren (Sork, 2016), um vorzubeugen, dass nicht primär oder sogar allein ökonomische Argumente entscheidend dafür sind, welche Angebote mit exkludierenden oder inkludierenden Preisstrukturen entstehen.

## 10.2 Finanzierungsquellen in der Erwachsenen- und Weiterbildung

Im Feld der Erwachsenen- und Weiterbildung wird grundsätzlich zwischen drei verschiedenen Finanzierungsquellen unterschieden:

1. Erstmittel,
2. Zweitmittel,
3. Drittmittel.

Diese Mittel können in verschiedene Finanzierungsmodelle eingehen. Im Folgenden werden die Mittel zunächst einzeln vorgestellt.

## Definition

### Erstmittel
Erstmittel sind die kundenbezogenen Einnahmen oder Erträge aus der Veräußerung der Produkte und Leistungen.

### Zweitmittel
Zweitmittel sind institutionelle Grundförderungen der Einrichtung oder des Personals.

### Drittmittel
Drittmittel sind Einnahmen aus Verträgen mit Dritten über die Erbringung von Produkten und Dienstleistungen.

*Erstmittel und Teilnahmegebühren*
Erstmittel sind im Erwachsenen- und Weiterbildungsbereich „die Einnahmen oder Erträge aus der Veräußerung der Produkte und Leistungen" (Schuldt, 2007, S. 18). Dieses Verständnis unterscheidet sich von dem in anderen Bildungsbereichen, bei denen darunter die institutionelle Förderung verstanden wird. In der Erwachsenen- und Weiterbildung sind dagegen die Teilnehmendengebühren häufig der größte Posten im Etat der Organisation.

## Wegweiser Daten

Selbst bei den öffentlich getragenen Volkshochschulen entfällt mit 40,5 Prozent in den vergangenen Jahren bundesweit der größte Anteil der Einnahmen auf Teilnahmebeiträge, knapp vor öffentlichen Zuwendungen mit 40,4 Prozent (Huntemann & Reichart, 2015, S. 21–22).

Da die meisten privat-gemeinnützigen und vor allem privatwirtschaftlichen Anbieter weniger oder keine öffentlichen, institutionellen Förderungen erhalten, sind sie noch stärker gefordert, für ihre Kurse oder Produkte zahlende Kundinnen und Kunden zu finden.

Der „Adressat der Weiterbildungs-Dienstleistung", so wie Schlutz (2006) ihn bezeichnet, ist bei Weitem nicht immer der Teilnehmende selbst. Hier kommen häufig staatliche oder nicht-staatliche Auftraggeber oder Finanziers ins Bild (z.B. Arbeitsagentur, Unternehmen). So sind insbesondere bei der betrieblichen Weiterbildung, aber auch bei arbeitsagenturgeförderten Maßnahmen „Auftraggeber", „Kunde" oder „Lerner" nicht identisch.

Bezogen auf die Zahl der Lernaktivitäten ist die betriebliche Weiterbildung das größte Weiterbildungssegment, wenngleich es sich überdurchschnittlich oft um relativ kurze und eher reaktive Weiterbildungen handelt, die dann gefragt sind, wenn akute Handlungsprobleme im Arbeitskontext aufkommen. So kaufen insbesondere Unternehmen für ihre Beschäftigten Trainings bei Anbietern von Erwachsenen- und Weiterbildung ein.

## Wegweiser Daten

Gemäß der europaweiten Betriebsbefragung *Continuing Vocational Training Survey* (CVTS) kauften im Jahr 2010 55 Prozent aller Unternehmen externe Bildungsdienstleistungen ein (Käpplinger, 2016a, S. 161).

Neben privatwirtschaftlichen Unternehmen ist auch der öffentliche Dienst sehr aktiv in Sachen Weiterbildung. Beamte und Angestellte im öffentlichen Dienst zählen gemäß der repräsentativen Befragung des *Adult Education Survey* (AES) zu den weiterbildungsaktivsten Personengruppen. Häufig nutzen diese die Bildungsangebote eigener Bildungswerke oder -einrichtungen ihres Arbeitgebers. So ist die Bundesakademie für öffentliche Verwaltung (BAköV) die zentrale Fortbildungseinrichtung der Bundesverwaltung. Viele, über Zweitmittel teilfinanzierte Fortbildungseinrichtungen auf Länderebene wären zu ergänzen.

Finanzieren die Lernenden ihre Teilnahme alleine, ist auf eine sozial verantwortliche Preisstruktur zu achten, um etwaige Benachteiligungen zu vermeiden.

Über sogenannte Weiterbildungsgutscheine und Bildungsprämien wurde in den vergangenen rund zehn Jahren die weiterbildungsbezogene Kaufkraft von Beschäftigten per Nachfrageförderung gestärkt. Die Gutschein- bzw. Prämienberechtigten können relativ frei wählen, bei welchem Anbieter sie diese einlösen, um ihre Teilnahme zu kofinanzieren. Besonders für den Sprachenbereich und schlecht bezahlte Gesundheitsberufe wird dies von oft prekär Beschäftigten rege genutzt.

## Lesehinweis

Weiteres kann hier nachgelesen werden:

Käpplinger, B., Klein, R. & Haberzeth, E. (Hrsg.). (2013). *Weiterbildungsgutscheine – Wirkungen eines Finanzierungsmodells in vier europäischen Ländern.* Bielefeld: W. Bertelsmann.

*Zweitmittel als Grundförderung*

Zweitmittel – auch als „Grundmittel“ bezeichnet – umfassen institutionelle Zuwendungen. Öffentliche oder private Organisationen der Erwachsenen- und Weiterbildung erhalten öffentliche Gelder als eine Grundfinanzierung, um ihr hauptamtliches Personal zu beschäftigen oder ein Grundangebot an Kursen zu offerieren.

Stellenweise ist eine Weiterbildungsdichte, d.h. ein bestimmtes Angebotsvolumen pro 1.000 Einwohner, angestrebt oder bestimmten Themen wird eine allgemeingesellschaftliche Bedeutung zugewiesen. Dafür werden Grundmittel öffentlich bereitgestellt; hieraus leitet sich der Begriff „Grundversorgung" ab.

Sozial Benachteiligten können Ermäßigungen angeboten werden, die öffentlich gegenfinanziert werden und in die Grundversorgung eingehen.

Solche Zweitmittel erhalten Volkshochschulen als größter kommunaler Anbieter von Erwachsenen- und Weiterbildung. Zumeist im Rahmen der jeweiligen Ländergesetze für Erwachsenen- und Weiterbildung erhalten weitere gesetzlich anerkannte Anbieter staatliche Mittel. Solche anerkannten privaten, häufig gemeinnützigen Anbieter gehören zu Trägern wie Kirchen, Gewerkschaften oder Stiftungen.

In Deutschland ist das sogenannte Subsidiaritätsprinzip wohlfahrtsstaatliche Orientierung (→ Kap. 1). Bezogen auf die Erwachsenen- und Weiterbildung bedeutet dies zunächst, dass Gesetze öffentliche Förderungen festlegen. Diese Förderungen fließen aber nicht allein an öffentliche Einrichtungen, sondern an nicht-gewinnorientierte, gemeinnützige private Organisationen und Träger, die Leistungen im öffentlichen Interesse erbringen. Der deutsche Wohlfahrtsstaat setzt einen Rahmen, aber überlässt die Erbringung der Leistungen sozialen oder zivilgesellschaftlichen Organisationen. Staatliche Akteure können auf der Bundes- über die Landes- bis zur kommunalen Ebene lokalisiert sein. Zweitmittel können als weitere Finanzierungsquelle genutzt werden.

**Beispiel**

Die Gewerkschaften teilfinanzieren ihre Bildungswerke über Mitgliedsbeiträge.
Mittel der Kirchen fließen in die Grundfinanzierung von Einrichtungen der konfessionellen Erwachsenenbildung mit ein.

Das Zweitmittelaufkommen in der Erwachsenen- und Weiterbildung wird tendenziell als rückläufig eingeschätzt. Denn die öffentlichen Institutionen verfolgen eine Sparsamkeitspolitik und geben Mittel über andere Verfahren aus. Hierzu zählt die sogenannte „Neue Steuerung" mit ihren Quasi-Märkten. Viele privat-gemeinnützige Träger haben mit rückläufigen Gesamtbudgets zu ringen, da langfristige Bindungen an zivilgesellschaftliche Großorganisationen wie Gewerkschaften, Kirchen oder auch Parteien seltener geworden sind. Auch die sinkenden Mitgliederzahlen führen zu Mittelkürzungen.

*Drittmittel im Wettbewerb*
Drittmittel sind „Einnahmen aus Verträgen mit Dritten über die Erbringung von Produkten und Dienstleistungen" (Schuldt, 2007, S. 19). Grundlage für die Verträge über Drittmittelzuschüsse sind oft öffentliche Ausschreibungen.

## Beispiel

In jüngerer Vergangenheit wurden Programme und Projekte zu Alphabetisierung, zu wissenschaftlicher Weiterbildung oder für Geringqualifizierte öffentlich ausgeschrieben. Dies wird allerdings mit dem Schlagwort der „Projektitis", so Rehfeld (2015), kritisch kommentiert. Ausschreibungen erfolgen zumeist im Wettbewerb, d.h. eine Vielzahl von Bewerbungen wird eingereicht. Die ausschreibende Stelle muss sich entlang von Kriterien (Preis, Qualität etc.) für einen Dienstleister entscheiden. Die große Mehrheit an Bewerbungen bleibt erfolglos, so dass die darin investierte Arbeit an dem Antrag zumeist ergebnislos bleibt.

Nicht alle Ausschreibungen sind öffentlich. Zum Teil wird ein begrenzter Adressatenkreis angesprochen, was inhaltlich-formal begründet sein muss. Auch gibt es sogenannte „Freihandvergaben", die auf Basis einer inhaltlichen Begründung ohne Ausschreibung erfolgen können. Dies ist aber selten der Fall.

Grundsätzlich gibt es im öffentlichen Bereich eine Tendenz zu öffentlichen Ausschreibungen, was im Sinne des Wettbewerbsrechts sowohl national wie auch europäisch verlangt und von Aufsichtsbehörden oder Rechnungshöfen regelmäßig geprüft wird.

Insbesondere im Bereich der arbeitsagenturgeförderten Weiterbildung besteht ein Trend zu Ausschreibungen im Wettbewerb, wobei allerdings häufig der Preis statt die Qualität als Entscheidungskriterium verwendet wird. Kritische Stimmen sehen so hier die Gefahr eines Qualitätsverlusts der agenturgeförderten Weiterbildungsmaßnahmen (Arbeitskreis Arbeitsmarktpolitik, 2018, S. 135–136).

Mit dem sogenannten Prinzip der „Neuen Steuerung" (Bolder et al., 2017) ist die öffentliche Verwaltung angehalten, ihre Mittel zielgebunden einzusetzen. Statt eine Grundfinanzierung zu gewähren, werden Förderziele definiert und Verträge geschlossen. Die Mittelvergabe erfolgt dann bei Zielerreichung, die über Monitoring-Daten und Controlling überwacht wird. So entstehen die oben bereits angesprochenen „Quasi-Märkte".

Zum Teil schreiben Unternehmen ihre betrieblichen Weiterbildungen über den Einkauf im Wettbewerb aus. Projektfinanzierungen sind grundsätzlich befristet angelegt. Für das Personal der Erwachsenen- und Weiterbildung ist der Umgang mit Drittmitteln einerseits zeit- und arbeitsaufwendig und andererseits unumgänglich geworden.

Zeit- und arbeitsaufwendig ist dies, weil Projektanträge geschrieben werden müssen, die durch eine hohe Zahl an Mitbewerbern zwangsläufig nicht alle erfolgreich sind. In der Projektabwicklung müssen z.T. umfangreiche Dokumentationsleistungen erbracht werden. Falls vorgegebene Projektziele nicht erreicht oder Ausgaben nach Prüfungen bemängelt werden, stehen sogar Rückzahlungen an.

Oft ist das Beschäftigungsverhältnis entlang der Projektlaufzeit befristet. Das hat eine hohe individuelle Unsicherheit zur Folge und kann die Nachhaltigkeit der pädagogischen Arbeit über das Projektende hinaus infrage stellen.

Trotz dieser Herausforderungen ist die Akquise von Drittmitteln für viele Organisationen unumgänglich geworden. Große Einrichtungen verfügen z.T. über spezialisiertes Personal, welches sich vorwiegend mit der Mittelakquise befasst.

Wie bereits geschildert, stagnieren Erst- und Zweitmittel oder sind sogar rückläufig. Die Haushaltssituation mit Blick auf die Zweitmittel kann von den Organisationen kaum beeinflusst werden, denn diese ist von bildungspolitischen Entscheidungen, von gesamtgesellschaftlichen Veränderungen und nicht zuletzt von der Entwicklung des Trägers selbst abhängig, die bestenfalls durch die Weiterbildungs- oder Professionsverbände oder durch die Wissenschaft beeinflusst werden können. Angesichts der Komplexität von Mittelströmen hat Wissenschaft u.a. die Aufgabe, Transparenz zu schaffen und Entwicklungstendenzen über einzelne Erfahrungen hinaus aufzuzeigen (z.B. Walter, 2015).

Die folgende Abbildung 14 zeigt auf, dass den Einschätzungen von Organisationen der Erwachsenen- und Weiterbildung zufolge vor allem durch Betriebe sowie durch Agenturen für Arbeit finanzierte Weiterbildungen erheblichen Schwankungen unterliegen. In den Krisenjahren 2009 und 2010 ging die betrieblich finanzierte Weiterbildung deutlich zurück, während die arbeitsagenturfinanzierte Weiterbildung sich dazu nahezu spiegelbildlich verhielt, was auch für die Folgejahre tendenziell galt.

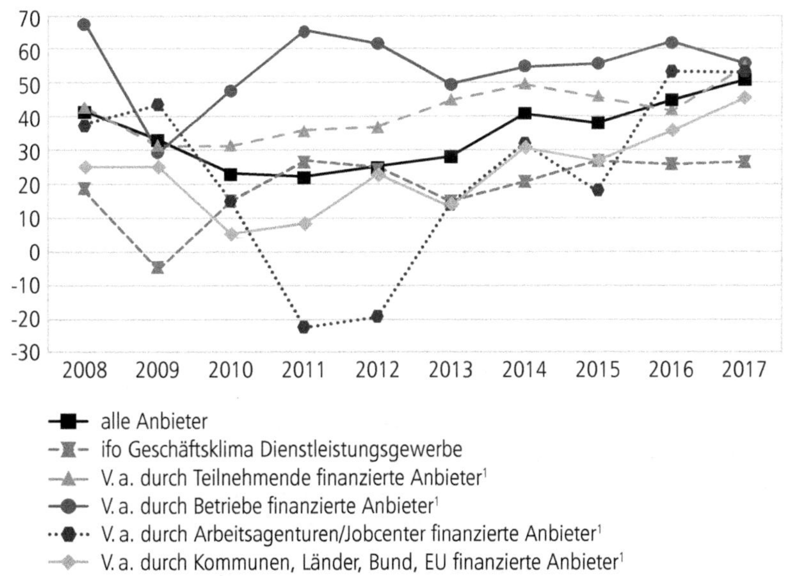


*Anmerkungen.* [1] 50% oder mehr der Einnahmen in der Weiterbildung stammen aus den angegebenen Finanzierungsquellen.
In die Klimawerte fließen Einschätzungen zur aktuellen und zukünftigen wirtschaftlichen Situation ein. Sie können zwischen -100 und +100 schwanken, wobei höhere Werte eine bessere Stimmung anzeigen.

*Abbildung 14.* Entwicklung der wbmonitor-Klimawerte 2008 bis 2017 (https://www.bibb.de/dokumente/pdf/Abbildung_Klimaverlauf_2008_bis_2017_Internet.pdf)

Drittmittel sind unverzichtbar – und das tendenziell in steigendem Maße. Denn die Erstmittel sind mehrfach begrenzt: Erstens stehen (steigende) Kursgebühren in Konkurrenz zu einer (steigenden) Eigenverantwortung in anderen Lebensbereichen, wie u.a. Wohnen, Gesundheit oder Rente. Zweitens fällt es sozial Benachteiligten und prekär Beschäftigten schwer, hohe bis steigende Teilnahmegebühren zu entrichten. Drittens sind Betriebe als Kunden dem Effizienzgebot folgend hochgradig kostensensibel, was in Krisenzeiten besonders oft der Fall ist.

Somit stößt eine Steigerung der Erstmittel an Grenzen der Kaufkraft oder -bereitschaft für Weiterbildung in der Bevölkerung. Daher sind die Organisationen immer mehr auf die Akquise von Drittmitteln angewiesen. Allerdings muss diese Entwicklung aufgrund der geschilderten Faktoren kritisch reflektiert werden.

## 10.3 Mischfinanzierung im Arbeitsalltag

Im Arbeitsalltag ist es auf Organisationsebene zumeist die Regel, sich auf Mischfinanzierungen zu stützen. Kaum eine Organisation der Erwachsenen- und Weiterbildung finanziert sich nur auf Basis einer der drei Mittelformen. Gerade öffentliche bzw. öffentlich geförderte Einrichtungen müssen einen Finanzierungsmix bewerkstelligen.

### Wegweiser Daten

Die Volkshochschulen nutzen im Bundesmittel zu rund 40 Prozent Erstmittel, zu 40 Prozent Zweitmittel und zu 20 Prozent Drittmittel, wobei diese Zahlen je nach Bundesland, Region oder einzelner Volkshochschule erheblich schwanken. Anderen gemeinnützigen Trägern geht es ähnlich. Für die betriebliche und berufliche Weiterbildung liegen ältere Schätzungen vor, wonach diese beiden Segmente zu 38 Prozent von den Individuen, zu 30 Prozent von den Betrieben, zu 21 Prozent von Bund und Ländern sowie zu 11 Prozent von der Bundesagentur für Arbeit finanziert werden (Beicht et al., 2005, S. 264).

Privatwirtschaftliche Weiterbildungsträger erhalten zumeist keine Zweitmittel und müssen auf Erst- und Drittmittel setzen. Je nach Programmbereich, Organisation und Kontext können hochgradig unterschiedliche Finanzierungsquellen und ihre Anteile beobachtet werden. So kann der allgemeine Sprachenbereich an einer Volkshochschule sich relativ gut über die hohe Nachfrage und somit durch Erstmittel teilfinanzieren. Die Bereiche Deutsch als Fremdsprache oder Alphabetisierung sind dagegen stark von Zweit- oder Drittmitteln abhängig, da diese Zielgruppen nicht kaufkräftig sind.

Anbieter, die im arbeitsagenturgeförderten Segment aktiv sind, müssen sich um die seit einigen Jahren an Arbeitslose vergebenen Bildungsgutscheine bemühen oder sich für Drittmittel auf Ausschreibungen der Bundesagentur für Arbeit bewerben. Andere privatwirtschaftliche Anbieter im beruflich-betrieblichen Bereich müssen zahlkräftige Kunden in Unternehmen und bei Beschäftigten finden.

Auf der Ebene des Personals einer Organisation kann Mischfinanzierung bedeuten, dass man sich mit verschiedenen Finanzierungsquellen und Förderlogiken befassen muss. Aufwendige Bewerbungs- und Dokumentationsaufgaben schränken den Raum für die eigentliche erwachsenenpädagogische Arbeit einerseits ein. Andererseits werden so erst Rahmenbedingungen geschaffen, um gute erwachsenenpädagogische Arbeit leisten zu können. Praktikerinnen und Praktiker berichten davon, dass ohne Drittmittel Innovationen kaum noch anzustoßen seien. Im Bereich der Erstmittel ist man zum Teil risikoscheu, d.h. bislang kommerziell erfolgreiche Angebote sind aus finanziellen Gründen frei von jeglicher inhaltlichen Kritik, während neue inhaltlich wichtige Kursideen sich schnell amortisieren müssen oder ansonsten aufgegeben werden. Zweitmittel sichern nur den Grundstandard ab. Obwohl die Bundesländer deutlich weniger als ein Prozent ihrer institutionellen Bildungsausgaben für Erwachsenen- und Weiterbildung ausgeben, stellen diese Mittel doch immer noch eine Grundsicherung für Professionalität und Kontinuität. Denn sie sind letztlich weniger von Konjunkturen abhängig und mit weniger administrativem Aufwand verbunden als die Drittmittelfinanzierung.

## 10.4 Zusammenfassung

Viele Absolventinnen und Absolventen beginnen nach dem Studium zunächst, auf befristeten Projektstellen zu arbeiten. Hier ist es wichtig, sich mit den jeweiligen Förderkonditionen gründlich zu befassen und diese beim Projektmanagement zu beachten. Nach unterschiedlich langer Zeit gelingt es ihnen oft, auf eine unbefristete Stelle als Programmverantwortliche oder Einrichtungsleitungskräfte zu wechseln. In diesen neuen beruflichen Rollen gewinnt dann die Mittelakquise noch mehr bzw. auf eine andere Art an Bedeutung im beruflichen Handeln. Erst- und Drittmittel sind zu gewinnen, indem z.B. Teilnehmende als Selbstzahler und Betriebe als Auftraggeber erreicht oder Projektanträge zu öffentlichen Ausschreibungen – erfolgreich – eingereicht werden. Zweitmittel sind abzusichern, und es ist eine strategisch geschickte Kommunikation mit Finanziers in Politik, Verwaltung oder bei den Trägern zu führen. Man muss heutzutage überzeugend netzwerken und begründen können, warum man Geld erhalten möchte. Letztlich sind Finanzierungsfragen kein Selbstzweck und nicht nur „bürokratischer Papierkram“, sondern essenzielle Voraussetzung für erwachsenenpädagogische Arbeit.

Aufgrund der zunehmenden Unübersichtlichkeit von Finanzierungsmustern zwischen Erst-, Zweit- und Drittmitteln, die selbst für Expertinnen und Experten kaum noch zu überblicken sind, sind wissenschaftliche Studien mit Überblickscharakter (Hummelsheim, 2010; Jaich 2014; Walter, 2015) sehr wichtig. Des Weiteren braucht es die vielen Detailanalysen zur Entwicklung der Finanzierung, der verschiedenen Finanzierungsinstrumente sowie zur Messung ihrer Wirkungen auf die Programmplanung. Der Ökonom Sedláček (2009) weist darauf hin, dass „selbst die ausgefeiltesten mathematischen Modelle in Wirklichkeit Geschichten, Gleichnisse, ein Bemühen sind, die Welt um uns herum (rational) zu begreifen. ... Doch die Ökonomie ist, im

Gegensatz zu dem, was in den Lehrbüchern steht, überwiegend ein normatives Gebiet“ (ebd., S. 17–18).

Dies sollten auch Erwachsenenpädagoginnen und -pädagogen bedenken, wenngleich irrigerweise angenommen werden könnte, dass Bildungsökonomie nicht normativ und wertfrei sei. Was Ressourcenentscheidungen als Entscheidungen auch über Werte normativ legitimiert, ist für Forschung und Praxis eine sehr relevante Frage.

## Fragen & Aufgaben

1. Der neue kommunale Haushalt sieht *eine* Kürzung der Mittel für die Volkshochschule von Max Schmidt um sieben Prozent vor. Erörtern Sie, wie man diese Haushaltsmittel bei den drei Finanzierungsquellen einordnen kann.
   a. Legen Sie dar, was diese Kürzung für die Arbeit von Max Schmidt bedeuten kann.
   b. Entwerfen Sie Strategien, um diesen Verlust an Mitteln auszugleichen.
   c. Stellen Sie dar, welche Konsequenzen sich aus diesen Strategien für die pädagogische Arbeit und die Zusammensetzung der Teilnehmendengruppen ergeben.
2. Viele Praktikerinnen und Praktiker stöhnen über eine „Projektitis“, da immer mehr Finanzierungsmittel allein projektbasiert und im Wettbewerb ausgelobt werden.
   a. Reflektieren Sie, wie man diese Projektmittel bei den drei Finanzierungsquellen einordnen kann.
   b. Erörtern Sie, aus welchen Gründen die Praxis stöhnt und legen Sie dar, welche Chancen Projektmittel aber vielleicht auch eröffnen.

## Tipps zum Weiterlesen

Bolder, A., Bremer, H. & Epping, R. (Hrsg.). (2017). *Bildung für Arbeit unter neuer Steuerung.* Wiesbaden: VS.
*Der Band informiert vielfältig über die Auswirkungen der sogenannten Neuen Steuerung in der Erwachsenen- und Weiterbildung.*

Friedrich, K., Meisel, K. & Schuldt, H.-J. (2005). *Wirtschaftlichkeit in Weiterbildungseinrichtungen.* Bielefeld: W. Bertelsmann.
*Der Studientext gibt aus betriebswirtschaftlicher Perspektive eine gute Orientierung, wie Erwachsenen- und Weiterbildungsorganisationen wirtschaftlich geführt werden können.*

Hummelsheim, S. (2010). *Finanzierung der Weiterbildung in Deutschland.* Bielefeld: W. Bertelsmann.
*Der Studientext gibt aus bildungsökonomischer Perspektive eine gute Übersicht zu der Struktur und Entwicklung der Erwachsenen- und Weiterbildungsfinanzierung in Deutschland.*

Jaich, R. (2014). *Finanzierung der gesetzlich geregelten Erwachsenenbildung durch die Bundesländer. Frankfurt a.M.*: Max-Träger Stiftung.
*Die Studie gibt einen Überblick über die Förderung der Erwachsenenbildung im Vergleich zu anderen Bildungsbereichen in allen Bundesländern.*

Walter, M. (2015). *Weiterbildungsfinanzierung in Deutschland. Aktueller Stand, Entwicklung, Problemlagen und Perspektiven.* Gütersloh: Bertelsmann Stiftung.
*Die Expertise zeichnet nach, wie sich in den vergangenen Jahren die Mittelflüsse in der Erwachsenen- und Weiterbildung verändert haben.*

# 11

# Programmplanung und -forschung international und vergleichend

Bernd Käpplinger

Im folgenden Kapitel werden internationale Ansätze und Modelle der Programmplanung und -forschung vorgestellt und mit Blick auf einen Vergleich von Wissens- und Handlungskontexten praxisbezogen diskutiert. Zudem werden konkrete Orientierungen für die Programmplanung zur Verfügung gestellt.

## Lernziele

- wichtige internationale Autorinnen und Autoren sowie deren Ansätze zur Programmplanung und -forschung kennen
- Unterschiede zwischen deren Ansätzen benennen können
- Programmplanungshandeln auf Basis theoretischer Perspektiven beschreiben, analysieren und verfolgen können
- Perspektiven vergleichender Programmforschung erläutern können

*Pete Leers arbeitet in der Personalentwicklung des Großunternehmens Phoenix. Nach der jährlichen Klausurtagung für Führungskräfte stellt er dem Vizepräsidenten in Grundzügen seine Idee vor, die Klausur zukünftig „partizipativer" zu gestalten. Der Vizepräsident reagiert reserviert auf die Vorschläge, ohne Näheres dazu zu sagen. Auf diverse Gesprächsanfragen von Herrn Leers in den Folgemonaten geht er nicht ein. Wenige Wochen vor der nächsten Klausur kommt es bei einem Treffen in einer anderen Angelegenheit zum Eklat. Der Vizepräsident schreit Pete Leers an und fragt erbost, wo die Konzeption für die Klausur sei. Herr Leers improvisiert und erstellt in wenigen Tagen ein eher konventionelles Konzept mit einem externen Referenten und Fallstudien aus Managementlehrbüchern. Die Klausurtagung verläuft relativ gut, aber Pete Leers fragt sich trotzdem, was er falsch gemacht hat bzw. was er in Zukunft besser machen kann, damit er nicht erneut so heftig kritisiert wird und zukünftige Klausurtagungen partizipativer verlaufen.*

## 11.1 Programmplanung als Politik der Verantwortung

Dieser reale Fall einer Programmplanung stammt aus einem vielfach zitierten Artikel der US-Amerikaner Cervero und Wilson (1994), in dem sie ihre Theorie der Programmplanung beispielhaft entfalten. In späteren Publikationen (Cervero & Wilson, 2005) haben sie weitere empirische Fälle in anderen Bereichen der Erwachsenen- und Weiterbildung vor ihrer theoretischen Folie diskutiert. Anders als angenommen werden könnte, ist der Fall nicht ausschließlich und nicht primär als ein Kommunikationsproblem zu deuten. Dieser Deutung folgen viele, was Erfahrungen mit verschiedenen Personen aus der universitären Lehre und in Fortbildungen zeigen. Cervero und Wilson analysieren also nicht die Kommunikationssituation, sondern diskutieren die Begriffe „Macht", „Interessen", „Verhandlung" sowie „Verantwortung". Auf diese Weise wollen sie tiefere Ursachen für solche und ähnliche Konflikte in der Programmplanung ergründen und Handlungsstrategien für Programmplanende entwickeln. Aus ihrer Perspektive kann Pete in diesem Kontext nicht autonom planen, sondern ist von den Entscheidungen, den Interessen und der Macht des in der Unternehmenshierarchie über ihm stehenden Vizepräsidenten abhängig. Dies wird aber nicht als vollständige Abhängigkeit begriffen. Aus einer erwachsenenpädagogischen Perspektive, die Cervero und Wilson hier dezidiert ins Spiel bringen, hat Pete geradezu die ethische Verantwortung, im Interesse der Lernenden vor dem Kursgeschehen auszuloten, welche Lernchancen im Rahmen eines solchen Kontexts ermöglicht werden können. In diesem Beispiel wären dies die Lernchancen der an der Klausur teilnehmenden Führungskräfte und somit auch ein Impuls zur Veränderung der Unternehmenskultur gewesen.

Erwachsenenbildnerinnen und -bildner sind also nicht nur reaktive Dienstleister. Cervero und Wilson sprechen von einer Demokratisierung von Programmplanungsprozessen. Folgen wir ihrer theoretischen Perspektive, so gelten die folgenden Grundsätze:

- Programmplanung berührt Interessen konsensual oder konflikthaft.
- Programmplanung ist von symmetrischen oder asymmetrischen Machtverhältnissen geprägt.

- Programmplanung erfordert geschickte und ethisch verantwortlich reflektierte Verhandlungsstrategien der Programmplanenden.

Programmplanende handeln demnach im Rahmen eines zunächst existierenden Kontexts, aber sie reproduzieren selbst handelnd Kontexte bzw. können auf Kontexte einwirken. Es genüge nicht, wenn Programmplanende sich als neutral oder vermeintlich machtlos begreifen. Vielmehr gelte es, Möglichkeiten und Strategien zu suchen, um Einfluss zu nehmen und die Interessen verschiedener Beteiligter zu berücksichtigen und zu verhandeln.

In späteren Arbeiten verwenden Cervero und Wilson (2005) das metaphorische Bild des „Planungstischs“. Sie stellen die Forderung auf, dass man sich immer fragen sollte, ob wirklich alle relevanten Interessen in Programmplanungsprozessen „am Tisch“ vertreten sind oder ob nur wenige Interessen dominieren, wenn Entscheidungen getroffen werden. Die Autoren fordern Programmplanende auf, Verantwortung zu übernehmen und strategisch zu agieren. Es genügt demnach nicht, nur Vorgaben als Dienstleister ausführen zu wollen, sich selbst im Anspruch zu reduzieren oder nur erfahren zu wollen, was von einem erwartet wird. Vielmehr gestalten Planende im Rahmen der Möglichkeiten mit und sie müssen strategisch versuchen, Handlungs- und Entscheidungsspielräume zu erweitern.

## 11.2 Das Domänenmodell der Programmplanung

Der in Kanada lehrende Tom Sork hat die Theorie von Cervero und Wilson in einem Artikel gelobt, da diese Theorie eine neue Sichtweise auf Programmplanung geprägt habe:

> Cervero and Wilson (1994) have provided adult and continuing educators with a new set of optics for viewing the complexities of program planning. Their framework would have us discard the technical-rational lens through which we have viewed planning for nearly five decades and replace it with a lens that brings into focus the social dynamics, or "people work", of planning (Sork, 1996, S. 81).

Sork sieht im Vergleich zur bisherigen Literatur und den von ihm gesichteten und synoptisch aufbereiteten Modellen (z.B. Sork & Buskey, 1986) die oft rein technische Rationalität traditioneller Programmplanungsmodelle durch die Theorie von Cervero und Wilson als konzeptionell überwunden an. Einer rein technischen Rationalität folgend würden nämlich Programme vermeintlich durch ein linear-zyklisches Vorgehen von der Bedarfsanalyse über die Zielsetzung, Seminarfeinplanung, Durchführung bis hin zu Transfer und Evaluation entstehen. Eine so verstandene Programmplanung ist auch heute noch in Nordamerika oder in Deutschland anzutreffen und wird u.a. im Kontext der Literatur zum sogenannten Bildungscontrolling von eher betriebswirtschaftlich geprägten Autorinnen und Autoren weiterhin vertreten und gelehrt.

## Lesehinweis

Die nordamerikanische und deutsche Forschungsliteratur sowie verschiedene Modelle der Programmplanung vergleichen von Hippel und Käpplinger.

Hippel, A. v. & Käpplinger, B. (2017). Models of program planning in different countries. In B. Käpplinger, S. Robak, M. Fleige, A. v. Hippel & W. Gieseke (Eds.), *Cultures of program planning in adult education: concepts, research results and archives* (pp. 97–112). Frankfurt a.M.: Lang.

Sork teilt die Einschätzung von Cervero und Wilson, dass Programmplanung soziales Handeln erfordert und nicht primär linear-zyklisch, sondern vielmehr diskontinuierlich verläuft. Sork integriert dies in sein Modell mit der soziopolitischen *(social-political)* Domäne (→ Abb. 15).

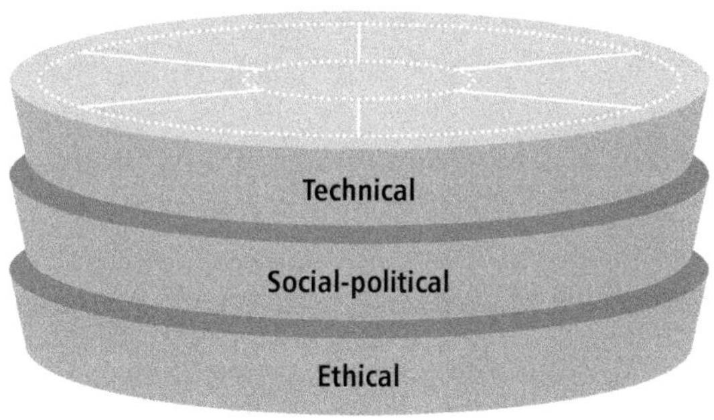


*Abbildung 15.* Drei Domänen der Programmplanung (Sork, 2000)

Demnach ist es eine *Domäne* der Programmplanung, *soziopolitisch* zu denken und zu agieren, ähnlich wie es Cervero und Wilson fordern. Allerdings wendet Sork gegenüber dem Ansatz von Cervero und Wilson kritisch ein, dass die Gefahr bestehe, Programmplanung nur auf Macht, Interessen und ihre Aushandlung zu reduzieren und zu politisieren. Dem hält er zunächst die technische Domäne entgegen. Programmplanung sei auch eine Art Handwerk. So müsse man zum Beispiel wissen, wie man technisch eine Bedarfsanalyse plant und durchführt, und was Alternativen dazu sind. Schließlich betont Sork, der sich generell sehr intensiv mit ethischen Fragen in der Erwachsenen- und Weiterbildung befasst hat (dies zeigt auch die *ethische* Domäne), aber auch, dass es oft nicht um ein verantwortliches Handeln im Sinne eines „richtig" oder „falsch" gehe, sondern dass man es im Handeln oft mit Dilemmata zu tun hat. Man müsse kritisch reflektieren, wie eine ethisch gute Entscheidung aussehen könnte. Dies gelte besonders bei konfligierenden, aber jeweils berechtigten Interessen.

Programmplanung ist für Sork also eine komplexe Tätigkeit, bei der Planende sich oft und z.T. sprunghaft zwischen den verschiedenen Domänen hin und her bewegten. Sie können diese nicht separat abarbeiten, sondern müssen je nach Situation und Kontext Entscheidungen treffen oder in mehreren Domänen simultan handeln.

Denken wir so an den Fall von Pete zurück, dann geht es mit der Perspektive des Domänenmodells u.a. um die Technik (Zeitplan, Methodenwahl etc.), wie ein solches Führungskräfteprogramm geplant wird, um die soziopolitische Interaktion mit dem Vorgesetzten und um ethische Fragen, wie Pete sein Handeln verantwortlich reflektiert und verfolgt.

Folgen wir der theoretischen Perspektive von Sork, dann beinhaltet Programmplanung:

- technisches Wissen und Handlungen,
- soziopolitisches Wissen und Handlungen sowie
- ethisches Wissen und ethische Handlungen.

Cervero und Wilson griffen diese Kritik von Sork auf. Sie betonten neben der Bedeutung des technischen Wissens, das Programmplanungshandeln auch meine: „Learning to see means learning to read situations". Man braucht somit einen geschulten und informierten Blick, um die verschiedenen Situationen in der Programmplanung mit ihren Ursachen und Interessen wirklich zu verstehen.

Programmplanerinnern und Programmplaner brauchen somit eine professionelle Deutungskompetenz, um in komplexen Situationen verstehen und adäquat handeln zu können. Intuitionen, Erfahrungen oder Nachahmungen allein genügen nicht, wenngleich sie erste, emotional-interaktive Orientierungen darstellen, die wissensbasiert zu reflektieren sind. Darüber hinaus braucht es eine eingehende und kontinuierliche Beschäftigung mit den verschiedenen Interessen und Machtformen in unterschiedlichen Kontexten, in denen Bildungsarbeit stattfindet.

Diese Diskussion zeigt exemplarisch auf, wie wichtig Theorien als fundiert begründete, gelenkte Wahrnehmungen – Sork bezeichnet sie auch als „Brillen" – sind, und dass es einen steten produktiven Streit darum gibt, was als besonders wichtig zu beachten ist. Theorien helfen uns ganz praktisch, Dinge zu erkennen, die im Alltag durch Routinen oder Vorgaben verloren zu gehen drohen. Programmplanende können so ihren Blick weiten und sich verschiedener Perspektiven situativ bedienen, statt allein im Rahmen des jeweiligen Kontexts nur ausführend zu funktionieren oder Routinen unhinterfragt abzuarbeiten.

## 11.3 Das interaktive Programmplanungsmodell

In Nordamerika und international hat das Modell der interaktiven Programmplanung der US-Amerikanerinnen Caffarella und Daffron (2013) Bekanntheit erlangt. Außerdem umfassen ihre Handbücher eine Vielzahl an Checklisten, Praxisbeispielen, Arbeitsblättern sowie Reflexionsfragen zu den verschiedenen Teilbereichen der Programmplanung. Das von Caffarella seit 1994 in Handbüchern primär für Praktikerinnen und Praktiker entwickelte heuristische Modell beschreibt Programmplanung in der Praxis als eine vielfältige Tätigkeit (→ Abb. 16).

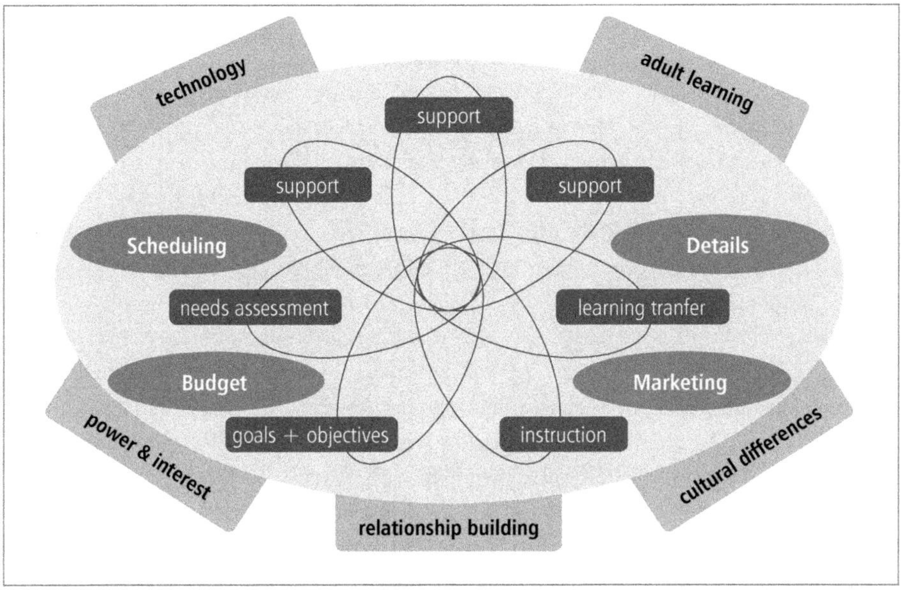


*Abbildung 16.* Interaktives Model der Programmplanung von Caffarella und Daffron (Caffarella & Daffron, 2013)

Auch diese Autorinnen lehnen die linear-technische Rationalität traditioneller Modelle ab und betonen den interaktiven Charakter des Programmplanens, da Planende in verschiedenen Handlungsfeldern und mit vielen Akteuren interagieren. Macht und Interessen sehen sie – zwar weniger prominent als Cervero und Wilson – als zu berücksichtigende Randdeterminante an, wie man der Grafik unten links entnehmen kann. Caffarella und Daffron verweisen als einzige der bisher genannten Autoren auf kulturelle Unterschiede als eine weitere Determinante. So könnte man den Fall von Pete zu Beginn des Kapitels in Bezug auf die Bedeutung einer Unternehmenskultur interpretieren.

Das Modell von Caffarella und Daffron scheint auf den ersten Blick dem Modell der Wissensinseln von Gieseke (2000) zu ähneln (→ Kap. 3). Nähere Vergleiche, die von Hippel (2012) sowie von Hippel und Käpplinger (2017) durchgeführt haben, machen aber erhebliche Unterschiede deutlich: So stellt Gieseke von Professionstheorien kommend die Planenden mit ihrem Wissen als „Seismographen" aktueller gesellschaftlicher, politischer und wirtschaftlicher Entwicklung in den Mittelpunkt. Sowohl bei Cervero und Wilson als auch Caffarella findet bestenfalls nur implizit ein solcher Bezug auf Professionstheorien statt, wie vergleichende Analysen zeigen (v. Hippel, 2012).

## 11.4 Der Mehrwert verschiedener theoretischer „Brillen"

Die drei hier vorgestellten Theorien bzw. Modelle könnten durch viele weitere ergänzt und untereinander verglichen werden (Sork & Buskey, 1986). Im Kern lassen sich zwei große Denkschulen oder Perspektiven unterscheiden. Dies haben von Hippel und Käpplinger 2017 komparativ herausgearbeitet: auf der einen Seite eher technisch-rationale Modelle und auf der anderen Seite klassische Modelle, die Programmplanung als lineares Handeln (von der Planung über die Durchführung bis hin zu Transfer und Evaluation) ansehen. Diese Modelle kann man kritisch sehen, wenngleich Sork – parallel zu seinem Modell der Domänen – an einem Zyklusmodell festhält. Dieser Zyklus liegt quer zu den Domänen und wird in der Abbildung 15 oben angedeutet.

McLean (2000) ergänzt zudem: "Technical-rational issues are important because they help adult educators do things right, while political issues are important because they help adult educators do the right thing" (ebd., S. 505). Insgesamt müssen Programmplanende wissen, einüben und reflektieren, wie man die Dinge soziopolitisch sowie ethisch richtig erkennt und wie man handwerklich kompetent handelt. Cervero und Wilson verdanken wir eine Sichtweise, die Macht und Interessen im Aushandeln fokussiert. Sork lenkt die Aufmerksamkeit auf ethische Dilemmata, da „das Richtige" oft nicht einfach erkennbar ist, sondern reflexiv-kritischer Prüfung bedarf und es „das Richtige" häufig gar nicht gibt.

Im Kontext der deutschen Wissenschaft und Praxis der Erwachsenen- und Weiterbildung verweist vergleichend von Hippel (2012) auf die Bedeutung von Antinomien und Widerspruchskonstellationen (→ Kap. 3). Es kann zu nicht harmonisierenden Gegensätzen in der Programmplanung kommen, die in der Praxis im Planungshandeln trotzdem entschieden werden müssen, aber ethisch und professionell zu reflektieren sind.

Sork weist auf handwerklich-technische Komponenten von Programmplanung hin, die es nicht zu vergessen gilt. Caffarella liefert praktische Handbücher und betont die Interaktivität des Planens, was der Theorie von Gieseke ähnelt, jedoch u.a. hinsichtlich des Professionsbezugs deutlich zu unterscheiden ist.

Insofern ergänzen sich Modelle und Theorien wechselseitig, fokussieren sie doch Unterschiedliches, was für Programmplanende in der Praxis je nach Situation oder Aufgabe wichtig sein kann. Im Zusammenspiel und im Vergleich bieten die Modelle und Theorien die Chance, Programmplanung situationsbezogen aus unterschiedlichen Perspektiven betrachten zu können, so wie es etwa McLean (2000) tut. Dies stellt eine wichtige Reflexions- und Handlungskompetenz dar. So kann die Komplexität des Handelns in diesem Bereich als anforderungsreich, aber vor allem als faszinierend vielfältig begriffen werden.

Letztlich zeigt sich bei allen Ansätzen, dass Programmplanung kein langweiliges „Schreibtischhandeln" allein im „stillen Kämmerlein" ist, sondern die differenzierte Interaktion mit vielen Menschen wie Finanziers, Lernenden, Dozierenden oder anderen Stakeholdern erfordert, was der Fähigkeit des Lesens von Kontexten, ein geschicktes Aushandeln und ethische Reflexionen bedarf. Gieseke (2000) bezeichnet dies im deutschen Diskurs als „Angleichungshandeln“. Dies ist dezidiert kein bloßes Aushandeln von Kompromissen, sondern es handelt sich um Prozesse, bei denen ein vielfältig vernetzter Abgleich und eine Suche nach gemeinsamen Lösungen stattfindet. Die Lösungen können vielfältige Formen annehmen.

## 11.5 Programmplanungsforschung international und transnational

Zwar liegen einige Arbeiten zur Programmplanung vor, die nicht aus Deutschland, Kanada und den USA stammen; aber basierend auf internationalen Recherchen und Vergleichen ist ein Übergewicht an Theorien, Modellen sowie empirischen Studien in diesen drei Ländern festzustellen. Die Ursachen hierfür harren der weiteren Erforschung. In den vergangenen Jahren hat sich der Vergleich und Austausch zwischen Nordamerika und Deutschland erheblich intensiviert.

### Wegweiser Forschung

Die vergleichende Forschung, die zum Teil in bilateralen Forschungsteams erfolgt, ist dokumentiert in folgenden Arbeiten:

Hippel, A. v. (2012). Programmplanung als professionelles Handeln – „Angleichungshandeln" und „Aneignungsmodi" im aktuellen Diskurs der Programm- und Professionsforschung. In B. Käpplinger, S. Robak & S. Schmidt-Lauff (Hrsg.), *Engagement für die Erwachsenenbildung – Ethische Bezugnahmen und demokratische Verantwortung* (S. 131–143). Wiesbaden: VS.

Käpplinger, B. & Sork, T. (2014). Making Program Planning More Visible – What to Do when They Don't Know What They Don't Know. In W. Jütte & S. Lattke (Eds.), *Professionalisation of Adult Educators. International and Comparative Perspectives* (pp. 183–200). Frankfurt a.M.: Lang.

Rose, A. & Fleige, M. (2017). Understanding Need in Program Planning within the Context of Career Basic Need Education – Insights from the USA. In B. Käpplinger, S. Robak, M. Fleige, A. v. Hippel & W. Gieseke (Eds.), *Cultures of Program Planning in Adult Education. Concepts, Research Results and Archives.* (pp. 195–207). Frankfurt a.M.: Lang.

Interkulturell angelegte Studien werden in anderen Länderkontexten durchgeführt, die z.B. im amerikanisch-koreanischen Vergleich differente Aushandlungspraktiken aufzeigen. Demnach wird in Korea in der Programmplanung mehr Wert auf Gruppennormen, Harmonie sowie Wahrung des Gesichts gelegt.

### Lesehinweis

Ryu, K. & Cervero, R. M. (2011). The Role of Confucian Cultural Values and Politics in Planning Educational Programs for Adults in Korea. *Adult Education Quarterly, 61* (2), 139–160.

Ein deutsch-polnisches Forschungsteam hat sich intensiv mit kultureller Bildung in beiden Ländern basierend auf Studien in Nachbarregionen befasst. Im Ergebnis konnten für die Regionen diese verschiedenen Portale jeweils ermittelt und mit empirischen Daten unterlegt werden: das systematisch-rezeptive, das selbsttätig-kreative sowie verstehend-kommunikative Portal (→ Kap. 5 und → 6).

### Lesehinweis

Gieseke, W. & Kargul, J. (Hrsg.). (2005). *Europäisierung durch Kulturelle Bildung. Bildung – Praxis – Event*. Münster: Waxmann.

## 11.6 Zusammenfassung

Die Programmforschung hat sich insgesamt internationalisiert und es gibt zunehmend komparative Arbeiten, wozu aktuell deutsche Forschende wesentlich beitragen (Käpplinger et al., 2017). Nordamerikanische, ältere Ansätze bieten Anregungen, Programmplanung aus unterschiedlicher theoretischer Perspektive zu betrachten und diese mit Theorieperspektiven in Deutschland zu vergleichen (v. Hippel, 2012).

Der eingangs dargestellte Fall von Pete zeigt auf, dass Programmplanende in ihrer Tätigkeit Kontexte lesen sowie ethisch verantwortlich und kompetent handeln müssen, um Lernchancen für die Lernenden (Teilnehmende und Adressaten) zu ermöglichen. Dies gilt nicht nur für die betriebliche (wie im Fall von Pete), sondern auch für die berufliche, nicht-betriebliche und die allgemeine Erwachsenen- und Weiterbildung.

Zukünftig ist ein sich weiter intensivierender, internationaler Austausch zu erwarten, wenngleich nordamerikanische Forschungsstrukturen in der Erwachsenen- und Weiterbildung stagnierend bis rückläufig sind. Dafür wächst das Volumen der Forschung zur Erwachsenen- und Weiterbildung in Asien, vor allem in China, Indien oder auch Südkorea.

Einige Fragen müssen jedoch weniger international, sondern vielmehr transnational und transkulturell beantwortet werden, da Nationalstaaten trotz nationalistischer Strömungen in der Globalisierung relativ an Bedeutung verlieren. Anregungen bieten Gieseke, Robak und Wu (2009).

Die globale Existenz von Fluchtbewegungen erfordert in vielen Ländern programmplanerisch fundierte Überlegungen und Austausch, wie Bildungsarbeit mit Geflüchteten verantwortungsbewusst aussehen könnte (Lee & Roh, 2017). Eine diesbezüglich vergleichend angelegte Programmforschung steht noch aus, erscheint aber u.a. im Umgang mit dem Thema Flucht in der Weiterbildungsarbeit aussichtsreich. Das kann auch historische Programmanalysen zu Ergebnissen der Programmplanung mit sich bringen (Käpplinger, 2016b).

Eine kultursensible und interkulturelle Programmplanung ist zunehmend wichtig. Es bleibt zu hoffen bzw. zu verfolgen, ob und wie in Zukunft vergleichend angelegte Programmforschung ausgebaut wird und die Praxis der Programmplanung informiert.

## Fragen & Aufgaben

1. Schauen Sie sich das Fallbeispiel von Pete Leers im Unternehmen Phoenix noch einmal an. Welche Probleme und Herausforderungen lassen sich identifizieren und was hätte Pete Leers anders machen können? Nutzen Sie bei der Fallarbeit und beim Abwägen alternativer Handlungsstrategien die theoretischen Modelle von Cervero und Wilson sowie von Sork.
2. Haben Sie schon einmal vergleichbare Situationen wie Pete Leers aus dem Beispiel erlebt (z.B. in Praktika)?
3. Wie beurteilen Sie Ihre Erfahrungen auf Basis des hier dargestellten Zusatzwissens?
4. Welche Rollen spielen Routinen und Vorgaben im Arbeitsalltag von Programmplanenden?
5. Wie kann man damit professionell und reflektiert umgehen?

## Tipps zum Weiterlesen

Caffarella, R. & Daffron, S. (2013). *Planning programs for adult learners*. San Francisco: Jossey-Bass.
*Das Handbuch bietet praxisorientiert viele Werkzeuge (z.B. eine Reihe von Checklisten) und Orientierungen.*

Cervero, R. M. & Wilson, A.L. (1994). The politics of responsibility: A theory of program planning practice for adult education. *Adult Education Quarterly*, *45* (1), 249–268.
*Dieser vielzitierte Artikel formulierte im nordamerikanischen Kontext eine neue Programmplanungstheorie rund um Macht, Interessen, Aushandlungen und Verantwortung. Er wird bis heute intensiv rezipiert.*

Käpplinger, B., Robak, S., Fleige, M., Hippel, A. v. & Gieseke, W. (Hrsg.). (2017). *Cultures of Program Planning in Adult Education*. Frankfurt a.M.: Lang.
*Der Sammelband enthält zum Teil Beiträge der ersten internationalen Tagung zur Programmforschung und versammelt neben Grundlagentexten, Länderstudien und international-vergleichenden Studien auch Informationen über Programmarchive.*

Käpplinger, B. & Sork, T. (2014). Making program planning more visible – What to do when they don't know what they don't know. In W. Jütte & S. Lattke (Hrsg.), *Professionalisation of Adult Educators. International and Comparative Perspectives* (pp. 183–200). Frankfurt a.M.: Lang.
*Der Artikel diskutiert, wie man die zu Unrecht unterschätzte Programmplanung in der Lehre z.B. über Fallstudien, Programmanalysen und Modelle lehren und lernen kann.*

Sork, T. J. (2010). Planning and delivering programs. In C. E. Kasworm, A. D. Rose & J. M. Ross-Gordon (Eds.), *Handbook Adult and Continuing Education* (pp. 157–166). Los Angeles: Sage publications.
*Der Lexikonartikel rekapituliert nordamerikanische Stränge der Programmforschung und verschiedene theoretische Schulen.*

# Glossar

**Adressatin oder Adressat** ist der Oberbegriff für diejenigen, die Erwachsenen- und Weiterbildungsanbieter erreichen wollen. Sie sind die potenziell Teilnehmenden. Teilnehmende sind eine Untergruppe der Adressatinnen und Adressaten, nämlich diejenigen, die ein Angebot dann wahrnehmen, dort anwesend sind.

**Angebote** bezeichnen einzelne Veranstaltungen mit unterschiedlicher Zeitstruktur und mit differenten didaktischen Arbeitsweisen.

**Angleichungshandeln** beschreibt den Modus des Planungshandelns und meint in der Praxis nicht Anpassung, sondern Angleichung der Positionen durch einen kommunikativen Aushandlungs- und Abstimmungsprozess. Grundlage für diesen Prozess ist erwachsenenpädagogisches und interdisziplinäres Wissen, das für situative Programmentscheidungen genutzt wird. Die Programmentwicklung folgt demnach keinem linearen Entwicklungsgang; sie durchläuft verschiedene Etappen und ist von situativen Kontexten abhängig. Jedes Angebot im Programm nimmt einen anderen Weg.

**Bedarfe und Bedürfnisse** sind weiche, offene Begriffe. In der Regel werden Bedarfe als objektivierbare Größen betrachtet. Bedürfnisse hingegen gelten eher als subjektiv verankert. Diese werden häufig als anthropologische Größe verhandelt, wobei das Recht auf Bildung anschlussfähig platziert wird.

**Bildungsinstitutionalkonzept** ist ein von den Planenden und den Leitenden kooperativ gestaltetes organisationsspezifisches Gesamtkonzept, das alle Profilbildungs- und Strukturentscheidungen mit einem interpretierten Bildungsbegriff verbindet. Bildungsmanagement und Programmplanung sind dafür gleichermaßen relevant.

**Bildungsmanagement** ist ein von der Programm- und Angebotsplanung systematisch getrenntes, eigenständiges Handlungsfeld, das überwiegend von den Leiterinnen und Leitern in Erwachsenen- und Weiterbildungsorganisationen und partiell auch von den pädagogischen Mitarbeitenden wahrgenommen wird.

**Drittmittel** sind Einnahmen aus Verträgen mit Dritten – d.h. nicht mit den Lernenden direkt – über die Erbringung von Produkten, Dienstleistungen, Aufträgen, Projektzuwendungen oder Kooperationsverträgen. Die Dritten können öffentliche Quellen wie die Europäische Kommission, Ministerien, Kommunen oder öffentliche Stiftungen sein. Private Quellen wären Unternehmen, private Stiftungen, Sponsorinnen und Sponsoren, Spenderinnen und Spender etc.

**Erstmittel** sind die Einnahmen oder Erträge aus der Veräußerung der Produkte und Leistungen direkt an die Lernenden und nicht über Dritte. Für die Käuferinnen und Käufer ist bei diesem Tauschgeschäft der tatsächliche Preis der Produkte und Leistungen nicht erkennbar (nur bei Ermäßigungen erschließt sich dies im Vergleich zum Normalpreis), d.h. die oft öffentliche Ko-Finanzierung über Zweit- oder Drittmittel für den Anbieter reduziert den Kaufpreis z.T. erheblich.

**Kooperatives Management** ist der Transfer-Ort zwischen Bildungsmanagement und Programmplanung. Hier treffen sich Leitungs- und Planungsaufgaben und werden abgestimmt. Kooperatives Management umfasst Öffentlichkeitsarbeit/Marketing, Qualitätsmanagement und Organisationsentwicklung.

**Lernkulturen** bündeln die in den Erwachsenen- und Weiterbildungsorganisationen vollzogenen Praktiken und die Formen der Realisierung des Programms über die Erarbeitung und Bündelung von Angeboten vor dem Hintergrund von deren Kulturabhängigkeit. Als Konstrukt sind sie als Auslegungen und (didaktische) Gestaltungsansätze von Lernen, Bildung und Kultur in Institutionen/Organisationen zu verstehen.

**Profil** ist eine verdichtete Gesamtkonzeption einer Erwachsenen- und Weiterbildungsorganisation. Kern des Profils sind die Programmschwerpunkte.

**Programm** meint mesodidaktisch konzipierte, thematisch-inhaltliche Angebotsbündelungen, die Programmbereiche ausbilden. Das Programm kann von Fachstrukturen, von Alltags- und Verwendungssituationen, Qualifikations- und Kompetenzanforderungen übergreifender Art bestimmt werden. Demnach bilden sich verschiedene Programmarten aus, die eine Mixtur von Lernarrangements, Projekten, Kursen, Gesprächskreisen und Zielgruppenkonzeptionen sind. Programme werden monatlich, halb- oder ganzjährlich von Organisationen angeboten.

**Programmanalysen** können qualitativ und/oder quantitativ angelegt sein. Sie befassen sich analytisch mit dem Spezifikum der Erwachsenen- und Weiterbildung, welche ihre Angebote zumeist programmförmig anbietet und eher nicht in Form von Curricula oder Modulen. Programmanalysen bieten als spezielle und entwickelte Methode der Erwachsenen- und Weiterbildungsforschung Zugänge zu Programmen.

**Programmforschung** ist ein genuin erwachsenenpädagogisches Forschungsverfahren, bei dem mittels Programmanalysen Themenstrukturen, ihre Ausdifferenzierungen sowie die Themenschwerpunkte der Erwachsenen- und Weiterbildung untersucht werden. Programmforschung fokussiert demnach in der Analyse erwachsenenpädagogische Fragestellungen in Bezug auf Erwachsenen- und Weiterbildungsprogramme und -projekte. Sie trifft somit Aussagen über die Schwerpunkte der offenen Weiterbildungslandschaft unter einer sich entwickelnden Vielfalt, bildet das Themenspektrum der Erwachsenen- und Weiterbildung ab und fragt nach dem Beitrag zum Lebenslangen Lernen. Sie nutzt dafür verschiedene qualitative und quantitative Methoden.

**Programmplanungshandeln** verlangt ein vernetztes Handeln, das verschiedene Entscheidungsfelder durchläuft. Programmplanung erfolgt passgenau, nicht schematisch. Für jedes Angebot in einem Programmbereich kann sich ein anderer Planungsverlauf als richtig erweisen. Planungsvernetzungen erfolgen z.B. über Wissensinseln und dem Aushandeln von Antinomien.

**Programmplanungsmodelle** können verschiedene Funktionen haben und sind oft ein Teil von Theorien. Sie können präskriptiv, deskriptiv oder analytisch angelegt sein. Viele Modelle haben die Funktion, Komplexität zu reduzieren, aber trotzdem heuristische Orientierung oder Erklärungen zu bieten. In der Programmforschung und -planung gibt es eine Vielfalt an Modellen.

**Rhizom** und rhizomartiges Wachstum sind aus philosophischer Sicht ein offener Prozess, in dem Entwicklungen in alle Richtungen gehen, sich vorläufige Strukturen bilden, aber diese sich auch immer wieder öffnen, permanent verändern und damit heterogen sind. Gleichzeitig wird ein Denken in Linien im Konstrukt „Rhizom" aufgenommen. Wünsche, Bedarfe und Bedürfnisse sind bei der Ausbildung des Rhizoms treibend.

**Wissensinseln** verweisen auf die jeweils pädagogischen Kompetenzen und das Grundlagenwissen als Voraussetzung, um praktisch die jeweiligen Wissensinseln auszuwerten, sie mit anderen Wissensinseln in Beziehung zu setzen und unter einer bestimmten Fragestellung Knotenpunkte herzustellen. Jeder ausgeführte Planungsschritt, der über eine Wissensinsel vollzogen wird, setzt somit spezifisches Wissen voraus.

**Zielgruppe** ist ein Konstrukt, eine Klassifikation nach einem Merkmal oder mehreren herausragenden, gemeinsamen sozialstrukturellen Merkmalen. Zielgruppe meint die potenziellen Teilnehmenden in der Sprache der Erwachsenen- und Weiterbildungspraxis, die Erwachsenen- und Weiterbildungsforschung nennt sie Adressatinnen und Adressaten.

**Zweitmittel** sind institutionelle Grundförderungen der Organisation oder des Personals. Das Budget stammt aus öffentlichen Haushalten oder aus Mitteln der Träger (Arbeitgeberverbände, Gewerkschaften, Kirchen, Parteien etc.) der Erwachsenen- und Weiterbildungsorganisationen.

# Literatur


Ambos, I., Koscheck, S. & Martin, A. (2015). *Personalgewinnung von Weiterbildungsanbietern*. Bonn: Bundesinstitut für Berufsbildung.

Arbeitskreis Arbeitsmarktpolitik. (2018). *Solidarische und sozialinvestive Arbeitsmarktpolitik: Vorschläge des Arbeitskreises Arbeitsmarktpolitik*. Düsseldorf: Hans-Böckler-Stiftung.

Arnold, R. & Gieseke, W. (1999). *Die Weiterbildungsgesellschaft. Bildungstheoretische Grundlagen und Analysen*. Neuwied: Luchterhand.

Arnold, R. & Schüßler, I. (1998). *Wandel der Lernkulturen. Ideen und Bausteine für ein lebendiges Lernen.* Darmstadt: Wissenschaftliche Buchgesellschaft.

Arnold, R. & Wiegerling, H.-J. (1983). *Programmplanung in der Weiterbildung. Bedarfsorientierung, Ausgewählte Planungsstrategien, Institutionelle Einflüsse*. Frankfurt a.M.: Diesterweg.

Arnold, R., Gieseke, W. & Zeuner, C. (2009). *Bildungsberatung im Dialog* (Bde. 1–3). Baltmannsweiler: Schneider.

Autorengruppe wb-Personalmonitor. (2016). *Das Personal in der Weiterbildung. Arbeits- und Beschäftigungsbedingungen, Qualifikationen, Einstellungen zu Arbeit und Beruf.* Bielefeld: W. Bertelsmann. https://www.die-bonn.de/doks/2017-weiterbildner-01.pdf

Bardmann, M. (2011). *Grundlagen der allgemeinen Betriebswirtschaftslehre*. Wiesbaden: Springer Fachmedien.

Barth, B., Flaig, B.B., Schäuble, N. & Tautscher, M. (Hrsg.). (2018). *Praxis der Sinus-Milieus. Gegenwart und Zukunft eines modernen Gesellschafts- und Zielgruppenmodells*. Wiesbaden: Springer.

Barz, H. & Tippelt, R. (2007). *Weiterbildung und soziale Milieus in Deutschland* (Bd. 2, 2. Aufl.). Bielefeld: W. Bertelsmann.

Barz, H., Barth, K., Cerci-Thoms, M., Dereköy, Z., Först, M., Le, Thi T. et al. (2015). *Große Vielfalt, weniger Chancen. Eine Studie über die Bildungserfahrungen und Bildungsziele von Menschen mit Migrationshintergrund in Deutschland. Düsseldorf: Druckhaus.*

Bäumer, J. (1999). *Weiterbildungsmanagement. Eine empirische Analyse deutscher Unternehmen*. München: Hampp.

Beicht, U., Berger, K. & Moraal, D. (2005). Aufwendungen für berufliche Weiterbildung in Deutschland. *Sozialer Fortschritt*, 10/11, 256–265.

Bellmann, L. & Dummert, S. (2016). Übersicht über das Weiterbildungsangebot (Datenbanken). *Grundlagen der Weiterbildung – Praxishilfen*, 141, 3.10.10.

Bernecker, M. (2001). *Bildungsmarketing: Ein dienstleistungsorientierter Ansatz für kommerzielle Bildungsanbieter unter besonderer Berücksichtigung strategischer Aspekte*. Sternenfels: Wissenschaft und Praxis.

Bernhard, C., Kraus, K., Schreiber-Barsch, S. & Stang, R. (Hrsg.). (2015). *Erwachsenenbildung und Raum. Theoretische Perspektiven – professionelles Handeln – Rahmungen des Lernens*. Bielefeld: W. Bertelsmann.

Bolder, A., Bremer, H. & Epping, R. (Hrsg.). (2017). *Bildung für Arbeit unter neuer Steuerung*. Wiesbaden: VS.

Boone, E. J. (1992). *Program development in adult education*. Prospect Heights: Waveland Press.

Börjesson, I. & Zimmermann, U. (2008). *Abschlussbericht. Modellprojekt: Weiterbildungsentwicklung im Modus von Angleichungshandeln. Modell neuer vernetzter Programmgestaltung in einer Region.* https://www.erziehungswissenschaften.hu-berlin.de/de/ebwb/forschung_neu/wema

Bourdieu, P. (1982). *Die feinen Unterschiede. Kritik der gesellschaftlichen Urteilskraft*. Frankfurt a.M.: Suhrkamp.

Braidotti, R. (2013). *Posthumanismus. Leben jenseits des Menschen*. New York: Campus.

Bremer, H. (2007). *Soziale Milieus, Habitus und Lernen. Zur sozialen Selektivität des Bildungswesens am Beispiel der Weiterbildung*. Weinheim: Beltz.

Bremer, H. (2010). Zielgruppen in der Praxis. Erwachsenenbildung im Gefüge sozialer Milieus. *Magazin erwachsenenbildung.at,* (10). www.erwachsenenbildung.at/magazin/10-10/meb10-10.pdf

Bruhn, M. (1990). *Marketing, Grundlagen, Fallstudien, Problemlösungen*. Wiesbaden: Gabler.

Caffarella, R. & Daffron, S. (2013). *Planning Programs for Adult Learners*. San Francisco: Jossey-Bass.

Cervero, R. M. & Wilson, A. L. (1994). The Politics of Responsibility: A Theory of Program Planning Practice for Adult Education. *Adult Education Quarterly, 45* (1), 249–268.

Cervero, R. M. & Wilson, A. L. (1996). Learning from Practice – Learning to See what Matters in Program Planning. *New Directions for Adult and Continuing Education, 1996* (69), 91–99.

Cervero, R. M. & Wilson, A. L. (2005). *Working the Planning Table – Negotiating Democratically for Adult, Continuing, and Workplace Education*. San Francisco: Jossey-Bass.

Ciupke, P. & Reichling, N. (1996). *„Unbewältigte Vergangenheit" als Bildungsangebot. Das Thema „Nationalsozialismus" in der westdeutschen Erwachsenenbildung 1946 bis 1989.* Frankfurt a.M.: DIE.

Cookson, P. S. (1998). *Program Planning for the Training and Continuing Education of Adults: North American Perspectives*. Malabar: Krieger.

Dehnbostel, P. (2008). *Berufliche Weiterbildung. Grundlagen aus arbeitnehmerorientierter Sicht.* Berlin: edition sigma.

Deleuze, G. & Guattari, F. (1977). *Rhizom*. Berlin: Merve.

Depta, H., Kargul, J. & Półturzycki, J. (Hrsg.). (2005). *Kulturelle Erwachsenenbildung in Polen am Beispiel Lubuskie, Warschau und Płock* (S. 53–80). Münster: Waxmann.

Dietel, S. (2012). *Gefühltes Wissen als emotional-körperbezogene Ressource. Eine qualitative Wirkungsanalyse in der Gesundheitsbildung*. Wiesbaden: Springer VS.

Disselhoff, K. (2012). *Bildwerbung der Volkshochschule – Bildwissenschaftliche Analyse der Deckblätter der Volkshochschule Dortmund 1946–2011.* Dortmund: Universität. https://www.die-bonn.de/doks/Diplomarbeit_Katharina_Disselhoff.pdf

Dollhausen, K. & Mickler, R. (2012). *Kooperationsmanagement in der Weiterbildung. Bielefeld: W. Bertelsmann.*

Dollhausen, K. (2008). *Planungskulturen in der Weiterbildung. Angebotsplanungen zwischen wirtschaftlichen Erfordernissen und pädagogischem Anspruch*. Bielefeld: W. Bertelsmann.

Dörner, D. (1984). Modellbildung und Simulation. In E. Roth (Hrsg.), *Sozialwissenschaftliche Methoden: Lehr- und Handbuch für Forschung und Praxis* (S. 337–350). München: Oldenbourg.

Dörner, O. (2012). Bildanalysen in der Erwachsenenbildungsforschung. In B. Schäffer & O. Dörner (Hrsg.), *Handbuch Qualitative Erwachsenen- und Weiterbildungsforschung* (S. 291–306). Opladen: Budrich.

Enoch, C. (2011). *Dimensionen der Wissensvermittlung in Beratungsprozessen. Gesprächsanalysen der beruflichen Beratung. Wiesbaden: VS.*

Enoch, C. & Gieseke, W. (2011). *Wissensstrukturen und Programmforschung. Programmforschung als empirischer Zugang zur Bildungsarbeit der Weiterbildungsinstitutionen*. www.ifbe.uni-hannover.de/fileadmin/ifbe/enoch/enoch_gieseke14_Juli2011.pdf

Faulstich, P. (2003). *Weiterbildung. Begründungen lebensentfaltender Bildung*. München: Oldenbourg.

Faulstich, P. & Bayer, M. (2008). *Lernwiderstände. Anlässe für Vermittlung und Beratung*. Hamburg: VSA.

Faulstich, P. & Zeuner, C. (1999). *Erwachsenenbildung – eine handlungsorientierte Einführung*. Weinheim: Beltz Juventa.

Faulstich, P., Forneck, H., Grell, P., Häßner, K., Knoll, J. & Springer, A. (2005). *Lernwiderstand – Lernumgebung – Lernberatung. Empirische Fundierungen zum selbstgesteuerten Lernen*. Bielefeld: W. Bertelsmann.

Feld, T. C. & Seitter, W. (2017). *Organisieren*. Stuttgart: Kohlhammer.

Flechsig, K.-H. & Haller, H.-D. (1975). *Einführung in didaktisches Handeln*. Stuttgart: Klett.

Fleige, M. (2011). *Lernkulturen in der öffentlichen Erwachsenenbildung. Theorieentwickelnde und empirische Betrachtungen am Beispiel evangelischer Träger*. Münster: Waxmann.

Fleige, M. (2013). „Nutzen" religiöser Erwachsenenbildung aus erwachsenenpädagogischer Perspektive. Erwachsenenpädagogische Reflexionen und Hypothesen. In A. Rösener (Hrsg.), *Was bringt uns das? Vom Nutzen religiöser Bildung für Kirche, Individuum und Gesellschaft* (S. 25–52). Münster: Waxmann.

Fleige, M. (2014). Orte und Räume kultureller Erwachsenenbildung im Kontext von Programmstrukturen. In K. Westphal, U. Stadler-Altmann, S. Schittler & W. Lohfeld (Hrsg.), *Räume kultureller Bildung. Nationale und transnationale Perspektiven* (S. 265–272). Weinheim: Beltz Juventa.

Fleige, M. (2015). Nutzenvorstellungen von Teilnehmenden in beruflichen und erwerbsbiographischen Übergangssituationen. Befunde aus zwei Untersuchungen. In S. Schmidt-Lauff, H. v. Felden & H. Pätzold (Hrsg.), *Transitionen in der Erwachsenenbildung. Gesellschaftliche, institutionelle und individuelle Übergänge* (S. 189–200). Opladen: Budrich.

Fleige, M. (2016). Zum Zusammenhang von Lernkulturen, Programmen und Organisationen in der Erwachsenenbildung/Weiterbildung. Begriffsbestimmungen und Befunde. In O. Dörner, C. Iller, H. Pätzold & S. Robak (Hrsg.), *Differente Lernkulturen – regional, national, transnational* (S. 293–304). Leverkusen: Budrich.

Fleige, M. & Reichart, E. (2014). Statistik und Programmanalyse als Zugänge zur Angebotsforschung. Erkundungen am Beispiel der kulturellen Bildung in der Volkshochschule. In H. Pätzold, H. v. Felden & S. Schmidt-Lauff (Hrsg.), *Programme, Themen und Inhalte der Erwachsenenbildung* (S. 68–87). Baltmannsweiler: Schneider.

Fleige, M. & Robak, S. (2016). Lehr-Lernkulturen in der Erwachsenenbildung. In R. Tippelt & A. v. Hippel (Hrsg.), *Handbuch Erwachsenenbildung/Weiterbildung* (6., überarb. u. erw. Aufl.,). Wiesbaden: Springer. https://doi.org/10.1007/978-3-531-20001-9_35-1

Fleige, M. & Specht, I. (2017). Programs and Organisational Structures of Adult Learning in Museums. In B. Käpplinger, S. Robak, M. Fleige, A. v. Hippel & W. Gieseke (Eds.), *Cultures of Program Planning in Adult Education: Concepts, Research Results and Archives* (pp. 177–194). Frankfurt a.M.: Lang.

Fleige, M., Gieseke, W. & Robak, S. (2015). *Kulturelle Erwachsenenbildung. Strukturen – Partizipationformen – Domänen*. Bielefeld: W. Bertelsmann.

Forneck, H. J. & Wrana, D. (2005). *Ein parzelliertes Feld. Eine Einführung in die Erwachsenenbildung.* Bielefeld: W. Bertelsmann.

Franz, J. (2016). *Kulturen des Lehrens. Eine Studie zu kollektiven Lehrorientierungen in Organisationen allgemeiner Erwachsenenbildung. Bielefeld: W. Bertelsmann.*

Friebel, H. (2012). Weiterbildung in der postedukativen Gesellschaft. *Report – Zeitschrift für Weiterbildungsforschung, 35* (2),15–29.

Friedrich-Ebert-Stiftung. (Hrsg.). (1993). *Lernen für Demokratie. Politische Weiterbildung für eine Gesellschaft im Wandel* (Bde. 1–4). Bonn.

Ganglbauer, S. & Stifter, Chr. (2017). The Austrian Archives of Adult Education. In B. Käpplinger, S. Robak, M. Fleige, A. v. Hippel & W. Gieseke (Eds.), *Cultures of Program Planning in Adult Education: Concepts, Research Results and Archives* (pp. 263–268). Frankfurt a.M.: Lang.

Gieseke, W. (Hrsg.). (2000a). *Programmplanung als Bildungsmanagement? Qualitative Studie in Perspektivverschränkung. Begleituntersuchung des Modellversuchs „Entwicklung und Erprobung eines Berufseinführungskonzepts für hauptberufliche Erwachsenenbildner/innen"*. Recklinghausen: Bitter.

Gieseke, W. (2000b). Konsequenzen und Empfehlungen. In W. Gieseke (Hrsg.), *Programmplanung als Bildungsmanagement? Qualitative Studie in Perspektivverschränkung. Begleituntersuchung des Modellversuchs „Entwicklung und Erprobung eines Berufseinführungskonzepts für hauptberufliche Erwachsenenbildner/innen"* (S. 334–338). Recklinghausen: Bitter.

Gieseke, W. (2001). Programme zur Weiterbildung. *Report – Literatur- und Forschungsreport Weiterbildung*, 47, 17–26.

Gieseke, W. (2002). Reichtum, Vielfalt, Selbständigkeit. Programmplanung in der Evangelischen Erwachsenenbildung. In A. Seiverth (Hrsg.), *Re-Visionen Evangelischer Erwachsenenbildung. Am Menschen orientiert* (S. 203–212). Bielefeld: W. Bertelsmann.

Gieseke, W. (2003). Programmplanungshandeln als Angleichungshandeln. Die realisierte Vernetzung in der Abstimmung von Angebot und Nachfrage. In W. Gieseke (Hrsg.), *Institutionelle Innensichten der Weiterbildung* (S.189–211). Bielefeld: W. Bertelsmann.

Gieseke, W. (2007). *Erwachsenenpädagogischer Report Qualitative Forschungsverfahren in Perspektivverschränkung. Dokumentation des Kolloquiums anlässlich des 60. Geburtstages von Frau Prof. Dr. Wiltrud Gieseke am 29. Juni 2007* (S. 10–22). Berlin: Humboldt-Universität.

Gieseke, W. (2008). *Bedarfsorientierte Angebotsplanung in der Erwachsenenbildung*. Bielefeld: W. Bertelsmann.

Gieseke, W. (2009). Organisationstheoretische Überlegungen zur Lernkultur. Der übersehene institutionelle/organisatorische Faktor im Lernkulturdiskurs. In W. Gieseke, S. Robak & M.-L. Wu (Hrsg.), *Transkulturelle Perspektiven auf Kulturen des Lernens* (S. 49–86). Bielefeld: transcript.

Gieseke, W. (2011). Programme und Programmforschung als spezifisches Steuerungswissen für Weiterbildungsorganisationen? *Hessische Blätter für Volksbildung, 61* (4), 314–322.

Gieseke, W. (2013). *Entwicklung der Erwachsenenbildungswissenschaft* (3., überarb. u. akt. Aufl.). Kaiserslautern: TU, Zentrum für Fernstudien und Universitäre Weiterbildung.

Gieseke, W. (2014). Adult and Continuing Education: Results in the Context of Research on Programs and Professionality. In B. Käpplinger & S. Robak (Eds.), *Changing Configurations in Adult Education in Transitional Times* (pp. 153–174). Frankfurt a.M.: Lang.

Gieseke, W. (2015). Programme und Angebote. In J. Dinkelaker & A. v. Hippel (Hrsg.), *Erwachsenenbildung in Grundbegriffen* (S. 165–173). Stuttgart: Kohlhammer.

Gieseke, W. (2016). *Die Autonomie der Erwachsenenbildung. Vortrag am Fachtag zu Themen der Evangelischen Erwachsenenbildung am 20. Mai 2016 in Frankfurt am Main.* https://www.erziehungswissenschaften.hu-berlin.de/de/ebwb/forschung_neu/publikationen/prof.-dr.-wiltrud-gieseke/downloads/gieseke_die-autonomie-der-erwachsenenbildung.pdf

Gieseke, W. (2017). Programs, Program Research, Program-planning Activities – Rhizome-like Developments. In B. Käpplinger, S. Robak, M. Fleige, A. v. Hippel & W. Gieseke (Eds.), *Cultures of Program Planning in Adult Education. Concepts, Research Results and Archives* (pp. 23–42). Frankfurt a.M.: Lang.

Gieseke, W. & Gorecki, C. (2000). Programmplanung als Angleichungshandeln – Arbeitsplatzanalyse. In W. Gieseke (Hrsg.), *Programmplanung als Bildungsmanagement? Qualitative Studie in Perspektivverschränkung. Begleituntersuchung des Modellversuchs „Entwicklung und Erprobung eines Berufseinführungskonzepts für hauptberufliche Erwachsenenbildner/innen"* (S. 59–114). Recklinghausen: Bitter.

Gieseke, W. & Kargul, J. (Hrsg.). (2005). *Europäisierung durch Kulturelle Bildung. Bildung – Praxis – Event*. Münster: Waxmann.

Gieseke, W. & Nittel, D. (2016). *Handbuch Pädagogische Beratung über die Lebensspanne*. Weinheim: Beltz Juventa.

Gieseke, W. & Opelt, K. (2003). *Erwachsenenbildung in politischen Umbrüchen. Programmforschung Volkshochschule Dresden 1945–1997*. Opladen: Leske und Budrich.

Gieseke, W. & Opelt, K. (2005a). Programmanalyse zur kulturellen Bildung in Berlin-Brandenburg. In W. Gieseke, K. Opelt, H. Stock & I. Börjesson (Hrsg.), *Kulturelle Erwachsenenbildung in Deutschland. Exemplarische Analyse Berlin/Brandenburg* (Europäisierung durch kulturelle Bildung: Bildung – Praxis – Event 1, S. 43–130). Münster: Waxmann.

Gieseke, W. & Opelt, K. (2005b). Zusammenfassung: Bildungstheoretische Ansätze für kulturelle Bildung – Aspekt Programm. In W. Gieseke, K. Opelt, H. Stock & I. Börjesson (Hrsg.), *Kulturelle Erwachsenenbildung in Deutschland. Exemplarische Analyse Berlin/Brandenburg* (Europäisierung durch kulturelle Bildung: Bildung – Praxis – Event 1, S. 317–334). Münster: Waxmann.

Gieseke, W., Opelt, K., Stock, H. & Börjesson, I. (Hrsg.). (2005). *Kulturelle Erwachsenenbildung in Deutschland. Exemplarische Analyse Berlin/Brandenburg* (Europäisierung durch kulturelle Bildung: Bildung – Praxis – Event 1). Münster: Waxmann.

Gieseke, W. & Robak, S. (2004). Programmplanung und Management aus der Bildungsforschungsperspektive. Empirische Befunde und konzeptionelle Wendungen. *Report – Literatur- und Forschungsreport Weiterbildung, 27* (2), 33–41.

Gieseke, W. & Stimm, M. (2016). *Praktiken der professionellen Bildungsberatung – Innensichten auf die Entscheidungsfindung im Beratungsprozess*. Wiesbaden: Springer VS.

Gieseke, W., Hippel, A. v., Stimm, M., Georgieva, I. & Freide, S. (2016). Programmarchive und -sammlungen der Erwachsenenbildung/Weiterbildung. In R. Tippelt & A. v. Hippel (Hrsg.), *Handbuch Erwachsenenbildung/Weiterbildung* (6., überarb. u. erw. Aufl.). Wiesbaden: Springer. https://doi.org/10.1007/978-3-531-20001-9_23-1

Gieseke, W., Opelt, K., Stock, H. & Börjesson, I. (2005). *Kulturelle Erwachsenenbildung in Deutschland – Exemplarische Analyse Berlin/Brandenburg*. Münster: Waxmann.

Gieseke, W., Robak, S. & Fleige, M. (2005). *Lernkulturraster (Unternehmen)*. Berlin: Humboldt-Universität.

Gieseke, W., Robak, S. & Wu, M.-L. (Hrsg.). (2009). *Transkulturelle Perspektiven und Kulturen des Lernens*. Bielefeld: W. Bertelsmann.

Gnahs, D. (1995). Analysen von Veranstaltungsverzeichnissen und -ankündigungen auf Informationsvielfalt und -genauigkeit. In R. v. Bardeleben, D. Gnahs, E. M. Krekel & B. Seusing (Hrsg.), *Weiterbildungsqualität – Konzepte, Instrumente und Kriterien* (S. 29–43). Bielefeld: W. Bertelsmann.

Grotlüschen, A. (2010). *Erneuerung der Interessetheorie. Die Genese von Interesse an Erwachsenen- und Weiterbildung*. Wiesbaden: VS.

Grotlüschen, A., Kretschmann, R., Quante-Brandt, E. & Wolf, K. D. (2011). *Literalitätsentwicklung von Arbeitskräften*. Münster: Waxmann.

Grüner, H. (2000). *Die Bestimmung des betrieblichen Weiterbildungsbedarfs*. Frankfurt a.M.: Lang.

Hanft, A., Brinkmann, K., Kretschmer, S., Maschwitz, A. & Stöter, J. (2016). *Organisation und Management von Weiterbildung und Lebenslangem Lernen an Hochschulen*. Münster: Waxmann.

Harney, K. (1998). *Handlungslogik betrieblicher Weiterbildung*. Stuttgart: Hirzel.

Helsper, W. (2002). Lehrerprofessionalität als antinomische Handlungsstruktur. In M. Kraul, W. Marotzki & C. Schweppe (Hrsg.), *Biographie und Profession* (S. 64–102). Bad Heilbrunn: Klinkhardt.

Henze, C. (1998). Ökologische Weiterbildung in Nordrhein-Westfalen – Eine empirische Studie zur Programmplanung und Bildungsrealisation an Volkshochschulen. Münster: Waxmann.

Herre, P. (2015). *Recherche-Projekt Programmforschung Sammlungs- und Archivierungspraxis von Programmen in europäischen Ländern. DIE-Projektbericht.* www.die-bonn.de/docs/Herre_2015_DIE-Projektbericht-Europaeische%20Recherche.pdf

Heuer, K. (2017). The Program-Archive of the DIE – Background, Development and challenges. In B. Käpplinger, S. Robak, M. Fleige, A. v. Hippel & W. Gieseke (Eds.), *Cultures of Program Planning in Adult Education: Concepts, Research Results and Archives* (pp. 269–277). Frankfurt a.M.: Lang.

Heuer, U. (2010). *Betriebliche Weiterbildungsentscheidungen: Aushandlungsprozesse und Bildungscontrolling. Fallstudienbericht.* Bonn: Bundesinstitut für Berufsbildung.

Heuer, U. & Robak, S. (2000). Programmstrukturen in konfessioneller Trägerschaft – exemplarische Programmanalysen. In W. Gieseke (Hrsg.), *Programmplanung als Bildungsmanagement? Qualitative Studie in Perspektivverschränkung* (S. 115–209). Recklinghausen: Bitter.

Hinz, J., Hopen, A., Käpplinger, B., Koitz, K. & Rau, T. (2014). *Praxisleitfaden Weiterbildungscontrolling*. Berlin: RKW Berlin GmBH/Thomas Rau.

Hippel, A. v. (2007). *Medienpädagogische Erwachsenenbildung: Eine Analyse von pädagogischem Auftrag, gesellschaftlichem Bedarf und Teilnehmendeninteressen*. Saarbrücken: Landesmedienanstalt Saarland.

Hippel, A. v. (2008). Die Produktklinik – eine Methode zur nachfrageorientierten Planung von Angeboten wissenschaftlicher Weiterbildung. *Report – Zeitschrift für Weiterbildungsforschung, 31* (1), 42–51.

Hippel, A. v. (2010). Erwachsenenbildner an der Schnittstelle zwischen Verwaltung und Pädagogik – eine explorative Analyse der Tätigkeitsfelder von Verwaltungsmitarbeiter/-innen mit pädagogischen Aufgaben. *Report – Zeitschrift für Weiterbildungsforschung, 33* (2), 77–88.

Hippel, A. v. (2011a). Fortbildung in pädagogischen Berufen – zentrale Themen, Gemeinsamkeiten und Unterschiede der Fortbildung in Elementarbereich, Schule und Weiterbildung. In W. Helsper & R. Tippelt (Hrsg.), *Pädagogische Professionalität* (Zeitschrift für Pädagogik, 57. Beiheft, S. 248–267). Weinheim: Beltz.

Hippel, A. v. (2011b). Programmplanungshandeln im Spannungsfeld heterogener Erwartungen: ein Ansatz zur Differenzierung von Widerspruchskonstellationen und professionellen Antinomien. *Report – Zeitschrift für Weiterbildungsforschung, 34* (1), 45–57.

Hippel, A. v. (2012). Programmplanung als professionelles Handeln – „Angleichungshandeln" und „Aneignungsmodi" im aktuellen Diskurs der Programm- und Professionsforschung. In B. Käpplinger, S. Robak & S. Schmidt-Lauff (Hrsg.), *Engagement für die Erwachsenenbildung – Ethische Bezugnahmen und demokratische Verantwortung* (S. 131–143). Wiesbaden: VS.

Hippel, A. v. (2016). Programmplanungskulturen in der betrieblichen Weiterbildung. Eine Programmanalyse zu Funktionen betrieblicher Weiterbildungsprogramme. In O. Dörner, C. Iller, H. Pätzold & S. Robak (Hrsg.), *Differente Lernkulturen – regional, national, transnational* (S. 139–159). Opladen: Budrich.

Hippel, A. v. (2017). Theoretische Perspektiven auf Programmplanung in der Erwachsenenbildung. *Zeitschrift für Weiterbildungsforschung, 40* (2), 199–209. https://doi.org/10.1007/s40955-017-0090-4

Hippel, A. v. & Käpplinger, B. (2017). Models of Program Planning in Different Countries. In B. Käpplinger, S. Robak, M. Fleige, A. v. Hippel & W. Gieseke (Eds.), *Cultures of Program Planning in Adult Education: Concepts, Research Results and Archives* (pp. 97–112). Frankfurt a.M.: Lang.

Hippel, A. v. & Röbel, T. (2016). Funktionen als akteursabhängige Zuschreibungen in der Programmplanung betrieblicher Weiterbildung. *Zeitschrift für Weiterbildungsforschung – Report, 39* (1), 61–81.

Hippel, A. v. & Tippelt, R. (Hrsg.). (2009). *Fortbildung der WeiterbildnerInnen – eine Analyse der Interessen und Bedarfe aus verschiedenen Perspektiven*. Weinheim: Beltz.

Hippel, A. v., Buschle, C., Schütz, J., Fuchs, S., Nittel, D., Dellori, C., Siewert-Kölle, A. & Wahl, J. (2014). Pädagogische Berufe: zwischen Selbstzuschreibungen und Fremdzuschreibungen. In D. Nittel, J. Schütz & R. Tippelt (Hrsg.), *Pädagogische Arbeit im System des lebenslangen Lernens. Ergebnisse komparativer Berufsgruppenforschung* (S. 200–254). Weinheim: Beltz.

Hippel, A. v., Fuchs, S. & Tippelt, R. (2008). Weiterbildungsorganisationen und Nachfrageorientierung – neoinstitutionalistische Perspektiven. *Zeitschrift für Pädagogik, 54* (5), 663–678.

Hippel, A. v., Tippelt, R. & Gebrande, J. (2018). Adressaten-, Teilnehmer- und Zielgruppenforschung. In R. Tippelt & A. v. Hippel (Hrsg.), *Handbuch Erwachsenenbildung/Weiterbildung* (6., überarb. u. akt. Aufl., S. 1131–1147). Wiesbaden: Springer VS.

Hof, C. (2011). Theorien des Wissens und der Kompetenzen. In T. Fuhr, P. Gonon & C. Hof (Hrsg.), *Handbuch Erziehungswissenschaften* (Bd. 4, Erwachsenenbildung/Weiterbildung, S. 219–226). Paderborn: Schöningh/UTB.

Homburg, C. (2017). *Marketingmanagement. Strategie – Instrumente – Umsetzung – Unternehmensführung* (6., überarb. u. erw. Aufl.). Wiesbaden: Springer Fachmedien.

Hummelsheim, S. (2010). *Finanzierung der Weiterbildung in Deutschland*. Bielefeld: W. Bertelsmann.

Huntemann, H. & Reichart, E. (2015). *Volkshochschulstatistik 2014*. Bonn: DIE.

Jaich, R. (2014). *Finanzierung der gesetzlich geregelten Erwachsenenbildung durch die Bundesländer*. Frankfurt a.M.: GEW.

Jarvis, P. (2006). *Adult Education & Lifelong Learning. Theory and Practice*. Abingdon: Routledge.

Joas, H. (1992). *Die Kreativität des Handelns*. Frankfurt a.M.: Suhrkamp.

Kade, J., Nittel, D. & Seitter, W. (2007). *Einführung in die Erwachsenenbildung/Weiterbildung*. Stuttgart: Kohlhammer.

Kade, S. (1992). *Arbeitsplananalyse: Altersbildung*. Frankfurt a.M.: PAS.

Kade, S. (2006). *Altern und Bildung. Eine Einführung*. Bielefeld: W. Bertelsmann.

Käpplinger, B. (2007). *Abschlüsse und Zertifikate in der Weiterbildung*. Bielefeld: W. Bertelsmann.

Käpplinger, B. (2008). Programmanalysen und ihre Bedeutung für Pädagogische Forschung. *Forum Qualitative Sozialforschung, 9* (1), Art. 37. www.qualitative-research.net/index.php/fqs/article/view/333/728

Käpplinger, B. (Hrsg.). (2010). *Weiterbildungsentscheidungen und Bildungscontrolling – Impulse aus der Bildungsforschung für die Bildungspraxis*. Bonn: Bundesinstitut für Berufsbildung. www.bibb.de/veroeffentlichungen/en/publication/download/id/6251

Käpplinger, B. (2011). Methodische Innovationen durch neue Nutzungen und Kombinationen einer alten Methode – Das Beispiel der Programmanalyse. *Report – Zeitschrift für Weiterbildungsforschung, 34* (1), 36–44. www.die-bonn/doks/report/2011-programmforschung-01.pdf

Käpplinger, B. (2015). Addressing 21st Century Learners – A Comparative Analysis of Pictures and Images in Programs of Adult Education Providers. Konferenzpapier bei der CASAE 2015 in Montreal (S. 171–177). journals.msvu.ca/ocs/public/CASAE-2015-conference-proceedings.pdf

Käpplinger, B. (2016a). *Betriebliche Weiterbildung aus der Perspektive von Konfigurationstheorien*. Bielefeld: W. Bertelsmann.

Käpplinger, B. (2016b). Generations of Adult Education Programs – Lost and Found Imaginations. In ESREA (Ed.), *Electronic Proceedings of the 8th Triennial Research Conference at Maynooth University/Ireland*. Maynooth University.

Käpplinger, B. (2017). Ressourcen für lebenslanges Lernen. *Education Permanente, 51* (1), 7–9.

Käpplinger, B., Klein, R. & Haberzeth, E. (Hrsg.). (2013). *Weiterbildungsgutscheine. Wirkungen eines Finanzierungsmodells in vier europäischen Ländern*. Bielefeld: W. Bertelsmann.

Käpplinger, B. & Lichte, N. (2012). Erhöhung der Weiterbildungsbeteiligung durch professionelles Weiterbildungspersonal. *WSI-Mitteilungen*, (5), 374–381.

Käpplinger, B. & Sork, T. (2014). Making Program Planning More Visible – What to Do when They Don't Know What They Don't Know. In W. Jütte & S. Lattke (Eds.), *Professionalisation of Adult Educators. International and Comparative Perspectives* (pp. 183–200). Frankfurt a.M.: Lang.

Käpplinger, B., Robak, S., Fleige, M., Hippel, A. v. & Gieseke, W. (Eds.). (2017). *Cultures of Program Planning in Adult Education: Concepts, Research Results and Archives*. Frankfurt a.M.: Lang.

Körber, K., Kuhlenkamp, D., Peter, R., Schlutz, E., Schrader, J. & Wilckhaus, F. (1995). *Das Weiterbildungsangebot im Land Bremen. Strukturen und Entwicklungen in einer städtischen Region. Untersuchung im Auftrag der Strukturkommission Weiterbildung des Senats der Freien Hansestadt Bremen. Ergebnisse der Kommissionsarbeit* (Bd. 3). Bremen: Bremer Texte zur Erwachsenenbildungsforschung.

Kron, F. W. (1999). *Wissenschaftstheorie für Pädagogen. Mit 9 Tabellen*. München: Reinhardt.

Lamnek, S. (1998). *Gruppendiskussionen. Theorie und Praxis*. Weinheim: Beltz.

Lassnigg, L. (2010). Editorial. *Magazin erwachsenenbildung.at,* (10). www.erwachsenenbildung.at/magazin/10-10/meb10-10.pdf

Lee, R. & Roh, K.-R. (2017). Responsible Planning for North Korean Refugees as Adult Learners. In B. Käpplinger, S. Robak, M. Fleige, A. v. Hippel & W. Gieseke (Eds.), *Cultures of Program Planning in Adult Education: Concepts, Research Results and Archives* (pp. 245–259). Frankfurt a.M.: Lang.

Ludwig, J. (2012). *Lernen und Lernberatung. Alphabetisierung als Herausforderung für die Erwachsenendidaktik*. Bielefeld: W. Bertelsmann.

Mader, A. (1998). Multimedia als Angebot. Programmanalyse ausgewählter Einrichtungen. In A. Nispel, F. Strang & F. Hagedorn (Hrsg.), *Pädagogische Innovation mit Multimedia* (S. 51–76). Frankfurt a.M.: DIE.

Mader, A. (2000). *Berufliche Weiterbildung 2000: Innovative Themen und Trends in der beruflichen Bildung: Eine VHS-Programmplananalyse des Frühjahrsemesters 2000.* Bonn: DVV.

Mader, W. & Weymann, A. (1979). Zielgruppenentwicklung, Teilnehmerorientierung und Adressatenforschung. In H. Siebert (Hrsg.), *Taschenbuch der Weiterbildungsforschung* (S. 346–376). Baltmannsweiler: Schneider.

Martin, A., Schömann, K., Schrader, J. & Kuper, H. (Hrsg.). (2015). *Deutscher Weiterbildungsatlas*. Bielefeld: W. Bertelsmann. https://doi.org/10.3278/14/1127w

Mayntz, R. (1967). *Modellkonstruktion: Ansatz, Typen und Zweck. Formalisierte Modelle in der Soziologie*. Neuwied: Luchterhand.

McLean, S. (2000). „Between Rationality and Politics". *International Journal of Lifelong Education, 19* (6), 493–505.

Merk, R. (1998). *Weiterbildungsmanagement. Bildung erfolgreich und innovativ managen* (2. Aufl.). Neuwied: Luchterhand.

Möller, S. (2002). *Marketing in der Weiterbildung. Eine empirische Studie an Volkshochschulen*. Bielefeld: W. Bertelsmann.

Müller, A. (2005). *Weiterbildungsberatung. Qualitative Analyse von Interaktions- und Prozessverläufen situativer und biographieorientierter Weiterbildungsgespräche*. Berlin: Rhombos.

Müller, H.-J. & Stürzl, W. (1992). Bildungsbedarfsanalyse. In H. Geißler (Hrsg.), *Neue Oualitäten betrieblichen Lernens* (S. 103–146). Frankfurt a.M.: Lang.

Nolda, S. (1998). Programme der Erwachsenenbildung als Gegenstand qualitativer Forschung. In S. Nolda, K. Pehl & H. Tietgens (Hrsg.), *Programmanalysen* (S. 139–235). Frankfurt a.M.: DIE.

Nolda, S. (2010). Programmanalyse – Methoden und Forschungen. In R. Tippelt & A. v. Hippel (Hrsg.), *Handbuch Erwachsenenbildung/Weiterbildung* (S. 293–307). Wiesbaden: Springer.

Nolda, S. (2018). Programmanalyse in der Erwachsenenbildung/Weiterbildung. In R. Tippelt & A. v. Hippel (Hrsg.), *Handbuch Erwachsenenbildung/Weiterbildung* (6., überarb. u. erw. Aufl., S. 433–449). Wiesbaden: Springer.

Nuissl, E. (1998). *Leitung von Weiterbildungseinrichtungen*. Frankfurt a.M: Deutsches Institut für Erwachsenenbildung.

Nuissl, E. (2010). Trends in der Weiterbildungsforschung. In Deutsches Institut für Erwachsenenbildung (Hrsg.), *Trends in der Weiterbildung – DIE Trendanalyse 2010* (S. 171–181). Bielefeld: W. Bertelsmann.

Ott, M. (2009). Bildungsarbeit im Auftrag der aktivierenden Arbeitsmarktpolitik. Feststellen von „(In-)Kompetenzen" in Praktiken des Profiling. *Hessische Blätter für Volksbildung, 59* (4), 366–374.

Pätzold, G. & Lang, M. (1999). *Lernkulturen im Wandel. Didaktische Konzepte für eine wissensbasierte Organisation*. Bielefeld: W. Bertelsmann.

Pehl, K. (2004). Ein wertvoller Schatz – Die Volkshochschul-Programme als historisches Archiv. *dis.kurs,* (2), 4–6.

Pohlmann, C. (2018). *Bildungsurlaub – Vom gesellschaftspolitischen Anliegen zum Instrument beruflicher Qualifizierung? Eine Analyse der Bildungsurlaubsdiskurse in der Weiterbildung*. Franfurkt a.M.: Peter Lang.

Popp, W. (1970). Die Funktion von Modellen in der didaktischen Theorie. In G. Dohmen (Hrsg.), *Unterrichtsforschung und didaktische Theorie* (S. 49–60). München: Piper.

Reckwitz, A. (2006). *Das hybride Subjekt. Eine Theorie der Subjektkulturen von der bürgerlichen Moderne zur Postmoderne. Weilerswist: Velbrück Wissenschaft.*

Rehfeld, W. (2015). „Projektitis". In Gewerkschaft Erziehung und Wissenschaft (Hrsg.), *Schwarzbuch Beschäftigung in der Weiterbildung* (S. 21–23). Frankfurt a.M.: GEW.

Reich-Claassen, J. & Hippel, A. v. (2018). Programm- und Angebotsplanung in der Erwachsenenbildung. In R. Tippelt & A. v. Hippel (Hrsg.), *Handbuch Erwachsenenbildung/Weiterbildung* (6., überarb. u. erw. Aufl., S. 1403–1423). Wiesbaden: Springer.

Reich-Claassen, J., Hippel, A. v. & Tippelt, R. (2011). Zielgruppenkonstruktion(en) auf Basis des Milieumodells? Ein kritischer Blick auf Milieuforschung und milieuorientierte Bildungsarbeit. In H. Herzberg & E. Kammler (Hrsg.), *Biographie und Gesellschaft – Überlegungen zu einer Theorie des modernen Selbst* (S. 101–118). Frankfurt a.M.: Campus.

Reich, J. & Tippelt, R. (2008). Milieumarketing – Verortung im bildungswissenschaftlichen Diskurs. In R. Tippelt, J. Reich, A. v. Hippel, H. Barz & D. Baum (Hrsg.), *Weiterbildung und soziale Milieus in Deutschland* (Bd. 3, Milieumarketing implementieren, S. 10–17). Bielefeld: W. Bertelsmann.

Rieger-Goertz, S. (2008). *Geschlechterbilder in der Katholischen Erwachsenenbildung*. Bielefeld: W. Bertelsmann.

Robak, S. (2004). *Management in Weiterbildungsinstitutionen. Eine empirische Studie zum Leitungshandeln in differenten Konstellationen*. Hamburg: Dr. Kovač.

Robak, S. (2009). Kulturelle Aspekte von Lernkulturen in transnationalen Unternehmen unter Globalisierungsbedingungen. In W. Gieseke, S. Robak & M.-L. Wu (Hrsg.), *Transkulturelle Perspektiven auf Kulturen des Lernens* (S. 119–150). Bielefeld: transcript.

Robak, S. (2012a). *Kulturelle Formationen des Lernens. Zum Lernen deutscher Expatriates in kulturdifferenten Arbeitskontexten in China – die versäumte Weiterbildung*. Münster: Waxmann.

Robak, S. (2012b). *Programmanalysen: Einführung in die Erstellung von Codesystemen*. Bonn: DIE. https://www.die-bonn.de/institut/dienstleistungen/servicestellen/programmforschung/methodische_handreichungen/codiersysteme/default.aspx

Robak, S. & Enoch, C. (2016). *Internationalisierung, Globalisierung und Transnationalisierung der Erwachsenenbildung, Weiterbildung und Personalentwicklung, Postgraduale Fernstudiengänge Human Resources. Lehreinheit im Fernstudiengang „Erwachsenenbildung" der Technischen Universität Kaiserslautern.* Distance and Independent Studies Center (DISC), Modul 610.

Robak, S. & Fleige, M. (2012). Angebotsstrukturen kultureller Bildung in der EEB und Übergänge zu anderen Bildungsbereichen: Befunde und Interpretationen. *Forum Erwachsenenbildung*, (4), 48–53.

Robak, S. & Petter, I. (2014). *Programmanalyse zur interkulturellen Bildung in Niedersachsen.* Bielefeld: W. Bertelsmann.

Robak, S., Fleige, M., Sterzik, L., Seifert, J., Teichmann, A.-K. & Krueger, A. (2015). *Die Konstitution Kultureller Bildungsräume. Fünf überregionale Institutionen der non-formalen Kulturellen (Erwachsenen-) Bildung: Bildungsangebotsentwicklungen, innovative Impulse, Planungsspielräume. Langfassung. Recherche und Analyse im Auftrag des Rates für Kulturelle Bildung, durchgeführt an der Leibniz Universität Hannover und der Humboldt-Universität zu Berlin im Zeitraum April–Juni 2015*. www.rat-kulturelle-bildung.de/fileadmin/user_upload/pdf/RFKB_RechercheRobakFleige_ES.pdf

Robak, S., Pohlmann, C. & Heidemann, L. (2013). Zur Analyse von Folgewirkungen bildungspolitischer Strukturentscheidungen auf Bildungs- und Planungspartizipation am Beispiel von Bildungsurlaub. In S. M. Weber, M. Göhlich, A. Schröer, C. Fahrenwald & H. Macha (Hrsg.), *Organisation und Partizipation* (S. 303–313). Wiesbaden: Springer VS.

Robak, S., Rippien, H., Heidemann, L. & Pohlmann, C. (Hrsg.). (2015). *Bildungsurlaub – Planung, Programm, Partizipation. Eine Studie zur Perspektivverschränkung*. Frankfurt a.M.: Lang.

Röbel, T. (2017). Bildung im Betrieb? Empirische Betrachtung der Bedarfsbestimmung im Großunternehmen: Prozesse, Akteure und Begründungen. *Zeitschrift für Weiterbildungsforschung – Report, 40* (1), 25–39.

Robinsohn, S. B. (1967). *Bildungsreform als Revision des Curriculum*. Neuwied: Luchterhand.

Robinsohn, S. B. (1971). *Bildungsreform als Revision des Curriculum* (3., durchges. u. erw. Aufl.). Neuwied: Luchterhand.

Rogall, H. (2006). *Volkswirtschaftslehre für Sozialwissenschaftler. Eine Einführung*. Wiesbaden: VS.

Rose, A. & Fleige, M. (2017). Understanding Need in Program Planning within the Context of Career Basic Need Education – Insights from the USA. In B. Käpplinger, S. Robak, M. Fleige, A. v. Hippel & W. Gieseke (Eds.), *Cultures of Program Planning in Adult Education: Concepts, Research Results and Archives* (pp. 195–207). Frankfurt a.M.: Lang.

Rose, A. D. & Fleige, M. (2017). Understanding Need in Program Planning within the Context of Career Based Basic Education: Insights from the USA. In B. Käpplinger, S. Robak, M. Fleige, A. v. Hippel & W. Gieseke (Eds.), *Cultures of Program Planning in Adult Education: Concepts, Research Results and Archives* (pp. 195–207). Frankfurt a.M.: Lang.

Rösener, A. (Hrsg.). (2013). *Was bringt uns das? Vom Nutzen religiöser Bildung für Individuum, Kirche und Gesellschaft*. Münster: Waxmann.

Ryu, K. & Cervero, R. M. (2011). The Role of Confucian Cultural Values and Politics in Planning Educational Programs for Adults in Korea. *Adult Education Quarterly, 61* (2), 139–160.

Sarges, W. & Haeberlin, F. (1980). *Marketing für die Erwachsenenbildung*. Hannover: Schroedel.

Sauer-Schiffer, U. (2000). *Biographie und Management. Eine qualitative Studie zum Leitungshandeln von Frauen in der Erwachsenenbildung*. Münster: Waxmann.

Schäffter, O. (1998). *Weiterbildung in der Transformationsgesellschaft. Zur Grundlegung einer Theorie der Institutionalisierung*. Berlin: Arbeitsgemeinschaft QUEM.

Schäffter, O. (2007). Erwachsenenpädagogische Institutionenanalyse. Begründungen für eine lernförderliche Forschungspraxis. In U. Heuer & R. Siebers (Hrsg.), *Weiterbildung am Beginn des 21. Jahrhunderts. Festschrift für Wiltrud Gieseke* (S. 354–370). Münster: Waxmann.

Schäffter, O. (2008). Lebenslanges Lernen im Prozess der Institutionalisierung. In H. Herzberg (Hrsg.), *Lebenslanges Lernen. Theoretische Perspektiven und empirische Befunde im Kontext der Erwachsenenbildung* (S. 69–93). Frankfurt a.M.: Lang.

Schäffter, O. (2013). Die Kategorie des „Angleichungshandelns" bei Wiltrud Gieseke. Eine relationale Sicht auf die empirische Rekonstruktion von „Programmplanungshandeln". In B. Käpplinger, S. Robak & S. Schmidt-Lauff (Hrsg.), *Engagement für die Erwachsenenbildung. Ethische Bezugnahmen und demokratische Verantwortung* (S. 223–236). Wiesbaden: Springer VS.

Schemmann, M. (2015). Lokale (Weiter-)Bildungsberichterstattung als Fokussierung von Weiterbildung und Raum: Konzepte, Befunde, Akzeptanz. In E. Nuissl & H. Nuissl (Hrsg.), *Bildung im Raum* (S. 121–135). Baltmannsweiler: Schneider.

Schiersmann, C. (1999). Zielgruppenforschung. In R. Tippelt (Hrsg.), *Handbuch Erwachsenenbildung/Weiterbildung* (2., überarb. u. akt. Aufl., S. 557–565). Opladen: Budrich.

Schiersmann, C. (2014). Beraten. In J. Dinkelaker & A. v. Hippel (Hrsg.), *Erwachsenenbildung in Grundbegriffen* (S. 101–109 ). Stuttgart: Kohlhammer.

Schlutz, E. (1994). Markt und Bildung. Entwicklungen und Gefährdungen des pädagogischen Denkens und Handelns in der öffentlichen Weiterbildung der Bundesrepublik Deutschland. Marketing für Weiterbildung. In K. Meisel (Hrsg.), *Marketing für die Erwachsenenbildung* (S. 181–191). Bad Heilbrunn: Klinkhardt.

Schlutz, E. (2006). *Bildungsdienstleistungen und Angebotsentwicklung*. Münster: Waxmann.

Schmitz, E. (1980). Betriebliche Weiterbildung als Personalpolitik. In A. Weymann (Hrsg.), *Handbuch für die Soziologie der Weiterbildung* (S. 120–136). Darmstadt: Luchterhand.

Schöll, I. (2005). *Marketing in der öffentlichen Weiterbildung.* Bielefeld: W. Bertelsmann.

Schrader, J. (2003). Berufliche Weiterbildung zwischen Öffentlichkeit und Privatheit. *Report – Literatur- und Forschungsreport Weiterbildung, 26* (1), 142–152.

Schrader, J. (2008). Steuerung im Mehrebenensystem der Weiterbildung – ein Rahmenmodell. In S. Hartz & J. Schrader (Hrsg.), *Steuerung und Organisation von Weiterbildung* (S. 31–64). Bad Heilbrunn: Klinkhardt.

Schrader, J. (2011). *Struktur und Wandel der Weiterbildung*. Bielefeld: W. Bertelsmann.

Schrader, J. (2014). Strategies of Modernization and their Effects on Configurations of Adult Education – Theoretical Assumptions and Empirical Findings. In B. Käpplinger & S. Robak (Eds.), *Changing Configurations in Adult Education in Transitional Times* (pp. 57–73). Frankfurt a.M.: Lang.

Schrader, J. & Goeze, A. (2011). Wie Forschung nützlich werden kann. *Report – Zeitschrift für Weiterbildungsforschung, 34* (2), 67–76.

Schrader, J. & Ioannidou, A. (2009). Ziele, Inhalte und Strukturen der Erwachsenenbildung im Spiegel von Programmanalysen. In T. Fuhr, P. Gonon & C. Hof (Hrsg.), *Handbuch der Erziehungswissenschaft Bd. 2, Schule/Erwachsenenbildung/Weiterbildung,* (S. 999–1009). Paderborn: Schöningh.

Schrader, J. & Ioannidou, A. (2011). Ziele, Inhalte und Strukturen der Erwachsenenbildung im Spiegel von Programmanalysen. In T. Fuhr, P. Gonon & C. Hof (Hrsg.), *Handbuch der Erziehungswissenschaft* (Bd. 4., Erwachsenenbildung/Weiterbildung, S. 259–269). Paderborn: Schöningh/UTB.

Schreyögg, B. (2015). *Emotionen im Coaching. Kommunikative Muster der Beratungsinteraktion*. Wiesbaden: Springer.

Schuldt, H.-J. (2007). Stichwort: „Erst-", „Zweit-" und „Drittmittel". *DIE Zeitschrift,* 2. www.diezeitschrift.de/22007/Stichwort_Erst_Zweit_Drittmittel.htm

Schulze, G. (1992). *Die Erlebnisgesellschaft. Kultursoziologie der Gegenwart.* Frankfurt a.M.: campus.

Schüßler, I. & Weiß, W. (2001). Lernkulturen in der New Economy – Herausforderungen an Personalentwicklung im Zeitalter der Wissensgesellschaft. In R. Arnold & P. Bloh (Hrsg.), *Personalentwicklung im lernenden Unternehmen* (S. 254–286). Baltmannsweiler: Schneider.

Sedláček, T. (2009). *Die Ökonomie von Gut und Böse*. München: Carl Hanser.

Seitter, W. (2013). *Profile konfessioneller Erwachsenenbildung in Hessen. Eine Programmanalyse*. Wiesbaden: Springer Fachmedien.

Senzky, K. (1974). Management der Erwachsenenbildung – Eine Einführung. In F. Pöggeler (Hrsg.), *Handbuch der Erwachsenenbildung* (Bd. 2, S. 11–20). Stuttgart: Kohlhammer.

Siebert, H. (1982). Programmplanung als didaktisches Handeln. In E. Nuissl (Hrsg.), *Taschenbuch der Erwachsenenbildung* (S. 100–121). Baltmannsweiler: Burgbücherei Schneider.

Siebert, H. (2000). *Didaktisches Handeln in der Erwachsenenbildung. Didaktik aus konstruktivistischer Sicht*. Neuwied: Luchterhand.

Sonntag, K. (1996). *Lernen im Unternehmen. Effiziente Organisation durch Lernkultur*. München.: Beck.

Sork, T. J. & Buskey, J. (1986). A Descriptive and Evaluative Analysis of Program Planning Literature, 1950–1983. *Adult Education Quarterly, 36* (2), 86–96.

Sork, T. J. (1996). Negotiating Power and Interests in Planning – A Critical Perspective. *New Directions for Adult and Continuing Education*, Spring, 81–90.

Sork, T. J. (2000). Planning educational Programs. In A. Wilson & E. R. Hayes (Eds.), *Handbook of Adult and Continuing Education* (pp. 171–190). San Francisco: Jossey-Bass.

Sork, T. J. (2001). Needs assessment. In D. H. Poonwassie & A. Poonwassie (Eds.), *Fundamentals of Adult Education: Issues and Practices for Lifelong Learning* (pp. 100–115). Toronto: Thompson.

Sork, T. J. (2010). Planning and delivering of programs. C. E. Kasworm, A. D. Rose & J. M. Ross-Gordon (Eds.), *Handbook of Adult and Continuing Education* (pp. 157–166). Los Angeles: Sage.

Sork, T. J. (2016). The place of ethics and the ethics of place in adult and lifelong education. *Indian Journal of Adult Education*, *77* (3), 5–18.

Tietgens, H. (1982). Angebotsplanung. In E. Nuissl (Hrsg.), *Taschenbuch der Erwachsenenbildung* (S. 122–144). Baltmannsweiler: Burgbücherei Schneider.

Tietgens, H. (1992). *Reflexionen zur Erwachsenendidaktik*. Bad Heilbrunn: Klinkhardt.

Tippelt, R. (2006). Adressaten und Adressatenforschung der Erwachsenenbildung. In K. Meisel & C. Schiersmann (Hrsg.), *Zukunftsfeld Weiterbildung* (S. 41–52). Bielefeld: W. Bertelsmann.

Tippelt, R. & Hippel, A. v. (2007). Kompetenzförderung von ErwachsenenbildnerInnen im Bereich Teilnehmer-, Adressaten- und Milieuorientierung als Beitrag zur Professionalisierung in der Erwachsenenbildung. In U. Heuer & R. Siebers (Hrsg.), *Weiterbildung am Beginn des 21. Jahrhunderts. Festschrift für Wiltrud Gieseke* (S. 118–129). Münster: Waxmann.

Tippelt, R. & Hippel, A. v. (2016). Vorwort zur neuen überarbeiteten, aktualisierten und erweiterten Auflage des Handbuchs Erwachsenenbildung/Weiterbildung. In R. Tippelt & A. v. Hippel (Hrsg.), *Handbuch Erwachsenenbildung/Weiterbildung* (6., überarb. u. erw. Aufl.). Wiesbaden: Springer. https://doi.org/10.1007/978-3-531-20001-9_81-1

Tippelt, R. & Lindemann, B. (2016). Institutionenforschung in der Erwachsenenbildung/Weiterbildung. In R. Tippelt & A. v. Hippel (Hrsg.), *Handbuch Erwachsenenbildung/Weiterbildung* (6., überarb. u. erw. Aufl.). Wiesbaden: Springer VS. https://doi.org/10.1007/978-3-531-20001-9_26-1

Tippelt, R. & Reich-Claassen, J. (2010). Lernorte – Organisationale und lebensweltbezogene Perspektiven. *Report – Zeitschrift für Weiterbildungsforschung*, *33* (2), 10–21.

Tippelt, R., Barz, H., Hippel, A. v., Baum, D. & Reich, J. (2008). *Weiterbildung und soziale Milieus in Deutschland. Milieumarketing implementieren* (Bd. 3). Bielefeld: W. Bertelsmann.

Tippelt, R., Weiland, M., Panyr, S. & Barz, H. (2003). *Weiterbildung, Lebensstil und soziale Lage in einer Metropole.* Bielefeld: W. Bertelsmann.

Venth, A. (2006). *Gender-Porträt Erwachsenenbildung – Diskursanalytische Reflexionen zur Konstruktion des Geschlechterverhältnisses im Bildungsbereich*. Bielefeld: W. Bertelsmann.

Vester, M., Oertzen, P. v., Geiling, H., Thomas, H. & Müller, D. (2001). *Soziale Milieus im gesellschaftlichen Strukturwandel. Zwischen Integration und Ausgrenzung*. Frankfurt a.M.: Suhrkamp.

Vollmer, G. (1990). Paradoxien und Antinomien. Stolpersteine auf dem Weg zur Wahrheit. *Naturwissenschaften*, *77* (2), 49–66.

Walter, M. (2015). *Weiterbildungsfinanzierung in Deutschland. Aktueller Stand, Entwicklung, Problemlagen und Perspektiven*. Gütersloh: Bertelsmann-Stiftung.

Weinberg, J. (2000). *Einführung in das Studium der Erwachsenenbildung*. Bad Heilbrunn: Klinkhardt.

Weinstein, N., Deci, E. L. & Ryan, R. M. (2011). Motivational Determinants of Integrating Positive and Negative Past Identities. *Journal of Personality and Social Psychology, 100* (3), 527–544.

Welsch, W. (2011). *Immer nur der Mensch? Entwürfe zu einer anderen Anthropologie*. Berlin: de Gruyter.

Wildemann, H. (1998). *Produktklinik – Wertgestaltung von Produkten und Prozessen*. München: CTW.

Wilson, A. R. & Cervero, R. M. (2011). Program Planning. In K. Rubenson (Ed.), *Adult Learning and Education* (pp. 88–92). Amsterdam: Elsevier Academic Press.

Wimmer, R. (2009). Führung und Organisation – zwei Seiten ein und derselben Medaille. *Revue für postheroisches Management*, (4), 22–33.

Wittpoth, J. (2007). Weiterbildung im Raum: Beteiligungsregulation und Angebotsentwicklung. In U. Heuer & R. Siebers (Hrsg.), *Weiterbildung am Beginn des 21. Jahrhunderts* (S. 197–206). Münster: Waxmann.

Wittpoth, J. (2013). *Einführung in die Erwachsenenbildung*. Opladen: Budrich.

Zeuner, C. & Faulstich, P. (2009). *Erwachsenenbildung – Resultate der Forschung. Entwicklung, Situation und Perspektiven*. Weinheim: Beltz.

# Abbildungen und Tabellen

# Index

# Anhang

# Kapitel 1

## Lösungsvorschlag zu Aufgabe 1

Programm und Angebot unterscheiden sich in grundlegender Weise. Mit dem Begriff Programm ist immer die Bündelung verschiedener Programmbereiche oder -arten mit ihren jeweiligen Angeboten gemeint. Das Angebot meint die einzelne jeweilige Veranstaltung. Man kann nur vom Angebot im Plural sprechen, wenn es sich um eine unspezifische fluide Sammlung wie z.B. in Agenturen oder in anderen Kontexten handelt.

## Lösungsvorschlag zu Aufgabe 2

Auf der Makroebene erwachsenenpädagogischen Handelns ist der Programmbegriff als programmatische Konzeption, als bildungspolitische Orientierung einzuordnen; auf der Mesoebene als umgesetzte thematische Schwerpunkte der jeweiligen Organisation. Auf der Mikroebene interessiert die Gestaltung der konkreten Lehr-Lernsituation durch die Dozierenden und die Festlegung der Lehr- und Lernformen. Dieses betrifft dann das Angebot.

Bildungswissenschaftlich betrachtet sind Programme konzeptionelle inhaltliche, didaktische Aushängeschilder einer Erwachsenen- und Weiterbildungsorganisation. In einer historisch-bildungstheoretischen Perspektive stellt das Programm ein Ergebnis historischer, sozialer, ökonomischer und bildungspolitischer Entwicklungen in einer bestimmten Zeit dar. In einer pädagogischen Definition, die den Planungsvollzug fokussiert, ist das Programm Ausdruck eines bestimmten Lernkonzepts. Nimmt man in die Definition die Perspektive der Teilnehmenden und die der Adressatinnen und Adressaten sowie die Ausrichtung der Organisation auf, dann ist das Programm die Scharnierstelle zwischen Organisation, Öffentlichkeit und Individuen. Aus erziehungswissenschaftlicher Perspektive rückt die Diskursabhängigkeit durch komplexe Wechselwirkungen zu anderen Handlungsformen in den Fokus.

# Kapitel 2

## Lösungsvorschlag zu Aufgabe 1

Bedürfnisse sind näher beim Subjekt angesiedelt. Bedürfnisse werden zu Bedarfen, wenn sie für das Subjekt und für die Gesellschaft notwendig sind. Bedarfe sind aus der Perspektive der Wirtschaft, Nachfragen nach einem Wirtschaftsgut. Die psychologische Sicht hebt stärker auf die jeweilige Motivlage ab. Bedürfnisse und Bedarfe unterliegen jeweils unterschiedlichen Interpretationen, die von den unterschiedlichen Ausgangsfragestellungen abhängig sind. Bildungswissenschaftlich, insbesondere erwachsenenpädagogisch, geht es darum, was Bildung, Qualifizierung und Kompetenzen betrifft, unterschiedliche Bedarfs- und Bedürfnisperspektiven für die Programmplanung aufzunehmen, und mit entsprechenden Angeboten zu den jeweiligen Programmbereichen zu beantworten. Bedürfnisse entstehen, bildungswissenschaftlich betrachtet, aus der Kommunikation mit der Umwelt. Es sind sekundäre Bedürfnisse, die aber jeweils spezielle individuelle Ausprägungen annehmen. Bedarfe gelten als spezielle Anforderungen, auf die das Individuum reagiert. Sie sind eingesponnen in den Lebenslauf und werden jeweils individuell und gesellschaftlich ausgehandelt.

## Lösungsvorschlag zu Aufgabe 2

Der Interessenbegriff schlüsselt die individuellen Möglichkeiten der Interessengewinnung und Interessenformulierung auf. Dabei wird deutlich, dass der Interessenbegriff sich im Prozess des Lebens entwickelt und die Interessen sich über die Lebensspanne, auch unter gesellschaftlichen Einflüssen, verändern.

## Lösungsvorschlag zu Aufgabe 3

In den beiden nachfolgenden Tabellen finden Sie methodische Ansätze zur Erfassung von Bedarfen in Unternehmen. Stellen Sie vor ihrem Hintergrund ein methodisches Vorgehen begründet vor.

Tabelle 4

*Methoden/Instrumente zur Ist-Bestimmung nach Bedarfsursachen (Grüner, 2000, S. 128)*

| Individuum | Unternehmung | Umwelt |
|---|---|---|
| o Biografie/Lebenslauf<br>o Einstellungs- und Klimatest<br>o Mitarbeiterleistungsbeurteilung<br>o Betriebszugehörigkeits-feststellung<br>o Personalbogenauswertung<br>o Fehlerhäufigkeitsbestimmung | o Mitarbeiterleistungsbeurteilung<br>o Assessment Center<br>o Kennzahlenanalyse<br>o Einstellungs- und Klimatest<br>o Fehlerhäufigkeitsbestimmung<br>o Führungshäufigkeitsbestimmung<br>o Führungsstilanalyse<br>o Betriebsbegehung<br>o Bedarfsmeldung | o Betriebsvergleich<br>o Konkurrenzdatenvergleich<br>o Arbeitsmarktdatenauswertung<br>o Tarifvertrag<br>o Gesetze/Verordnungen<br>o Arbeitsplatzanalyse |

Tabelle 5

*Methoden/Instrumente zur Soll-Bestimmung nach Bedarfsursachen (Grüner, 2000, S. 128)*

| Individuum | Unternehmung | Umwelt |
|---|---|---|
| o Stellenbeschreibung<br>o Anforderungsprofil | o Stellenbeschreibung<br>o Anforderungsprofil<br>o Planungsdatenanalyse<br>o Geschäftspolitikanalyse<br>o Unternehmensphilosophie-analyse<br>o Leitbilderauswertung<br>o Führungsgrundsätze<br>o Geschäftsstrategien<br>o Organigramm<br>o Expertenvorschau/Prognoseverfahren | o Expertenvorschau/Prognoseverfahren |

# Kapitel 3

## Lösungsvorschlag zu Aufgabe 1

Die Programmplanung zielt darauf ab, aktuell immer ergänzend neue Angebote zu erschließen und zu platzieren. Dafür sind Angebote für verschiedene Programmbereiche und -arten auszuwählen bzw. zu entwickeln. Dies erfordert intensive Suchbewegungen (Tietgens), insbesondere auch der Kursleitenden. Die Planenden müssen jeweils die einzelnen Angebote im Kontext der jeweiligen Programmbereiche im Blick haben.

Die Dozierenden benötigen Unterstützung für ihre kursspezifische didaktische Planung vor dem Hintergrund des institutionellen Kontextes.

Grundsätzlich lassen sich die vorgestellten Planungsmodelle sowohl für die Analyse und Beschreibung von Planungsprozessen – also auch für deren Gestaltung – nutzen. Welche Planungsmodelle man einsetzt, hängt von den jeweiligen Frage- und Aufgabestellungen ab. Je nachdem, welches Modell für die Analyse angewendet wird, erhält man auch spezifisch konturierte Einblicke in und Perspektiven auf Programmplanung. Die Analyse von Planungsprozessen (mit unterschiedlichen Planungsmodellen) bezieht sich nicht nur auf wissenschaftliche empirische Studien, sondern kann auch in der Praxis als Reflexion der eigenen Planungstätigkeit eingesetzt werden.

Beispiele der Arbeit mit einzelnen Modellen und ihrer Kombination finden sich in den Lösungsvorschlägen zu Kapitel 9.

## Lösungsvorschlag zu Aufgabe 2

Programmplanung verlangt auf der Mikro- und Mesoebene komplexe Wissensstrukturen, um über die Zeit handlungsfähig zu bleiben. Die Wissensinseln geben die dafür notwendige Wissensstruktur wieder. Auf diese wirken verschiedene Instanzen ein, wie Forschung, Trends und Medien. Der zuständige Programmplaner bzw. die zuständige Programmplanerin übernimmt dabei nicht die Planung auf der mikrodidaktischen Ebene, da diese delegiert wird. Das gesamte planerische Verhalten ist darauf gerichtet, einen Überblick über den zu betreuenden Programmbereich zu behalten und unter verschiedenen Fragestellungen in der Lage zu sein, einen vertiefenden Einblick in die Programmstruktur zu bieten und für zukünftiges Handeln das Programm mit der Koppelung verschiedener Wissensstrukturen vertiefend zu befragen. Welche Wissensinseln gekoppelt werden, hängt von der Fragestellung ab. Ziel ist es nicht nur, organisatorische Abläufe zu sichern, sondern auf der Höhe der Zeit als Seismograph in Weiterbildungsfragen aktiv zu werden. Die Wissensinseln stellen insgesamt ein erwachsenenpädagogisches professionelles Curriculum dar, um handlungs- und auskunftsfähig zu sein. Dazu gehört die Fähigkeit, situativ auf die Wissensinseln unter den anstehenden Fragestellungen zurückzugreifen und sie je nach Fragestellung und Situation zu verbinden. Es wird nun empfohlen, das Modell der Wissensinseln nicht im systematisch-hierarchischen Sinne zu nutzen, sondern darüber die Auskunftsfähigkeit über das Programm zu sichern, wenn spezielle Fragen an das jeweils vorliegende, erarbeitete Programm gestellt werden.

# Kapitel 4

## Lösungsvorschlag zu Aufgabe 1

Schauen Sie sich die verschiedenen möglichen Antinomien noch einmal an und überlegen Sie sich einzelne Situationen, die aus professioneller Perspektive Ihrer Meinung nach eine hohe Priorität haben. Eindeutige Lösungen gibt es nicht. Nur so viel: Deuten Sie anhand der eigenen Beispiele die Widerspruchskonstellation „pädagogische Ziele und ökonomische Kriterien". Auch hier gibt es keine eindeutigen Antworten – es ist Kreativität gefragt.

### Lösungsvorschläge zu Aufgabe 2

Angleichungshandeln beschreibt professionelle, auch trägerübergreifende Abstimmungsprozesse, bei denen Antinomien und Paradoxien für gemeinsame Ergebnisse ausbalanciert werden. Letztlich entsteht ohne Angleichungshandeln kein Programm. Wenn Abstimmungsprozesse nicht gelingen, wird die Planung in eine „Warteschleife" gelegt und unter besseren oder veränderten Bedingungen sukzessive daran weitergearbeitet. Alles benötigt seine Zeit und vor allem einen langen Atem.

## Kapitel 5

### Lösungsvorschlag zu Aufgabe 1

Die Unterschiede zwischen Programmen scheinen teilweise sehr groß zu sein, vor allem wenn man verschiedene Einrichtungstypen (z.B. ein Unternehmen und eine Volkshochschule) vergleicht. Oft haben die jeweiligen Programme eine spezielle, eigene Systematik und Ästhetik. Es ist auch wichtig, dass Sie lernen, dass Programme zur Profilbildung der Organisation dienen und ein Aushängeschild sein sollten. Bei genauerem Studium erkennt man oft auch viele Ähnlichkeiten oder nahezu identische Kursankündigungen bei verschiedenen Einrichtungstypen. Viele Dozentinnen und Dozenten arbeiten bei verschiedenen Einrichtungstypen.

### Lösungsvorschlag zu Aufgabe 2

Die Metatexte sind zunächst trotz der vielen Beispiele relativ abstrakt. Beim Ausprobieren einer Analyse am Datenmaterial kann man das Vorgehen nachvollziehen, aber es zeigt sich auch ein Bedarf der jeweiligen Anpassung an den neuen Forschungsgegenstand. Dies gilt insbesondere dann, wenn man etwas Neues untersucht.

## Kapitel 6

### Lösungsvorschlag zur Aufgabe

Im Rahmen der Übung sollte die Website zur Programmforschung am DIE zunächst genau betrachtet werden, insbesondere die Seite zur Bibliografie. Nehmen Sie die unterschiedlichen Arten von Programmanalysen wahr und unterscheiden Sie diese auch von den auf der Website aufgeführten Publikationen zum Planungshandeln als zugeordneter professioneller Handlungsform.

Betrachten Sie danach das im Kapitel dargelegte Schema der Arten von Programmanalysen und versuchen Sie, die auf der Homepage aufgefundenen Titel hier zuzuordnen.

Nach diesem empfohlenen vorbereitenden Vorgehen können Sie sich gut überlegen, zu welchem Teilaspekt von Programmanalysen Sie selbst gerne eine Analyse durchführen würden, und was Sie besonders interessieren würde. Die Entscheidung kann sowohl aus der rezipierten Literatur als auch aus Ihren eigenen Beobachtungen der Praxis resultieren. Wenn Sie diese Entscheidung getroffen haben, können Sie mit der Recherche des Forschungsstandes beginnen. Sie können auch davon abweichend vorgehen und Ihre Entscheidung nach dem Lesen ausgewählter, dort genannter Studien treffen. Dazu können Sie auch die Metastudien rezipieren, die auf der Website selbst hinterlegt sind.

Wenn Sie sich näher mit einem bestimmten Inhalts- und Programmbereich oder einem bestimmten Träger beschäftigen möchten, legen Sie bitte fest, welcher dies sein soll. Vergessen Sie nicht, den letzten Teil der Übungsaufgabe umzusetzen. Arbeiten Sie dafür Bezüge der Programmforschung zu wissenschaftlichen und praktischen Verwendungsweisen heraus, also für Forschung und den Diskurs über Planungshandeln einerseits sowie für das Programmplanungshandeln andererseits. Überlegen Sie auch, welche Effekte das Wissen über Erwachsenen- und Weiterbildung, das mit der Hilfe von Programmanalysen gewonnen werden kann, für weiterbildungspolitisches Handeln bzw. für das Gespräch mit Bildungspolitikerinnen und Bildungspolitikern haben kann.

# Kapitel 7

## Lösungsvorschlag zu Aufgabe 1

Die Aufgabe richtet sich auf den Transfer der im Kapitel rezipierten Überlegungen im Rahmen einer kreativen, visualisierenden Übung. Es geht darum, die inneren Zusammenhänge von Lernkulturen unter Berücksichtigung der Aspekte Programme und Planungshandeln nachzuvollziehen. Es soll damit geübt werden, Lernkulturen als Konstrukt zur Analyse und Gestaltung von professionellem Handeln und Bildungsprozessen zu begreifen bzw. deren Wechselbezug in Organisationen der Erwachsenen- und Weiterbildung zu verstehen, um Lernkulturen in der Praxis konzipieren zu können. Gleichzeitig soll über den Kulturbegriff die Kulturabhängigkeit von Programmen und Planungshandeln nachvollzogen werden.

Die besondere Form der Arbeitsaufgabe, eine Visualisierung dieser Bezüglichkeiten, soll Sie dabei unterstützen, nachzuvollziehen, dass neben den Beziehungen auch die einzelnen Elemente und Aspekte von Lernkulturen einschließlich des Planungshandelns selbst aufgegriffen werden. Diese kreative Arbeit kann Sie dann auch dabei unterstützen, Lernkulturanalysen im Rahmen von schriftlichen Arbeiten im Studium sowie später in der Praxis durchzuführen. Zugleich hilft die Erstellung eines Modells von Lernkulturen – einschließlich eines Kategorienrasters –, Gestaltungsaspekte für das professionelle Handeln zu identifizieren. Dabei sind innerhalb der zu entwickelnden Vorstellung von „Lernkulturen" Programme und Planungshandeln im Sinne dieses Lehrbuchs zu konzipieren.

## Lösungsvorschlag zu Aufgabe 2

Bei dieser Aufgabe können Sie auf Ihr eigenes Schema von Lernkulturen zurückgreifen und überlegen, welche Aspekte von Lernkulturgestaltung Sie (später oder auch schon sofort) in einer bzw. Ihrer Erwachsenen- und Weiterbildungsorganisation als erstes angehen würden, und welche anderen Parameter von Lernkulturen Sie dabei besonders mit beachten müssen. Begründen Sie, warum Sie diesen oder jenen Aspekt berücksichtigen würden. Welche Rolle würde die Aktivität auf diesem Gebiet jeweils für den Erhalt und die Weiterentwicklung der Organisation spielen? Bitte beschreiben Sie immer, welchen Stellenwert das Programm als Produkt der Erwachsenen- und Weiterbildungsorganisation dabei hat, und wo Programmschwerpunkte gesetzt werden, die dafür verantwortlich sind.

Weiterhin ist zu bedenken: Einige Parameter, wie der Träger und die Aufgabe oder Zielstellung, unterscheiden sich im Vergleich sehr stark zwischen der öffentlichen (allgemeinen, individuell-beruflichen) und der betrieblich-beruflichen Bildung. Bitte überlegen Sie im Rahmen der Arbeitsaufgabe daher auch, was die Effekte für die Lernkulturgestaltung sind, und wie Sie damit in Gestaltungssituationen jeweils umgehen würden.

# Kapitel 8

## Lösungsvorschlag zu Aufgabe 1

Die neue Leitung der Volkshochschule könnte Herrn Schmidt, neben seiner Haupttätigkeit als Fachbereichsleiter Kultur, zum stellvertretenden Leiter ernennen. Er kennt die Organisation gut und hat verschiedene Entwicklungsphasen der Organisation miterlebt und mitgestaltet. Für die Weiterentwicklung des Profils und des Bildungsinstitutionalkonzeptes könnten sie gemeinsam ein Vorgehen überlegen und im Team abstimmen. Es ist wichtig, dass sich alle Fachbereichsleitenden einbringen können und auch die Verwaltungskräfte einbezogen werden. Der Prozess sollte bei den Inhalten und den Bildungs- und Lernverständnissen ansetzen. Ein gemeinsames Verständnis ist notwendig, um die Einrichtungsphilosophie gemeinsam für die Planungsprozesse zu berücksichtigen, nach außen in Netzwerke und Kooperationen zu transportieren und dieses auch in den Strukturen und Abläufen der Organisation zu implementieren. Die neue Leitung kann von ihren Fachbereichsleitenden etwas über die bisherigen Entwicklungen erfahren, und das Team ist daran interessiert, zu erfahren, welche Entwicklungen sich die Leitung vorstellen kann. So könnten die Leitung und Herr Schmidt Themensitzungen anberaumen, in denen die aktuellen Entwicklungen diskutiert und mit dem Bildungsauftrag reflektiert werden. Gemeinsame Profilbildungsworkshops könnten dazu genutzt werden, die Schwerpunkte in ihrer Auslegungstiefe und -breite zu fixieren. Hier sind die zentralen Aspekte zu erarbeiten, die für ein Bildungsinstitutionalkonzept der Einrichtung als relevant betrachtet werden. Anschließende Planungssitzungen dienen der konkreten Planung. Ein gemeinsames Querschnittsthema könnte aktuell zum Beispiel die Migration sein. Es wäre dann zu überlegen, was eine Einrichtung in der Migrationsgesellschaft ausmacht, wie sie sich sowohl für die Programmentwicklung als auch die Strukturentwicklung inter- und transkulturell öffnen kann bzw. wie sie die Organisation zu gestalten ist.

## Lösungsvorschlag zu Aufgabe 2

Anna Müller überlegt zunächst, wen sie wie für die Entwicklung von Formaten im Bereich Gesundheits- und Stressmanagement einbeziehen muss und möchte. Sie erarbeitet mit ihrem Team einen Vorschlag für ein Vorgehen, das sie dann mit ihrem Vorgesetzten abspricht. Vorüberlegungen mit ihrem Team zeigen, dass das Thema mehrdimensional anzugehen ist. Einerseits sollten Angebote direkt bei den Mitarbeitenden ansetzen, andererseits sollten die Strukturen und die Führungskultur reflektiert und ein gesundheitsbewusstes Führungsverständnis entwickelt werden. Gesundheit ist in Beziehung zu setzen zur Führung und zu den Entwicklungsmöglichkeiten, die das Personal im Unternehmen in den alltäglichen Prozessen hat. Denkbar sind sowohl Schulungen als auch arbeitsplatzbezogene Angebote und Führungskräfteseminare, die solch eine neue Führungskultur unterstützen sollen. Dies ist ein großangelegtes Vorgehen, das von allen Ebenen mitgetragen werden muss. D.h., sowohl das Management, die Abteilungen, insbesondere die Führungskräfte der mittleren und unteren Ebenen als auch die Mitarbeitenden müssen für solch einen Prozess mitgenommen werden. Frau Müller bespricht mit ihrem Vorgesetzten, dass dieser solch einen Vorschlag im Führungsgremium diskutiert und das Votum des entsprechenden Vorstandsmitglieds einholt. Der Betriebsrat ist frühestmöglich einzubeziehen. Es müssen unterstützende Konfigurationen für die anzugehenden Planungsprozesse geschaffen werden, erst dann können konkrete Bedarfe, Bedürfnisse und Planungsprozesse beginnen.

# Kapitel 9

## Lösungsvorschlag zu Aufgabe 1

Herr Schmidt in der VHS und Frau Müller in der betrieblichen Weiterbildung könnten sich gemeinsam mit den Mitarbeitenden ihrer Organisation beide Ansätze verdeutlichen und parallel nebeneinander legen, z.B. grafisch visualisiert durch das Marketingablaufmodell sowie das Modell der Wissensinseln. Wenn es, wie im Eingangsbeispiel beschrieben, darum geht, gezielt zielgruppenspezifische Pilotangebote zu entwickeln, könnte ein eher lineares Vorgehen wie im Marketingablaufmodell kombiniert mit dem Modell der Wissensinseln Sinn machen – mit gleichzeitigem Wissen der beiden unterschiedlichen Perspektiven.

So könnte (1) über die „Absichten des Trägers oder Ziele der Einrichtung" wie über „Bedarfe oder Planende als Seismographen" und anschließend (2) über interne und externe Bedingungen nachgedacht werden. Danach könnte (3) stärker entlang der Wissensinseln geplant werden, wie die Ziele und einzelnen Elemente gestaltet werden sollten (im Marketingablaufmodell benannt mit operativen Marketingzielen und den vier -politiken).

Dieses Vorgehen würde beide Ansätze miteinander kombinieren. Eine andere Möglichkeit der Kombination wäre es, zunächst zum Beispiel die bisherige Gestaltung der Gesundheitskurse entlang der Wissensinseln zu analysieren und aus den daraus gewonnenen Erkenntnissen einzelne Wissensinseln vertiefter zu bearbeiten (z.B. Teilnehmendenanalyse, Ziele, Bedürfniserschließung, Bedarfserhebung). Um dann eventuell in einem nächsten Schritt einzelne Pilotangebote für spezifische Zielgruppen zu planen (ob mit oder ohne Marketingablaufmodell).

Begleitet werden könnte dieser Prozess der zielgruppenorientierten Programmplanung durch Fortbildungen in (zielgruppenorientierter) Programmplanung sowie über die Lektüre der entsprechenden Literatur. Dabei macht der Begriff der Wissensinseln deutlich, dass zu ihrer Bearbeitung jeweils (erwachsenenpädagogische) Wissensbestände nötig sind. Das Wissen um die für den Planungsprozess erforderlichen Wissensinseln könnte den beiden Programmplanenden Aufschluss darüber geben, in welchen Bereichen eine Weiterbildung ihre eigene erwachsenenpädagogische Handlungsfähigkeit professionalisieren könnte.

Die kombinierte Anwendung von pädagogischen Programmplanungsmodellen und dem Marketingablaufmodell kann aus vielen Gründen bei der Programmplanung von Nutzen sein. Um das volle Potenzial der unterschiedlichen Instrumente auszuschöpfen, könnten die beiden Programmplanenden die Modelle gleichzeitig, zu jeweils unterschiedlichen Schwerpunkten des Entwicklungsprozesses einsetzen.

Zu Zielgruppenanalysen oder Evaluationen ließen sich auch Kooperationen mit Masterstudierenden der Erwachsenenbildung in Form von Abschlussarbeiten vorstellen.

## Lösungsvorschlag zu Aufgabe 2

Bei dieser Aufgabe geht es darum, die essenziellen Elemente der Produktklinik als Testmodell für Weiterbildungsangebote zu „extrahieren" und Überlegungen aufzustellen, wie diese Elemente mit möglichst wenig zeitlichem, finanziellem sowie personellem Aufwand ermöglicht werden können. Als zentraler Aspekt des Formats könnte die Partizipation der potenziellen Teilnehmenden an der Entwicklung und Verbesserung der Angebote angesehen werden. Das Ausprobieren und Testen sowie die Möglichkeit zur individuellen Rückmeldung durch die Teilnehmenden (z.B. Präferenzen zu zeitlicher Gestaltung, Menge und Aufarbeitung der Inhalte, Materialien und Medien, Preis, Dozierende usw.) können dann die essenziellen Elemente sein.

In einem nächsten Schritt kann überlegt werden, wie jedes dieser Elemente in einer „einfachen" Form realisiert und für die Angebotsentwicklung genutzt werden kann. Zum Beispiel:

- Gezielte Rückmeldungen zu zeitlicher Gestaltung, Inhalten, Lernmaterialien, Preis etc. können durch eine schriftliche Umfrage bei aktuellen Teilnehmenden von Veranstaltungen eingeholt werden, die entweder thematisch oder im Hinblick auf die Veranstaltungsform dem geplanten Pilotangebot ähnlich sind.
- Es können aktuelle Teilnehmende, die der anvisierten Zielgruppe entsprechen, in aktuellen Veranstaltungen zu ihren weiterführenden Interessen und Erwartungen an Weiterbildungsangeboten befragt werden
- Die Möglichkeit des „Testens" kann unabhängig von der zeitlichen Ablauflogik einer Produktklinik gesucht werden, indem das Pilotangebot ein erstes Mal mit realen Teilnehmenden durchgeführt wird und im Anschluss mit der Gruppe in Bezug auf unterschiedliche Aspekte und Verbesserungsmöglichkeiten ausgewertet wird. Die eingeholten Rückmeldungen können dafür genutzt werden, zunächst einmal das Angebot anzupassen und weiterzuentwickeln, bevor dieses regulär ins Programm aufgenommen wird.
- Individuelle Rückmeldungen von potenziellen Teilnehmenden zu einem Pilotangebot bei einer für die Weiterbildungseinrichtung neu zu erreichenden Zielgruppe könnten mithilfe von Kooperationen eingeholt werden. Ein Test-Flyer zum geplanten Kurs könnte in einer passenden Einrichtung, die die gewünschte Zielgruppe bereits erreicht, ausgelegt werden (für einen geplanten Alphabetisierungskurs für ältere Migrantinnen und Migranten könnte diese Einrichtung z.B. ein Kulturverein sein), und das Angebot kann vor Ort vorgestellt werden, wobei erste Eindrücke von den potenziellen Teilnehmenden gesammelt werden können.
- Weitere Möglichkeiten wären: der Einbezug von „critical friends" der Einrichtung und das Einholen von informellen Rückmeldungen zu Angebotsentwürfen; die Kooperation mit einem Lehrstuhl für Erwachsenenbildung an einer nahegelegenen Universität für die Ausschreibung von Abschlussarbeiten im Bereich von Produktkliniken oder zielgruppenorientierter Programmplanung usw.

Auf diese Weise könnten Überlegungen für alle identifizierten Elemente aufgestellt werden. Dadurch integriert man in der pädagogisch-professionellen Tätigkeit das Realisieren von partizipativen Praktiken bei der Angebotsentwicklung, auch wenn die vorhandenen Ressourcen die Konzeption und Durchführung einer klassischen Produktklinik zur Testung des Pilotangebots nicht zulassen.

## Kapitel 10

### Lösungsvorschlag zu Aufgabe 1

Die kommunalen Mittel sind institutionelle Grundförderungen der Volkshochschulen und zählen zu den Zweitmitteln. (a) Diese Kürzung kann für Max Schmidt bedeuten, dass er das Angebot der Volkshochschule pauschal reduzieren muss. (b) Als Ausgleich könnte er strategisch versuchen, den Mittelverlust durch höhere Teilnehmendengebühren (Erstmittel) oder durch das Einwerben von Projektgeldern (Drittmittel) zu kompensieren. (c) Es besteht dabei aber die Gefahr, sich vor allem an zahlungskräftigen Personengruppen oder an politischen Modethemen auszurichten und so das Angebot weniger an die Breite der Bevölkerung zu richten. Max Schmidt selbst muss vielleicht viel Zeit mit dem Schreiben von Anträgen verbringen und hat weniger Zeit für erwachsenenpädagogisches Planungshandeln.

### Lösungsvorschläge zu Aufgabe 2

(a) Projektgelder sind Drittmittel. (b) Die Beantragung von Projekten ist oft sehr zeitintensiv, da man die jeweiligen Förderkonditionen recherchieren und beachten muss. Umfangreiche Absprachen mit Mittelgebern oder etwaigen Kooperationspartnern sind zu führen. Gleichzeitig ist der Ausgang ungewiss, da viele gute bis sehr gute Projektanträge trotzdem auch abgelehnt werden, so dass viel Arbeit nutzlos ist. Ist das Projekt bewilligt, muss oft neues Personal befristet eingestellt und die Arbeit mit Zwischen- und Endergebnissen aufwendig dokumentiert werden. Abrechnungen können kompliziert sein. Will man das befristet beschäftigte Personal nach einem Projekt weiterbeschäftigen, dann muss man sich oft bereits zur Projektmitte um ein Folgeprojekt bemühen. Die Beschäftigten müssen mit einer ungewissen beruflichen Zukunft umgehen. Die Projektmittel bieten aber auch die Chance, etwas Innovatives zu entwickeln oder etwas einmal richtig gründlich zu bearbeiten. Im Alltag bzw. basierend auf Erst- und Zweitmitteln besteht oft nur wenig Handlungsspielraum, so dass hier z.T. nur wenig Weiterentwicklung passieren. Hierbei können Projektmittel – klug eingesetzt – sehr hilfreich sein.

# Kapitel 11

## Lösungsvorschlag zu Aufgabe 1

Blickt man mit dem Modell von Cervero und Wilson auf den Phoenix-Fall, dann sieht man hier vor allem Machtfragen und die ungleiche Hierarchie. Pete Leers ist mit seinem Handeln und Entscheiden in großen Teilen abhängig vom Management, das ein partizipatives Führungskräftetraining vielleicht machtstrategisch gar nicht möchte, aber dies aus Gründen der sozialen Erwünschtheit und Tabuisierung von Macht nicht offen kommuniziert. Sork stimmt mit der soziopolitischen Dimension in seinem Modell zu, dass dies wichtig ist und schließt sich hier Cervero und Wilson an. Sork erinnert aber zudem mit der ethischen Dimension noch deutlicher daran, dass Programmplanerinnen und Programmplaner ihre Arbeit reflektieren und sich kritisch fragen müssen, welchen Interessen sie dienen und welchen nicht. Begreift man sich als Advokat für die Interessen der Lernenden oder macht man nur das, was das Unternehmen als Kunde will? Handwerklich ließe sich einwenden, dass Pete Leers keinen klaren Projektplan proaktiv gemacht und dem Management vorgelegt hat, sondern immer auf ein Gespräch gewartet hat. Das Modell von Sork ist letztlich komplexer und differenzierter als das sehr macht- und interessenorientierte Modell von Cervero und Wilson.

## Lösungsvorschlag zu Aufgabe 2

Viele Studierende erleben in ihrem Praktikum oder während einer studienbegleitenden Tätigkeit Situationen, die von vielen Routinen geprägt sind. Im Alltagsgeschäft wird z.T. selten reflektiert, was man warum macht, und ob man dies nicht auch anders machen könnte. Selbstbewusste, erfahrene Praktikerinnen und Praktiker sind auch nicht immer für kritische Nachfragen und Reflexionen offen, sondern möchten, dass etwas so gemacht wird, wie man es schon immer gemacht hat, und wie es sich vermeintlich bewährt habe. Dies ist aufgrund von Zeitdruck und Vorgaben des Managements gut verständlich, sollte aber trotzdem hinterfragt werden können. Programmplanungshandeln kann selten nur auf eine Art und Weise getan werden, sondern ist eher von einer Vielfalt an Optionen und Entscheidungen geprägt. Professionalität zeigt sich im reflektierten Wissen um diese Vielfalt und sucht situativ möglichst angemessene und Spielräume erweiternde Lösungen aus einem Pool an Optionen und Entscheidungen.

Tabelle 6

*Kategorienraster zur Analyse von Lernkulturen in global operierenden Unternehmen „Personalentwicklung/Organisationsentwicklung als Struktureingriff zur Entwicklung von Lernkulturen" (Gieseke, 2009, S. 77–80)*

| *Personalentwicklung/Organisationsentwicklung als Struktureingriff zur Entwicklung von Lernkulturen* | | | | |
|---|---|---|---|---|
| Konzeptionelle Gestaltungsbereiche | Arbeiten und Lernen | Wissens-management | Organisiertes Lehren und Lernen | Individuelle Aufstiegs-förderung/Coaching |
| *Ebene Bildungsmanagement und Programmplanung* | | | | |
| Konzeptioneller Gestaltungsfokus | *Handeln:* Arbeitshandeln und handlungsbezogene Erfahrungsverarbeitung | *Wissen/Information:* Wissenssicherung und Wissensinput | *Lernen:* Wissensinput und reflexive Verarbeitung | *Struktur:* Karriereplanung, Gestaltung des Arbeitsplatzes, Gestaltung der Organisationsstruktur |
| Konzeptioneller Handlungszweck | *Optimierung des Arbeitshandelns* durch Formen arbeitsplatzbezogener Erfahrungsreflexion von Handeln | *Formen und Prozesse des Umgangs mit Wissen:* Wissensgenerierung, -sicherung, Wissensverteilung und -nutzung entwickeln und institutionsintern und -übergreifend entwickeln | *Systematische Wissensverarbeitung und -verarbeitung:* Training für Handlungskontexte, Verhaltensdispositionen | *Aufstiegsförderung* der Führungskräfte und Weiterentwicklung der Organisation |
| Gestaltungsakteure | Kolleg/innen, Vorgesetzte | Netzwerker/innen, Informatiker/innen, Vorgesetzte, Mitarbeiter/innen, die miteinander kooperieren müssen | Planer/innen, Manager/innen | Vorgesetzte, Selbstinitiative |
| Planungsziel | Sozialisation, Kompetenzentwicklung, Arbeiten und Lernen aufeinander abstimmen | Wissen aller Mitarbeiter/innen als Ressource für Emscheidungen und Problemlösungen des Managements bereitstellen | Wissenserweiterung und Vorbereitung auf Handlungsanforderungen, Transkulturelle Kompetenz | Sozialisation, Entwicklung der Führungsfähigkeiten des Managements, Abstimmung mit den Anforderungen der Organisation, Entscheidungsfähigkeit des Managements unterstützen |
| Wissensformen | Implizites Wissen, *Erfahrungswissen* | *Information* Erfahrungswissen, Systematisches Wissen | Erfahrungswissen, Deutungswissen, *Systematisches Wissen* | *Milieuspezifisches Wissen* Erfahrungswissen, Persönlichkeitsorientierte Dispositionen, unternehmensbezogenes Systemwissen |

| | | | | |
|---|---|---|---|---|
| Lernformen | *Implizites Lernen* Situiertes Lernen, Problemlösendes Lernen, Erfahrungslernen | *In Gruppen erschließendes Lernen* Selbstgesteuertes Lernen, Mediengestütztes Lernen | *Systematisches Lernen* Reflexives abstraktionsorientiertes-Lernen, Deutungslernen | *Problemlösendes Lernen* |
| Zielgruppen | Fachkräfte auf unterschiedlichen Hierarchiestufen etc. | Mittleres Management, Fachkräfte auf unterschiedlichen Hierarchiestufen etc. | Mittleres Management, Fachkräfte auf unterschiedlichen Hierarchiestufen etc. | Aufstiegsorientiertes Management, mittlere Ebene etc. |
| Gestallungsformen | Praxisgemeinschaften, Qualitätszirkel, Lernstatt, Werkstattzirkel, Lernlaboratorien, Lerninseln, aufgabenorientierter Informationsaustausch, Lernpartnerschaften, Arbeitsplatzbezogenes Lerncoaching durch externen Coach oder Vorgesetzten, Leistungs- und Zielvereinbarungsgespräche | Elektronische Formen: Elektronische Informationstafeln, Intranet, elektronische Netzwerke, Wissens- und Expertendatenbanken, Newsgroup, Wissenslandkarten, Lernsoftware, Foren<br><br>Dialogische Formen: Projektarbeit, Dialoggruppen, Kaffeeecken | Programme, Multimediakonzepte, Projekte, Beratung, Trainings, Seminare, Workshops | Coaching, Mentoring, Modelling, Beratung |
| Lernorte | Arbeitsplatz = Lernort, Arbeitsplatznähe | Arbeitsplatz = Lernort, Arbeitsplatznähe, Unternehmensinterne Räumlichkeiten | Arbeitsplatz/Lernort getrennt, Verbindung über Projektarbeiten | Arbeitsplatz/Lernort getrennt, Arbeitsplatznähe |
| Zugänge | Freiwilligkeit – Offenheit – Delegation – Zuweisung | Freiwilligkeit – Offenheit – Delegation – Zuweisung | Freiwilligkeit – Offenheit – Delegation – Zuweisung | Freiwilligkeit – Offenheit – Delegation – Zuweisung |
| Emotionale Positionierung | Vertrauen – Angst – Freude/Interesse, Beziehung – Vereinzelung | Vertrauen – Angst – Freude/Interesse, Beziehung – Vereinzelung | Vertrauen – Angst – Freude/Interesse, Beziehung – Vereinzelung | Vertrauen – Angst – Freude/Interesse, Beziehung – Vereinzelung |
| Kultureller Faktor | Vielfalt – Differenz – Transkultur | Vielfalt – Differenz – Transkultur | Vielfalt – Differenz – Transkultur | Vielfalt – Differenz – Transkultur |

| | | | | |
|---|---|---|---|---|
| *Themenbereiche* | | | | |
| Lernzeiten | Während der Arbeitszeit | Während der Arbeitszeit | Während der Arbeitszeit, außerhalb der Arbeitszeit | Während der Arbeitszeit, außerhalb der Arbeitszeit |
| Bedarfs- und Bedürfniserschließung | Informell | Vernetzt | Erhebung, Befragung, Gespräche mit Vorgesetzten | Befragung, Vorgesetzte, potentielle Interessierte |
| Planungsstrategien | Im Prozess | Kommunikationsformen | Konzept, Absprache, Angebot etc. | Personalentwicklungsplanung |
| Erwachsenenpädagogische Prinzipien | Learning by doing, Selbsttätigkeit | Lernen durch kollegialen Austausch | Lernen durch Wissens- und Erfahrungsverarbeitung | Handlungs- und Kompeztenzerweiterung |
| Lernnachweise/ Zertifikaten | Profiling | Prämienanreize | Zertifikat/ Kursbestätigung | Leistungsprofilprotokolle |
| *Ebene Lehr-Lernarrangements* | | | | |
| Inhalte | Konkrete Arbeit | Arbeitsergebnisse, individuelles Wissen | Forschungsstand, Handlungsmodelle, Instrumentarienkenntnisse | Individuelle berufliche Dispositionen |
| Metodisches Vorgehen | Individuelle Vereinbarung | Methodenfokussierung | Methodenvielfalt | Methodenfokussierung – Beratung |
| Sozialformen | Gruppenreflexion | Individuelle Information in Datenbanken, Erarbeitung von Informationen in Gruppen | Formen individuellen Erarbeitens – Formen von Gruppenlernen | Formen individuellen Lernens, Tandemlernen |
| Emotionale Positionierung | Vertrauen – Angst – Freude/Interesse, Beziehung – Vereinzelung | Vertrauen – Angst – Freude/Interesse, Beziehung – Vereinzelung | Vertrauen – Angst – Freude/Interesse, Beziehung – Vereinzelung | Vertrauen – Angst – Freude/Interesse, Beziehung – Vereinzelung |
| Kultureller Faktor[1] | Vielfalt – Differenz – Transkultur | Vielfalt – Differenz – Transkultur | Vielfalt – Differenz – Transkultur | Vielfalt – Differenz – Transkultur |

[1] Diese Faktoren können gestaltet werden und ereignen sich, deswegen sind sie auf der Ebene Gestaltung und Lehr-Lernarrangements zu betrachten.

# Autorinnen und Autoren

**Marion Fleige, Dr.,** Abteilungsleiterin „Programme und Beteiligung" am Deutschen Institut für Erwachsenenbildung – Leibniz-Zentrum für Lebenslanges Lernen e.V.

Kontakt: fleige@die-bonn.de

**Wiltrud Gieseke, Prof. Dr.,** Seniorprofessorin in der Abteilung Erwachsenenbildung/Weiterbildung an der Humboldt-Universität zu Berlin

Kontakt: wiltrud.gieseke@cms.hu-berlin.de

**Aiga von Hippel, Prof. Dr.,** Professorin für Erwachsenenbildung/Weiterbildung an der Humboldt-Universität zu Berlin

Kontakt: aiga.von.hippel@hu-berlin.de

**Bernd Käpplinger, Prof. Dr.,** Professur für Weiterbildung an der Justus-Liebig-Universität Gießen

Kontakt: bernd.kaepplinger@erziehung.uni-giessen.de

**Steffi Robak, Prof. Dr.,** Professorin für Bildung im Erwachsenenalter an der Leibniz Universität Hannover

Kontakt: steffi.robak@ifbe.uni-hannover.de

**Maria Stimm, M.A.,** wissenschaftliche Mitarbeiterin in der Abteilung Erwachsenenbildung/Weiterbildung an der Humboldt-Universität zu Berlin

Kontakt: maria.stimm@hu-berlin.de